大数据环境下｜高校图书馆｜
知识服务模式研究

————

李 敏 著

机械工业出版社
China Machine Press

图书在版编目（CIP）数据

大数据环境下高校图书馆知识服务模式研究 / 李敏著 . -- 北京：机械工业出版社，2021.9
ISBN 978-7-111-69139-6

I. ① 大…　II. ① 李…　III. ① 院校图书馆 - 图书馆服务 - 服务模式 - 研究　IV. ① G258.6

中国版本图书馆 CIP 数据核字 (2021) 第 184610 号

　　本书对大数据及高校图书馆知识服务相关理论、大数据环境下高校图书馆知识服务体系、大数据环境下高校图书馆知识服务的能力影响因素、大数据环境下高校图书馆知识服务的实践与问题、发达国家高校图书馆知识服务实践及启示、大数据环境下高校图书馆知识服务模式构建、面向企业创新发展的高校图书馆知识服务、大数据环境下高校图书馆知识服务能力评价等问题进行了比较全面、深入、系统的研究，采用了定性与定量相结合、对比研究等研究方法，资料较丰富，内容结构体系较合理，研究结论具有较好的创新性和参考价值。

　　本书适用于图书馆学、情报学专业教师、学生及相关研究人员。

出版发行：机械工业出版社（北京市西城区百万庄大街 22 号　邮政编码：100037）
责任编辑：吴亚军　　　　　　　　　　　责任校对：殷　虹
印　　刷：三河市宏达印刷有限公司　　版　　次：2021 年 9 月第 1 版第 1 次印刷
开　　本：185mm×260mm　1/16　　　印　　张：11.5
书　　号：ISBN 978-7-111-69139-6　　定　　价：69.00 元

客服电话：(010) 88361066　88379833　68326294　　　投稿热线：(010) 88379007
华章网站：www.hzbook.com　　　　　　　　　　　　　读者信箱：hzjg@hzbook.com

前　言

　　高校图书馆作为高校职能实现的重要支撑，是高校知识存储、生产、应用和创新活动的重要机构和文献信息资源中心，其服务随着社会的变革、信息技术的发展、信息环境的变化，经历了从文献服务到信息服务再到知识服务的发展历程。高校图书馆知识服务是信息服务的深化和拓展，是精细化和专业化的信息服务，是利用其知识资源和专业服务优势，依托现代先进的知识服务平台，针对高校自身和社会用户的知识需求而开展的一系列知识识别、收集、存储、加工（分析和挖掘）和提供的活动过程。近年来，在大数据、人工智能、物联网、移动互联网等现代信息技术普及的大背景下，信息环境的变化使国内高校图书馆经历了从"传统图书馆"到"新型图书馆"、从"数字图书馆"到"智慧图书馆"的转型升级与变革发展，将高校图书馆面向高校自身和社会开展知识服务嵌入图书馆转型发展全过程，将有力地带动高校图书馆创新发展，推动新形势下高校图书馆高质量发展。

　　随着现代信息技术，尤其是大数据、云计算、人工智能、物联网和移动互联技术的迅速发展和不断更新迭代，社会朝着信息化、数字化和智能化方向高速迈进。在这种形势下，高校图书馆为顺应社会环境的变化而被不断重构，面对的是海量的馆内外资源和丰富多变的用户需求。在知识服务的过程中，数据资源复杂多样，难以被有效揭示和充分挖掘，更遑论找出其中的关联。而且相较于用户需求，高校图书馆面临着服务内容的知识性不足和个性化欠缺，服务形式主动性不够等问题。由此，大数据环境对高校图书馆知识资源集成、知识资源存储和检索、知识资源开发和管理、知识资源传播和交流模式、用户信息行为等方面产生了重大影响且提出全新的要求。因此，在新的时代背景下，对大数据环境下高校图书馆知识服务模式问题进行全面、系统、科学的研究对推动高校图书馆实现高质量发展具有重要的理论和现实意义。

本书共分为 10 章，其内容框架和逻辑主线为：第一章围绕高校图书馆知识服务内容对国内外研究现状进行了梳理，从而明确了本研究的切入点和主要研究内容。第二章阐释了大数据及高校图书馆知识服务相关理论，重点揭示了大数据环境对高校图书馆知识服务的具体影响机理。第三章基于高校图书馆知识用户的类型和需求，从知识资源库、知识服务平台、知识服务专业技术人员、知识服务业务流程、知识服务组织结构、知识服务管理制度等方面构建了高校图书馆知识服务体系，并重点探索了大数据环境下高校图书馆知识服务的价值链模型。以此为基础，第四章中形成了大数据环境下高校图书馆知识服务能力影响因素体系，并应用定量分析的方法识别了大数据环境下高校图书馆知识服务能力的关键影响因素。第五章通过阐述大数据环境下高校图书馆开展知识服务的实践情况，总结归纳了大数据环境下我国高校图书馆知识服务的现状和存在的突出问题，并对问题的成因进行不同视角的探索。同时，为了借鉴发达国家高校图书馆开展知识服务的成功经验，第六章总结和归纳了英国、日本、美国等发达国家高校图书馆知识服务的特征，并提炼出了其对我国高校图书馆知识服务的重要启示。第七章基于大数据环境下高校图书馆知识服务的目标和特点，结合大数据环境对知识服务的影响，构建了涵盖平台层、主体层、数据层、应用层及渠道层五个模块的大数据环境下高校图书馆知识服务模式。为了发挥高校图书馆的社会服务功能，第八章分析了高校图书馆面向企业开展知识服务的优势，构建了大数据环境下面向企业创新发展的高校图书馆知识服务模式，剖析了面向企业的高校图书馆知识服务中存在的突出问题，提出了优化高校图书馆面向企业提供知识服务的对策措施。为了揭示出大数据环境下高校图书馆知识服务能力的状况和优劣势，第九章构建了大数据环境下高校图书馆知识服务能力的评价指标体系，设计了相应的评价方法和评价模型，并以部分高校图书馆为例，实证评价了其知识服务能力的状况。第十章结合大数据环境下的新时代背景、高等教育高质量发展对高校图书馆的要求，从优化知识服务资源、建设知识服务团队、完善知识服务环境、构建知识服务平台、创新知识服务模式等方面提出了大数据环境下优化高校图书馆知识服务的具体措施。

本书的学术创新和应用价值主要体现在：一是基于大数据环境，从知识资源库、知识服务平台、知识服务专业技术人员、知识服务业务流程、知识服务组织结构、知识服务管理制度等方面构建了高校图书馆知识服务体系，并搭建了大数据环境下高校图书馆知识服务的价值链模型。二是通过高校图书馆知识服务目标框架，以及大数据环境带给高校图书馆知识服务的影响效应，构建了涵盖平台层、主体层、数据层、应用层及渠道层五个模块的大数据环境下高校图书馆知识服务模式。三是构建了统一框架内的大数据环境下高校图书馆知识服务能力评价体系，有利于通过综合评价，从更广的角度揭示出大数据环境下国内高校图书馆知识服务能力的状况、阶段和优劣势。本研究得出的一些重要结论和构建的大数据环境下高校图书馆知识服务模式、高校图书馆知识服务价值链模型、高校图书馆知识服务能力评价体系等，一方面将进一步丰富大数据环境下高校图书馆知识服务的理论和实践，充实图书馆知识管理和知识服务的情报学理论与方法；另一方面将为大数据环境下高校图书馆开展知识服务，提供理论、方法和实践上的指导和参考。

本书在研究框架设计、内容结构安排、研究方法选择等方面，得到了安徽财经大学程刚教授、李旭辉副教授的精心指导和帮助；在统计数据、文献资料收集整理中，得到了安徽财经大学管理科学与工程学院研究生王娜、杨梦成、何金玉同学的大力支持和帮助，在此向他们表示最衷心的感谢！

本书的出版得到了安徽财经大学和安徽省高校研究项目重大项目（项目编号：KJ2020ZD003）的资助，特此致谢。真诚感谢在本书出版过程中，机械工业出版社华章分社的张有利、李思衡老师等提供的帮助。在著述过程中，参阅了大量的国内外优秀成果，我要向其作者表示衷心的感谢。由于水平所限，书中仍有不妥之处，敬请各位专家和广大读者批评指正。

李敏

2021 年 8 月于安徽财经大学

| 目 录 |

前 言

第一章 绪论   1

    第一节 研究背景及意义   1

    第二节 国内外研究现状   2

    第三节 研究内容和框架结构   19

    第四节 研究方法和创新点   22

第二章 大数据及高校图书馆知识服务相关理论   25

    第一节 大数据内涵及处理流程   25

    第二节 高校图书馆知识服务相关理论   29

    第三节 高校图书馆知识服务中的大数据   30

    第四节 大数据对高校图书馆知识服务的影响   33

第三章 大数据环境下高校图书馆知识服务体系   37

    第一节 高校图书馆知识用户类型及需求   37

第二节　大数据环境下高校图书馆知识服务体系　38

第三节　大数据环境下高校图书馆知识服务的价值链　41

第四章　大数据环境下高校图书馆知识服务能力影响因素分析　44

第一节　大数据环境下高校图书馆知识服务能力影响因素体系　44

第二节　大数据环境下高校图书馆知识服务能力影响因素指标筛选　51

第三节　大数据环境下高校图书馆知识服务能力的关键影响因素识别　57

第五章　大数据环境下高校图书馆知识服务的实践与问题　63

第一节　大数据环境下高校图书馆知识服务的现状　63

第二节　大数据环境下高校图书馆开展知识服务实践　66

第三节　大数据环境下高校图书馆社会化知识服务实践　73

第四节　大数据环境下高校图书馆知识服务存在的突出问题　76

第五节　大数据环境下高校图书馆知识服务存在问题的成因分析　79

第六节　大数据环境下高校图书馆知识服务观　81

第六章　发达国家高校图书馆知识服务实践及启示　84

第一节　发达国家高校图书馆知识服务的实践　84

第二节　发达国家高校图书馆知识服务的特点　93

第三节　发达国家高校图书馆知识服务的启示　95

第七章　大数据环境下高校图书馆知识服务模式构建　99

第一节　大数据环境下高校图书馆知识服务目标　99

第二节　大数据环境下高校图书馆知识服务模式的特点　100

第三节　大数据环境下高校图书馆知识服务模式的构建　103

第八章　面向企业创新发展的高校图书馆知识服务　108

第一节　高校图书馆面向企业提供知识服务的优势　109

第二节　面向企业创新发展的高校图书馆知识服务模式　110

第三节　高校图书馆面向企业提供知识服务的问题和优化对策　113

第九章　大数据环境下高校图书馆知识服务能力评价　117

第一节　高校图书馆知识服务能力评价指标体系构建原则　118

第二节　高校图书馆知识服务能力评价指标体系构建依据　120

第三节　高校图书馆知识服务能力评价指标体系构建　122

第四节　高校图书馆知识服务能力主要评价方法　126

第五节　高校图书馆知识服务能力主要评价模型　135

第六节　高校图书馆知识创新能力评价实证分析　138

第十章　大数据环境下优化高校图书馆知识服务的对策和措施　148

第一节　优化知识服务资源　148

第二节　建设知识服务团队　151

第三节　完善知识服务环境　153

第四节　构建知识服务平台　156

第五节　创新知识服务模式　158

参考文献　163

第一章

绪　论

第一节　研究背景及意义

一、研究背景

在互联网、大数据、云计算、人工智能、物联网、移动互联等现代信息技术快速发展的新时代，随着我国高校教育进入高质量发展阶段，高等学校（简称"高校"）对图书馆的数字化建设、文献信息资源建设、专业技术人才队伍建设、服务功能提升等非常重视，高校图书馆在学校人才培养、科学研究、社会服务和文化传承创新中的作用更加明显。

2021 年是高校图书馆"十四五"规划实施的开局之年，面对新时代、新技术、新需求，高校图书馆的发展面临着数据和用户的双重挑战。高校图书馆急需充分运用现代信息技术促进创新发展，通过服务人才培养、科学研究、社会服务和文化传承助推服务转型，根据用户需求延伸服务内涵。高校图书馆要基于网络平台构建标准化的底层数据驱动、上层用户多元化需求驱动的服务模式，依靠强大的专业队伍和先进的信息技术手段，精准解读用户需求，整合一切力量，打造优质资源，在数据和用户之间建立高效的互动模式，构建多类型、多层次、多样化的智慧型服务体系，提供智能化服务以适应用户需求，实现数据和用户的高效互联互通。高校应把图书馆的力量汇聚到支撑学校人才培养和事业发展、为社会提供专业服务上来，全面推进学校的高质量发展。《普通高等学校图书馆规程》明确指出：高等学校图书馆是学校的文献信息资源中心，是为人才培养和科学研究服务的学术性机构，是学校信息化建设的重要组成部分，是校园文化和社会文化建设的重要基地。图书馆的建设和发展应与学校的建设和发展相适应，其水平是学校总体水平的重要标志。图书馆的主要职能是教育职能和信息服务职能。图书馆应充分发挥在学校人才培养、科学研究、社会服务和文化传承创新中的作用。图书馆的主要任务：（一）建设全校的文献信息资源体系，为教学、科研和学科建设提供文献信息保障；（二）建立健全全校的文献信息服务体系，方便全校师生获取各类信息；（三）不断拓展和深化服务，积极参与学校人才培养、信息化建设和校园文化建设；（四）积极参与各种资源共建共享，发挥信息资源优势和专业服务优势，为社会服务。

《中华人民共和国国民经济和社会发展第十四个五年规划和2035年远景目标纲要》中明确指出：要提高高等教育质量，推进图书馆的数字化发展。在新时代，随着我国高等教育走内涵式和高质量发展之路，传统的图书馆服务很难适应新时代高等教育发展的需要，从而对高校图书馆服务提出了更高要求。高校图书馆为充分发挥在学校人才培养、科学研究、社会服务和文化传承创新中的作用，需要充分发挥其信息资源优势和专业服务优势，为用户提供高质量的知识服务。

二、研究意义

随着高等教育走高质量发展之路，大数据环境对高校图书馆知识服务的内涵、内容、方式方法、平台建设、业务流程、机构和制度设计等都提出了更高的要求。高校图书馆的知识获取、知识存储、知识处理、知识传递、知识形态、知识服务模式等都面临着重大变革，同时，网络环境下的用户对高校图书馆知识服务的要求也会更高。现代信息技术，尤其是互联网、大数据、云计算、物联网、人工智能、区块链、移动互联技术的快速发展，对高校图书馆的知识服务也产生了重大影响。因此，在现代信息技术快速发展的新时代，对大数据环境下高校图书馆知识服务模式问题进行研究具有重要的理论和现实意义。一方面，这将进一步丰富大数据环境下高校图书馆知识服务的理论和实践，充实图书馆知识服务和知识管理的情报学理论与方法；另一方面，这也为大数据环境下高校图书馆开展知识服务提供了理论、方法和实践上的指导。

第二节　国内外研究现状

知识服务的提出最早产生于知识密集型服务业（Knowledge Intensive Business Services，

KIBS），被认为是知识管理（Knowledge Management，KM）、知识组织（Knowledge Organization，KO）和知识市场（Working Knowledge，WK）的结合，⊖其目的是帮助企业提升利润和竞争力。知识密集是与劳动密集、资源密集对应的一个专业术语，在国内相关研究成果中出现的频率很低。国外学者从 20 世纪 90 年代中期开始进行知识密集型服务业和知识密集服务（Knowledge Intensive Services，KIS）的相关研究，并产生了一系列成果。

20 世纪 90 年代初期，部分发达国家的政府部门开始关注知识服务产业，知识服务的相关研究也随之成为国外学术界的热门。1995 年，欧洲委员会将知识服务定义为基于专业知识背景，为其他组织提供知识密集型服务，认为其主要包括两种模式：T-KIBS（科技知识服务）和 P-KIBS（传统知识服务）。⊜1997 年，美国专业图书馆协会（SLA）在 *Information Outlook* 上开设专栏，对知识管理相关研究进行探讨。盖伊·圣克莱尔（Guy St. Clair）指出知识服务作为有效利用组织信息的新途径，可以帮助用户实现知识的快速获取、整合和创新。⊜知识服务此后逐步显现出如企业培训服务、技术创新服务、信息咨询服务等多种形式的多元化发展趋势。

国内专家学者关于知识服务问题的研究与国外专家学者相比起步较晚，多数只关注于知识服务（Knowledge Service，KS），主要研究成果出现在 2000 年之后。戴光强认为技术服务发展的新模式即为知识服务模式，⊜这是首次提出知识服务的观点；任俊为首次将知识服务与图书情报学科相结合，认为知识服务是在文献服务的基础上进一步深化，并以知识存储、知识整理及知识传递为目的的服务；⊜张晓林较早地提出知识服务的内涵，他认为知识服务是面向知识内容的，以满足用户需求为准则的，贯穿用户整个知识获取、组织、分析、重组过程，并为其知识应用和知识创新活动提供有力支撑的服务。⊜至此，国内图书情报、信息管理等领域的专家学者开始关注对知识服务问题的研究。

从文献中可以发现国内外学者对于"知识服务"的定义不同。因为"知识服务"是由"信息服务（Information Service，IS）"演化而来，目前国内外尤其是国外学者在

⊖ MILES I，KASTRINOS N. Knowledge-intensive business services：users，carriers and sources of innovation［J］. Second National Knowledge Infrastructure，1998，44（4）：100-128.

⊜ 孙悦. 基于知识管理的高校图书馆知识服务研究［D］. 哈尔滨：黑龙江大学，2015.

⊜ CLAIR G. Knowledge services：your company's key to performance excellence［J］. Information Outlook，2001，5（66）：6-12.

⊜ 戴光强. 医学从技术服务扩大到知识服务：医学发展的新纪元［J］. 中国健康教育，1994（1）：4-6.

⊜ 任俊为. 知识经济与图书馆的知识服务［J］. 图书情报知识，1999，2（1）：27-29.

⊜ 张晓林. 走向知识服务：寻找新世纪图书情报工作的生长点［J］. 中国图书馆学报，2000（5）：30-35.

有些文献中依然把"知识服务"归为"信息服务"的范畴，将"知识服务"和"信息服务"合为一体进行研究。后来随着学术界对"知识服务"的研究增多，国外学者大多称其为"知识密集型服务业"。目前国内外学者开展的有关大数据环境下高校图书馆知识服务模式问题研究的相关内容主要包括以下几个方面。

一、知识服务内涵

国外学者如 Miles 等认为知识密集型服务业是指运用某些领域的知识和技术，提供以知识为基础的中间产品和服务给社会和用户的企业或组织；[一]Ebersberger 认为知识密集型服务是以咨询企业、政府和私人研究机构为用户，将创新作为基础的企业开展的知识服务活动，该服务活动不仅可以在企业内部开展，还可以由外部企业或部门进行；[二]Kuusisto 等指出知识密集型服务业本质上是一些企业或组织，这些企业或组织凭借自身的专业知识，为客户提供能够影响客户知识流程的产品或服务；[三]Kivisaari 认为知识密集型服务主要是指某领域的专家服务；[四]Simard 认为知识密集型服务是指针对用户的特定问题和需求，向其提供一些具有参考意义的方法和内容的过程；[五]Yamamoto 将传统的服务客户扩大到服务企业。[六]

国内学者如张晓林认为知识服务是以专业知识和相应的知识获取、处理、分析的专业能力为基础，依据用户的要求为用户提供动态和连续的服务，解决用户所不能解决的问题，通过知识的应用和创新来实现价值；[七]姜永常[八]、尤如春[九]认为知识服务是为适应经济发展和知识创新的需要，经过信息的析取、重组、集成和创新而形成的为解决客户问题且符合客户需求的知识产品服务；孙成江指出知识服务不仅包括提供专业知识、解

[一] MILES I, KASTRINOS N, BILDERBEEK R, et al. Knowledge-intensive business services：their role as users, carriers and sources of innovation[R]. Luxembourg：Report to the ECDG XIII Sprint EIMS Programme, 1995.

[二] EBERSBERGER B. The use and appreciation of knowledge-intensive service activities in traditional industries［DB/OL］. Finland, 2004. http：//virtual. vtt. fi/inf/pdf/working papers/2004/W8.

[三] KUUSISTO J, VILJAMAA A. Knowledge-intensive business services and coproduction of knowledge：the role of public sector[J]. Frontiers of E-business Research, 2004：(1)：282-298.

[四] KIVISAARI S, SARANUMMI N, VYRYNEN E. Knowledge-intensive service activities in health care innovation [DB/OL]. Finland, 2004. http：//virtual. vtt. fi/inf/pdf/tiedotteet/2004/T2267.

[五] SIMARD A. Understanding knowledge services at natural resources ［EB/OL］. (2007-03-18)［2021-05-20］. http：// dsp-psdpwgsc. gc. ca/collection-2007/nrcan-mcan/M4-45-2006E.

[六] YAMAMOTO S. Knowledge collaboration through enterprise information services[J]. Computer Science, 2013, 22：1038-1044.

[七] 张晓林. 走向知识服务：寻找新世纪图书情报工作的生长点[J]. 中国图书馆学报, 2000, 26 (5)：32-37.

[八] 姜永常. 论知识服务与信息服务[J]. 情报学报, 2001 (5)：572-578.

[九] 尤如春. 论网络环境下的知识服务策略[J]. 图书馆, 2004(6)：85-87.

决问题的服务，还应该提供例如网上技能培训、多媒体实习、专家系统等多种形式的体验式知识服务，为客户提供过程化和程序化的专业知识；金雪军深入分析了知识服务的一般流程，即通过互联网，以信息化的形式提出满足用户需求的专业方案；李霞等将知识服务流程作为依据重新分类了知识服务形式，并定义了知识服务的主体和客体，指出服务主体即知识的提供者，掌握专业知识和技能，拥有强大的专家团队，服务客体即知识的接收者，通过掌握知识来满足需求、解决问题并进行知识创新；徐孝婷通过文献综述认为企业知识服务是以用户为目标，面向用户需求，解决用户问题并使知识不断升值的服务。

二、高校图书馆知识服务体系

国内的高校图书馆知识服务体系相关研究最早出现在 2008 年，随后研究成果逐渐增多。关于高校图书馆知识服务体系建设的研究主要有保障体系建设和服务体系建设两种思路。

在高校图书馆知识服务保障体系建设方面，专家学者主要关注知识服务保障体系人力资源、信息资源、技术资源、基础设施等的建设。如宋春智认为高校图书馆知识服务的平稳运行需要以高素质人才队伍、完善的基础硬件设施、先进的信息技术、完备的知识服务机制、丰富的网络知识资源、多样的宣传渠道和开放的国际交流环境等为保障；陈钟彬认为高校图书馆知识服务保障体系建设应以满足知识创新需求和信息服务发展要求为目标，并构建包括信息资源存储建设、知识服务模式建设和管理体系建设三个方面的高校图书馆知识保障体系；唐金秀提出在高校图书馆面向中国大学慕课MOOC 的知识服务过程中，应坚持"以用户为中心"，完善知识资源保障体系、人力资源保障体系、技术保障体系、知识服务产品体系和组织管理保障体系，为 MOOC 用户的知识获取和知识应用活动提供保障；黄长伟等认为高校图书馆参与智库信息服务保障体系的建设应以馆藏特色资源库和高校机构知识库为基础，通过了解智库信息需求，提高图书馆信息分析与数据处理能力，构建信息保障协调创新机制和区域高校图书馆联

○ 孙成江，吴正荆. 知识、知识管理与网络信息知识服务[J]. 情报资料工作，2002(4)：10-12.
○ 金雪军. 中国知识服务业发展问题探析[J]，软科学，2002，16(3)：12-16.
○ 李霞，樊治平，冯博. 知识服务的概念、特征与模式[J]. 情报科学，2007，25(10)：1584-1587.
○ 徐孝婷，程刚. 国内外企业知识服务研究现状与趋势[J]. 情报科学，2016，34(6)：163-169.
○ 宋春智. 高校图书馆知识服务保障体系研究[D]. 哈尔滨：黑龙江大学，2008.
○ 陈钟彬. 论高校图书馆知识保障体系的构建[J]. 图书馆，2010(1)：102-103.
○ 唐金秀. 面向 MOOC 的高校图书馆知识服务保障体系构建研究[J]. 科技资讯，2016，14(2)：135-136；160.

盟智库，从而提高高校图书馆的知识服务和社会服务能力；[⊖]姚梅芳和宁宇基于复杂的网络视角，构建包括政府部门网络、图书情报机构网络和创新创业专业科研机构网络三个层面的高校创新创业知识保障体系复杂网络，并提出高校创新创业知识服务保障体系的实施，应从政府战略规划高度和各级各类图书情报机构两个层面分别开展；[⊜]刘巧英认为高校图书馆面向创新创业的知识服务保障体系建设应以新一代信息技术为手段，以智慧服务为支撑，以价值共同体为核心，通过显性和隐性知识在横向和纵向的相互流通、相互作用，发挥高校图书馆创新创业知识服务保障体系的整体效能。[⊜]

在高校图书馆知识服务体系建设方面，研究主要集中在知识服务体系存在的问题、构建知识服务体系的关键要素及如何构建知识服务体系等方面。如黄思玉提出高校图书馆现有学科知识服务体系存在馆员制度不完善、资源建设不全面、服务推广不充分等问题，各高校需要重视学科化知识服务平台的建设，推动泛在化资源系统的创建，加强服务推广和信息反馈，从而构建高校图书馆学科化服务体系；^⑭袁红军认为构建高校图书馆网上知识咨询服务体系首先应在充分调研兄弟院校知识咨询服务体系的基础上，结合国内外知识咨询服务体系相关研究理论设计方案，然后联合同省市院校建设信息资源共享协作网，实现高校联合知识咨询服务，最后根据实际运行情况注意新技术、新模式的及时更新；^⑮李艳等认为高校图书馆知识服务体系的构建应基于"大数据+微服务"，以后端大数据平台和前端微应用服务的信息交互为支撑，推动高校图书馆知识服务模式的创新，为用户提供个性化知识服务需求；^⑯沈洋等在对"双一流"背景下制约高校图书馆学科服务创新发展的问题和障碍进行深入挖掘的基础上，吸收国内外高校图书馆学科服务的先进经验，认为我国高校图书馆应积极融入"双一流"建设战略，找准学科服务发展定位，强化学科服务顶层设计，充分开发学科服务人力资源，创新学科服务高效运行机制，从而构建"双一流"战略背景下的高校图书馆学科服务发展体系；^⑰任萍萍将相关研究向前推进，提出要构建"双一流"驱动下的高校图书馆学科知识服务能力

⊖ 黄长伟，陶颖，孙明. 高校图书馆参与智库信息服务保障体系建设研究[J]. 图书馆工作与研究，2018 (7)：11-14.

⊜ 姚梅芳，宁宇. 复杂网络视角下的高校创新创业知识保障体系研究[J]. 情报理论与实践，2019，42(8)：54-58.

⊜ 刘巧英. 高校图书馆面向创新创业的知识服务保障体系构建研究[J]. 情报探索，2021(4)：8-13.

⑭ 黄思玉. 泛在知识环境下高校图书馆学科化服务体系构建[J]. 图书馆学刊，2013，35(10)：59-61；64.

⑮ 袁红军. 郑州都市区高校图书馆网上知识咨询服务体系构建[J]. 农业网络信息，2014(9)：65-68.

⑯ 李艳，余鹏，李珑. "大数据+微服务"模式下的高校图书馆知识服务体系研究[J]. 图书馆理论与实践，2017(3)：99-103.

⑰ 沈洋，李春鸣，覃晓龙. 融入"双一流"战略的高校图书馆学科服务体系建构研究[J]. 现代情报，2018，38(10)：121-125.

体系模型框架，同时高校图书馆学科知识服务能力体系的构建，应以一流学科科研用户的需求为中心，通过优化顶层设计，组建一流学科知识服务团队，建设学科文献资源保障体系，为学科科研用户提供嵌入式智慧服务；[○]顾佐佐等创新提出智慧图书馆全景式知识服务新模式，并提出应从智能知识服务层、知识发现层、数据处理层、支持层和数据资源层五个层面建设智慧图书馆知识服务云平台。[○]

三、高校图书馆知识服务影响因素

高校图书馆知识服务能力受到多种因素的共同作用，因此探索影响高校图书馆知识服务的关键影响因素对于提高图书馆知识服务能力具有重要意义。目前，关于高校图书馆知识服务影响因素的研究主要集中在高校图书馆知识服务驱动因素、其相互关系及影响机理等方面。如翟莹昕认为高校图书馆知识管理受到知识组织、知识开发、知识共享、知识服务和知识创新因素的影响；[○]武海东在系统品质、信息品质、服务品质之外对数字图书馆系统绩效影响因素进行扩展，认为主观规范和自我效能也是影响数字图书馆系统绩效的重要因素；[○]赵静提出特色信息资源库是图书馆知识服务核心能力的源泉，高素质人才是图书馆知识服务核心能力的后盾，知识内容是衡量图书馆知识服务核心能力的标杆；[○]夏丽君在充分梳理信息系统成功模型相关研究的基础上，结合高校图书馆微服务效果调研情况，认为改进的信息系统成功模型中影响高校图书馆微服务效果的六大因素为微内容质量、微平台系统质量、微服务质量、个体认知、持续使用意向和用户满意度；[○]康英认为双创环境下高校图书馆精准知识服务的影响因素包括高校图书馆、双创用户、知识、知识技术和知识环境五大维度，共计23个影响因素，然后根据解释结构模型将其划分为表象层、中间层和根本层，并对其相互影响关系和作用机制进行了深入探讨；[○]薛飞以信息系统成功模型为基础，对大数据环境下高校图书馆知识服务质量的影响因素进行研究，发现系统构造、系统性能、信息质量、组织理念、受众需求和

○ 任萍萍．"双一流"驱动下高校图书馆学科知识服务能力体系建设研究[J]．情报科学，2019，37(12)：93-97.

○ 顾佐佐，陈虹，李晓玥，等．智慧图书馆动态知识服务体系构建与平台设计[J]．情报科学，2020，38(10)：119-124.

○ 翟莹昕．高校图书馆知识管理影响因素辨析[J]．长春理工大学学报（社会科学版），2011，24(12)：141-142；194.

○ 武海东．基于信息系统成功模型的数字资源统一检索系统评价[J]．情报杂志，2013(4)：177-182.

○ 赵静．高校图书馆知识服务核心能力研究[J]．图书馆学刊，2014(4)：87-90.

○ 夏丽君．高校图书馆微服务效果影响因素研究[D]．南京：南京农业大学，2018.

○ 康英．双创环境下高校图书馆精准知识服务的影响因素及作用路径研究[J]．情报科学，2019，37(9)：54-61.

受众信任是大数据环境下高校图书馆高质量知识服务平稳运行的保障;⊖尹达和杨海平认为高校图书馆知识服务质量由图书馆内部和外部环境共同影响,其主要驱动力为技术驱动、需求驱动和数据驱动。⊜

四、高校图书馆知识服务实践

（一） 国内高校图书馆知识服务实践

目前国内有关高校图书馆知识服务实践研究的主要内容涉及高校图书馆知识服务典型案例研究、高校图书馆知识服务现状调研及高校图书馆知识服务对比研究等方面。如张雨婷和胡昌平以高校数字图书馆社区为对象,对我国 39 所"985"高校的图书馆的学生用户进行了数字图书馆社区知识交流与交互服务用户满意度调查;⊜申峰选取北京大学、清华大学、武汉大学、浙江大学、复旦大学与上海交通大学六所"2015～2016中国高校社会影响力排名" 前六的大学的图书馆和郑州大学、河南大学、华北水利水电大学与河南财经政法大学四所河南高校的图书馆为调查对象,对我国高校图书馆知识服务模式和开展情况进行分析探讨;㉕姜董勇采用网络调查、实地调研、案例分析等方法,探究美国和中国高校图书馆面向创新创业的服务实践现状,对比发现中美图书馆在服务的开发性、深度、广度等方面均存在显著差异;㉖唐银和蒋雅竹对国内高校图书馆服务创新创业的举措进行梳理,在对广西大学、广西科技大学、广西民族大学等高校图书馆创新创业服务现状进行充分调研的基础上,提出广西高校图书馆双创服务提升策略;㉗汪青和赵惠婷通过文献调研和抽样调查方法分析高校图书馆学科知识服务现状,并以三峡大学图书馆为例分析其学科知识服务实践模式及在信息环境、员工素养和协调合作方面存在的问题,提出相应的对策和建议。㉘

（二） 发达国家高校图书馆知识服务实践

目前国内外学者也在积极开展针对发达国家高校图书馆知识服务的研究工作,主要

⊖　薛飞. 论大数据背景下高校图书馆的知识服务质量影响因素[J]. 甘肃科技, 2020, 36(19)：99-101.

⊜　尹达, 杨海平. 知识服务理念下高校图书馆教学科研支持体系研究[J]. 教育理论与实践, 2020, 40(18)：13-15.

⊜　张雨婷, 胡昌平. 数字图书馆社区知识交流与交互服务用户满意评价[J]. 图书馆论坛, 2014(12)：89-93.

㉕　申峰. 高校图书馆知识服务模式比较研究[J]. 河南医学高等专科学校学报, 2018(2)：211-214.

㉖　姜董勇. 面向创新创业的中美高校图书馆服务实践与比较研究[J]. 图书馆学刊, 2019, 41(1)：138-142.

㉗　唐银, 蒋雅竹. 国内高校图书馆服务创新创业现状及对广西地区的启示[J]. 教育现代化, 2019, 6(A2)：285-286.

㉘　汪青, 赵惠婷. 地方高校图书馆开展学科知识服务的实践与思考：以三峡大学图书馆为例[J]. 内蒙古科技与经济, 2020(9)：101-104.

涉及社会化知识服务、科研和教学支持服务、学科知识服务、学生学习和成材成长服务、特色资源库建设和专业技术人才队伍建设等方面。

在有关发达国家高校图书馆开展社会化知识服务方面，贾米勤对英国、美国、日本三国高校图书馆参与社会服务的情况进行了比较研究；⊖封洁对英国高校图书馆政府信息服务情况进行了调查分析；⊜刘水探讨了美国高校图书馆社会化服务实践问题，并得出了对我国高校图书馆的启示；⊜李巨龙对美国高校图书馆社区服务实践问题进行了探讨，并指出值得我国高校图书馆借鉴的有关经验；㉙廖璠和蒋芳芳对美国高校图书馆校友服务情况进行了调查分析，同时总结了对我国高校图书馆的启示；⑤刘倩雯和束漫对英国高校图书馆面向中小学服务的情况进行了调查研究，并得出了对我国高校图书馆的启示。⑥

在有关发达国家高校图书馆开展科研和教学服务支持服务方面，Corral Sheila 等探讨了英国高校图书馆开展科研数据管理服务问题；⑦Tenopir C. 等探讨了英国学科馆员与科技数据管理服务问题；⑧张莎莎等研究了美国高校图书馆科研数据管理服务问题；⑨钱国富以兰卡斯特大学为例，探讨了英国高校图书馆数字人文服务问题；⑩王岚霞探讨了面向科研成果转化的美国高校图书馆服务问题；⑪毛玉容和李庭波以英国剑桥大学图书馆为例，探讨了国外高校图书馆科学数据管理政策问题；⑫杜琪和高波分析了英国高校图书馆科研数据管理现状及启示；⑬利君等探讨了英国"常春藤联盟"高校图书馆科研

⊖　贾米勤. 发达国家高校图书馆参与社会服务的比较研究：以英国、美国、日本为例[J]. 农业图书情报学刊，2014，26(6)：175-180.

⊜　封洁. 英国高校图书馆政府信息服务调查分析[J]. 新世纪图书馆，2016(10)：88-91.

⊜　刘水. 美国高校图书馆社会化服务实践及其启示[J]. 河北工程大学学报（社会科学版），2017，34(4)：21-23；36.

㉙　李巨龙. 美国高校图书馆社区服务实践研究及启示[J]. 晋图学刊，2019(3)：44-49.

⑤　廖璠，蒋芳芳. 美国高校图书馆校友服务调查及启示[J]. 图书情报工作，2019，63(9)：135-143.

⑥　刘倩雯，束漫. 英国高校图书馆面向中小学服务的调查及启示[J]. 大学图书馆学报，2020，38(3)：80-88.

⑦　CORRAL SHEILA, KENNAN MARRY ANNE, AFZAL WASEEM. Bibliometrics and research data management services：emerging trends in library support for research[J]. Library Trends，2013(3)：636-674.

⑧　TENOPIR C, SANDUSKY R J, ALLARD S, et al. Academic librarians and research data services：preparation and attitudes[J]. IFLA Journal，2013，39(1)：70-78.

⑨　张莎莎，黄国彬，邸弘阳. 美国高校图书馆科研数据管理服务研究[J]. 图书馆杂志，2016，35(7)：59-66.

⑩　钱国富. 英国高校图书馆数字人文服务探析：以兰卡斯特大学为例[J]. 大学图书馆学报，2017，35(4)：30-34.

⑪　王岚霞. 面向科研成果转化的高校图书馆服务探析：基于美国高校图书馆科研成果转化服务的启示[J]. 图书馆建设，2018(7)：60-64；71.

⑫　毛玉容，李庭波. 国外高校图书馆科学数据管理政策研究：以英国剑桥大学图书馆为例[J]. 山东图书馆学刊，2020(2)：76-81.

⑬　杜琪，高波. 英国高校图书馆科研数据管理现状及启示[J]. 图书馆工作与研究，2019(11)：58-65.

数据管理服务实践与启示;○陈廉芳和常志卫探讨了美国一流高校图书馆科研支持服务调查与启示;○成舒云对美国高校图书馆推动科研数据管理实践的有效途径问题进行了研究;○苏敏探讨了美国高校图书馆开展数字人文服务的路径与启示;⑭金秋萍探讨了美国高校图书馆科研支持服务的实践及启示。⑤

在有关发达国家高校图书馆开展学科知识服务方面,张毓晗等对英国高校图书馆学科服务现状进行了调查和分析;⑥章望英探讨了日本教学研究型高校图书馆学科服务发展态势及启示;⑦黄娜和谭亮对美国高校图书馆开展学科服务的特色进行了研究;⑧张诗博总结和归纳了美国高校图书馆大学生学习支持服务的特征及其启示;⑨侯茹对美国高校图书馆创业服务问题进行了研究;⑩鄂丽君和马兰探讨了美国高校图书馆的本科生研究支持服务问题。⑪

在有关发达国家高校图书馆支持学生学习和成才成长服务方面,刘倩雯和谈大军对英国高校图书馆支持学生健康服务状况进行了调查分析;李琛以美国常春藤联盟和国内 C9 联盟高校图书馆为例,对基于能动学习的图书馆学习支持服务问题进行了探讨。⑬

在有关发达国家高校图书馆特色资源库建设方面,曹琴仙和沈昊对日本高校图书馆信息资源共建共享概况及启示进行了探讨;⑭赵婷对日本一流高校图书馆文化遗产特色馆藏建设与服务问题进行了研究。⑮

○　利君,吴淑芬,杨友清. 英国"常春藤联盟"高校图书馆科研数据管理服务实践与启示[J]. 图书馆学研究,2019(16):89-95.

○　陈廉芳,常志卫. 美国一流高校图书馆科研支持服务调查与启示[J]. 现代情报,2019,39(4):108-114.

○　成舒云. 美国高校图书馆推动科研数据管理实践的有效途径研究[J]. 图书馆研究与工作,2020(8):80-84.

⑭　苏敏. 美国高校图书馆开展数字人文服务的路径与启示[J]. 情报理论与实践,2020,43(7):194-201.

⑤　金秋萍. 美国高校图书馆科研支持服务启示:基于美国 30 所高校图书馆的调研分析[J]. 四川图书馆学报,2021(2):73-77.

⑥　张毓晗,WALLER L,GALLIMORE V,等. 英国高校图书馆学科服务现状调查和分析[J]. 图书情报工作,2017,61(11):63-70.

⑦　章望英. 日本教学研究型高校图书馆学科服务发展态势及启示[J]. 图书馆工作与研究,2018(12):21-27.

⑧　黄娜,谭亮. 美国高校图书馆开展学科服务的特色和启示[J]. 图书馆研究. 2018,48(4):96-103.

⑨　张诗博. 美国高校图书馆大学生学习支持服务的特征及其启示[J]. 图书馆理论与实践,2018(1):83-88.

⑩　侯茹. 美国高校图书馆创业服务研究及启示[J]. 图书馆学刊,2018,40(4):138-142.

⑪　鄂丽君,马兰. 美国高校图书馆的本科生研究支持服务[J]. 图书馆论坛,2020,40(2):159-164.

⑫　刘倩雯,谈大军. 英国高校图书馆支持学生健康的服务调查与分析[J]. 大学图书馆学报,2021,39(2):107-114;12.

⑬　李琛. 基于能动学习的图书馆学习支持服务研究:以美国常春藤联盟和国内 C9 联盟高校图书馆为例[J]. 图书馆工作与研究,2021(2):50-55.

⑭　曹琴仙,沈昊. 日本高校图书馆信息资源共建共享概况及启示[J]. 河北大学学报(哲学社会科学版),2015,40(4):153-154.

⑮　赵婷. 日本一流高校图书馆文化遗产特色馆藏建设与服务研究[J]. 新世纪图书馆,2021(1):81-87.

在有关发达国家高校图书馆专业技术人才队伍建设方面，周晓燕和尹亚丽对国外高校图书馆科研数据服务人员知识结构进行了分析；⊖鄂丽君和王启云从高校图书馆招聘视角，对美国高校图书馆专业馆员职业能力进行了调查分析；⊖刘翠青对美国高校图书馆招聘学科馆员的能力需求进行了分析，并归纳了对我国高校图书馆的启示；⊜张毓晗从招聘视角，对英国高校图书馆人才需求进行了分析；㉄张凤梅和吕斌从招聘信息的内容视角，对美国高校图书馆数字人文馆员知识结构进行了分析。㊄

五、高校图书馆知识服务平台及模式构建

高校图书馆知识服务模式作为高校图书馆为高校师生提供知识服务的基础，是知识服务相关研究中必不可少的组成部分。目前，国内外专家学者在高校图书馆知识服务模式构建过程中，多关注高校图书馆知识服务平台搭建及知识服务模式构建两部分。

在高校图书馆知识服务平台中，现有研究主要集中在以下几点：一是技术支撑。张兴旺等通过阐述云计算、物联网、人脸识别等新兴技术及可信应用设计方法在云图书馆平台构建过程中的应用契机，提出云图书馆知识服务平台的构建应依托服务感知与适配技术、资源虚拟化技术与云服务化技术、云服务业务管理技术、支持异构协同的云计算技术、可信服务机制设计技术和信息整合与决策研究技术等的实现；㊅赵帅通过分析大数据知识服务模式的特征，认为人机交互平台、大数据组织与分析和大数据处理等技术是构建大数据知识服务平台的关键。㊆二是实现方式。常金玲和胡艳芳认为微信作为深受广大青年好评的社交媒体软件，可以帮助高校图书馆构建知识服务平台，从而为高校师生提供精准性、即时性的知识服务；㊇程卫萍等以浙江省科技创新云服务平台为例，

⊖ 周晓燕，尹亚丽. 国外高校图书馆科研数据服务人员知识结构分析：以 IASSIST 网站中 2015 年的招聘信息为例[J]. 图书情报工作，2016，60(3)：76-82.

⊖ 鄂丽君，王启云. 美国高校图书馆专业馆员职业能力调查与分析：高校图书馆招聘视角[J]. 图书馆论坛，2018，38(1)：128-134.

⊜ 刘翠青. 美国高校图书馆招聘学科馆员能力需求研究及启示[J]. 高校图书馆工作，2019，39(6)：3-47.

㉄ 张毓晗. 基于招聘视角的英国高校图书馆人才需求分析与启示[J]. 四川图书馆学报，2020(1)：78-83.

㊄ 张凤梅，吕斌. 美国高校图书馆数字人文馆员知识结构分析：基于招聘信息的内容分析[J]. 高校图书馆工作，2020，40(6)：33-36.

㊅ 张兴旺，麦范金，秦晓珠，等. 挑战与创新：重新审视云图书馆构建的技术走向[J]. 情报资料工作，2012(4)：37-41.

㊆ 赵帅. 基于大数据的知识服务平台构建关键技术研究[J]. 自动化与仪器仪表，2018(12)：44-46.

㊇ 常金玲，胡艳芳. 基于微信公众平台的高校图书馆个性化知识服务建设研究[J]. 图书馆学研究，2016(20)：22-28.

论证了知识服务平台的实现方式;[○]罗铿提出高校图书馆应以网络问答社区知识服务模式为参考,建设自身网络问答社区平台;[○]刘惠和胡素敏认为目前高校图书馆移动服务平台的构建主要有依托微信、微博等热门社交软件和自行开发移动图书馆应用软件两种实现方式。[○]三是平台特征。胡小丽认为高校图书馆可以借助 Lib Guides 平台改进知识服务方式,提高用户体验满意度,并加强平台移动化服务功能,为用户提供泛在式学科化知识服务;^⑩徐军玲和徐荣华提出图书馆开发平台的知识服务应具有专业化、泛在化、即时性和个性化特征。^⑮

高校图书馆知识服务模式的探讨主要集中在个性化服务模式、学科交叉服务模式、智慧图书馆服务模式和科研服务模式等方面。如靳红等对高校图书馆现行知识服务模式进行总结,包括咨询台式服务模式、学科馆员式服务模式、门户网站式服务模式、知识库服务模式等;^⑯覃凤兰提出了机读式信息服务模式、用户自我服务模式、参考咨询服务模式、专家知识服务模式等高校图书馆知识服务模式;^⑰李玉梅认为面向用户的图书馆知识服务模式包括用户自助服务、专业化服务和个性化服务三种模式;^⑱Cai 等基于定制图书馆信息服务相关研究理论,提出图书馆网络环境个性化信息服务新模式;^⑲T. A. Bennett提出图书馆及工作人员应充分了解不同客户群的知识服务需求,针对不同用户群提供个性化的智慧知识服务;^⑳刘雪飞和张芳宁认为图书馆知识服务模式应包括个性化服务模式、学科化服务模式、数字参考咨询服务模式、知识管理服务模式和自主性服务模式,并提出移动便携模式、数字设备模式、智能交互模式的泛在图书馆知识服务模式将成为图书馆知识服务模式的未来发展趋势;^㉑罗博创新提出图书馆知识服务中

○ 程卫萍,王衍,潘杏梅. 基于科技云平台的跨系统图书馆联盟协同知识服务模式研究:以浙江科技创新云服务平台为例[J]. 图书馆理论与实践,2016(6):70-74.

○ 罗铿. 网络问答社区对高校图书馆知识服务的影响研究[J]. 大学图书情报学刊,2017,35(6):7-10.

○ 刘惠,胡素敏. 2013~2017 年我国图书馆知识服务领域研究概况分析[J]. 情报探索,2018(7):128-134.

⑩ 胡小丽. 国内图书馆基于 Lib Guides 学科知识服务平台的应用调查与对策研究[J]. 图书馆学研究,2013(6):81-86.

⑮ 徐军玲,徐荣华. 高校图书馆的开放知识服务架构设计[J]. 图书馆杂志,2014,33(8):70-73.

⑯ 靳红,罗彩冬,袁立强,等. 高校图书馆知识服务模式的比较研究[J]. 中国图书馆学报,2004(6):60-62.

⑰ 覃凤兰. 基于知识管理的高校图书馆知识服务模式研究[J]. 情报杂志,2007(5):118-120.

⑱ 李玉梅. 面向用户的图书馆知识服务模式探析[J]. 图书馆工作与研究,2009(5):7-10.

⑲ CAI X,HU Z. The model of personalized intelligent information service in library[C]. California:2009 WRI Word Congress on Computer Science and Information Engineering,2009.

⑳ BENNETT T A. Is there anyone else out there? working as a new professional in an isolated library service[C]. Perth:ALIA 5th New Librarians Symposium,2011.

㉑ 刘雪飞,张芳宁. 图书馆知识服务模式及发展趋势分析[J]. 图书馆理论与实践,2012(10):110-112.

的微博应用模式;⊖石艳霞和刘丹丹基于价值共创视角,提出图书馆知识服务价值共创模型;⊜魏思廷通过分析替代计量学在数字图书馆知识服务中的功能,提出融合替代计量指标的数字图书馆知识服务新模式;⊜程刚等以高校图书馆为研究对象,探索面向科技型中小企业的知识服务模式⑭以及知识创新的知识服务模式⑮;于永丽依据微信公众平台功能特性,结合高校图书馆知识服务特征提出面向科研的高校图书馆微信知识服务模式应包括资源推送型、任务驱动型和即时交互型三种服务模式;⑯吴娣妹从高校智库视角研究其知识服务模式;⑰安肖肖基于高校跨学科活动服务理念,提出高校图书馆知识服务应以多学科知识整合、跨学科知识交流、跨学科协调创新为核心,构建包括个性化服务模式、"场"引导服务模式和团队嵌入服务模式在内的跨学科知识服务实践模式;⑱Lian以医学专业证书的现状为基础,分析知识服务在取得医学专业证书过程中的作用,并提出医学图书馆专业知识服务创新发展路径。⑲

六、面向企业的高校图书馆知识服务

目前,国内针对高校图书馆面向企业开展知识(信息)服务的研究成果不少,主要以探讨高校图书馆面向企业信息服务为主,涉及高校图书馆为企业提供信息服务的内容、方式方法、问题及对策、竞争情报服务、专利信息服务、查新服务等。如孙安指出高校图书馆可以作为区域智库为区域企业的发展提供信息服务,同时提出图书馆与院系合作共同为企业提供信息服务的策略等;⑩冯璐、宋居静选取国内23所"985"高校图书馆,对其服务企业的信息资源建设、信息服务主体、内容和服务方式等方面进行了调研,分析了高校图书馆面向企业信息服务中存在的问题,并提出了对策建议;⑪赵德美以云南财经大学图书馆为例,探索了财经高校图书馆面向地方企业提供知识服务的实

⊖ 罗博. 图书馆知识服务中的微博应用模式探究[J]. 高校图书馆工作,2013,33(4):19-23.

⊜ 石艳霞,刘丹丹. 图书馆知识服务价值共创的实现模式研究[J]. 图书馆理论与实践,2014(5):51-53.

⊜ 魏思廷. 结合替代计量学的数字图书馆知识服务新模式[J]. 图书情报知识,2015(2):87-92.

⑭ 程刚,郁文景. 面向科技型中小企业创新发展的高校图书馆知识服务模式研究[J]. 图书馆学研究,2016(1):56-59.

⑮ 程刚,吴娣妹. 科技型中小企业知识创新的知识服务模式研究[J]. 情报理论与实践,2017,41(4):38-43.

⑯ 于永丽. 面向科研的高校图书馆微信知识服务模式研究[J]. 图书馆学刊,2017(8):74-80.

⑰ 吴娣妹. 面向高校智库的知识服务模式研究[D]. 蚌埠:安徽财经大学,2018.

⑱ 安肖肖:高校图书馆跨学科知识服务模式研究[D]. 长春:东北师范大学,2018.

⑲ LIAN L. Research on the innovative development strategy of medical library knowledge service from the perspective of professional certification[J]. China Higher Medical Education,2019.

⑩ 孙安. 高校图书馆面向区域企业开展信息服务的策略研究[J]. 图书馆建设,2013(2):51-55.

⑪ 冯璐,宋居静. "985工程"高校图书馆企业信息服务的调查分析[J]. 管理观察,2016(20):114-116;119.

践;[□]皇甫晶对国外高校图书馆服务企业实践进行了分析，并提出了对我国高校图书馆的启示;[□]耿哲和杨眉对面向企业科技创新的高校图书馆竞争情报服务策略问题进行了研究;[□]朱振宁结合中原工学院图书馆的具体实践，基于科技创新的关键要素，构建了"图书馆＋""1＋1＋1"的协同供给服务模式，即"图书馆＋科研团队＋小微企业"的技术协同模式、"学科专家＋图书馆员＋产业人员"的人才主体协同模式、"图书馆＋创客空间＋产业基地"的空间资源协同模式;^四邢飞等基于科技型中小企业信息需求，探讨了高校图书馆提供精准化信息服务问题，构建了面向科技型中小企业发展的高校图书馆精准化信息服务框架;^五院蕾以河南省为例，探索了基于查新站的高校图书馆服务中小企业科技创新的模式;^六王婉等探讨了基于企业创新发展需求的高校图书馆专利信息服务问题;^七张善杰等探讨了面向企业技术创新的高校图书馆专利信息服务问题。^八

真正探讨面向企业的高校图书馆知识服务的研究成果并不多，具有代表性的研究如下：尚博分析了高校图书馆目前信息服务状况，根据企业信息服务需求，提出了新的知识服务模式;^九张秀华和曹平阐述了天津外国语大学图书馆为科技型中小企业提供信息服务的优势和内容;^十周宇和廖思琴分析了高校图书馆面向企业技术创新提供信息服务的需求、优势以及劣势，并提出了提高信息服务水平的对策;^{十一}王明等以滨海新区为例，分析了高校图书馆为滨海新区企业提供信息服务的优势、劣势、机遇和挑战，并有针对性地提出了对策;^{十二}王晓丽提出了高校图书馆面向企业开展知识服务的内容以及开展知

○ 赵德美．财经高校图书馆面向地方企业服务的实践与探索：以云南财经大学图书馆为例[J]．兰台世界，2017(10)：66-68.

○ 皇甫晶．国外高校图书馆服务企业实践分析及启示[J]．四川图书馆学报，2017(5)：91-93.

○ 耿哲，杨眉．面向企业科技创新的高校图书馆竞争情报服务策略[J]．图书馆学刊，2019，41(11)：96-100.

○ 朱振宁．高校图书馆面向创新型小微企业协同供给服务研究[J]．图书馆工作与研究，2019(12)：10-16.

○ 邢飞，彭国超，贾怡晨．基于科技型中小企业信息需求的高校图书馆精准化信息服务研究[J]．图书馆学研究，2020(17)：77-86.

○ 院蕾．基于查新站的高校图书馆服务中小企业科技创新的模式探索：以河南省为例[J]．河南图书馆学刊，2020，40(7)：135-137.

○ 王婉，曾艳，刘汝建．基于企业创新发展需求的高校图书馆专利信息服务研究[J]．大学图书情报学刊，2020，38(5)：104-109.

○ 张善杰，燕翔，刘晓琴，等．用户参与的高校图书馆知识产权信息服务能力建设[J]．图书情报工作，2020，64(8)：41-48.

○ 尚博．高校图书馆面向企业提供信息服务的模式探讨[J]．山东社会科学，2013(S2)：315-316.

○ 张秀华，曹平．高校图书馆为科技型中小企业发展服务的探讨与实践：以天津外国语大学图书馆提供信息援助服务为例[J]．农业图书情报学刊，2014(11)：189-191.

○ 周宇，廖思琴．高校图书馆面向企业技术创新的信息服务研究[J]．现代情报，2015(2)：110-113.

○ 王明，程超，付多，等．高校图书馆为滨海新区企业提供信息服务的SWOT分析[J]．图书馆学刊，2015(7)：66-69.

识推送服务的建议；[⊖]程刚和郁文景基于科技型中小企业的知识需求，构建了面向科技型中小企业创新发展的高校图书馆知识服务模式；[⊜]杨春静对高校图书馆面向科技型中小企业提供知识服务问题进行了 SWOT 分析；[⊜]黄宇探讨了高校图书馆面向企业提供知识服务的信息服务平台构建问题。[⊠]

七、高校图书馆知识服务评价

国内外学者对高校图书馆知识服务评价的研究也是高校图书馆知识服务研究中的重要组成部分，主要包括知识服务模式评价、质量评价、绩效评价和能力评价四个方面。

在知识服务模式评价方面，冉小波在总结当前高校图书馆主要知识服务模式的基础上，构建高校图书馆知识服务模式评价指标体系，共包括利用效率、开展效果、图书馆发展和成本投入四个方面，然后运用模糊综合评价法对图书馆主要知识服务模式进行综合评价；[⊕]丁晓燕在探讨高校图书馆学科服务评价模式的基础上，选取 10 位专家学者基于 20 项评价指标对某市理工大学图书馆学科服务能力进行调研打分，然后运用层次分析法对该校图书馆学科服务进行评估。[⊗]

在知识服务质量评价方面，徐军华借鉴"LIBQUAL＋"研究计划，认为信息服务质量评价指标体系应包括信息服务工作者、现代化技术手段、信息资源建设、信息用户满意度和效益五个维度；[⊕]周佳骏从网站的设计与链接、访问技术与安全、灵活性、可靠性、个性化支持、通信与交流、用户关系、独立操作、情绪感知、功能感知、知识服务的实现手段、服务内容、应用和反馈十四个维度构建三维二阶分层递进的图书馆 2.0 知识服务质量评价指标体系（LKSQE 2.0），并采用因子分析法测度广西壮族自治区桂林市三所"一本"高校图书馆知识服务质量；[⊗]刘洪等借鉴美国研究图书馆协会

⊖ 王晓丽. 高校图书馆知识推送服务与企业创新的思考[J]. 晋图学刊，2015(5)：25-28.

⊜ 程刚，郁文景. 面向科技型中小企业创新发展的高校图书馆知识服务模式研究[J]. 图书馆学研究，2016(1)：56-59.

⊜ 杨春静. 高校图书馆为科技型中小企业提供知识服务的 SWOT 分析[J]. 农业图书情报学刊，2017，29(3)：186-189.

⊠ 黄宇. 基于知识服务的高校图书馆企业信息服务平台构建[J]. 农业图书情报学刊，2018，30(12)：104-107.

⊕ 冉小波. 高校图书馆知识服务模式评价研究[J]. 情报科学，2009，27(8)：1169-1172.

⊗ 丁晓燕. 基于层次分析法的高校图书馆学科服务评价模式：以某市理工大学图书馆为例[J]. 西部素质教育，2017，3(2)：21.

⊕ 徐军华. 知识管理环境下图书馆信息服务质量评价模式[J]. 图书馆理论与实践，2006(5)：47-49.

⊗ 周佳骏. 基于 Web 2.0 的高校图书馆知识服务体系评价模式[J]. 中华医学图书情报杂志，2013，22(5)：38-44.

（Association of Research Library，ARL）的 LibQUAL + TM 与 ClimateQUALTM 评价工具，从用户和馆员两个视角分别建立学科知识服务用户满意度评价指标体系和学科馆员知识服务组织环境评价指标体系，对高校图书馆学科知识服务质量进行评价；⊖宋雪雁和张祥青运用 SERVQUAL 模型，从安全性、易获取性、精准性、有用性、整合性、规范性、创新性、特色性、续航性和前瞻性 10 个方面构建高校图书馆微信公众号知识服务质量评价指标体系，然后采用 MUSA 模型和标杆管理对吉林大学、重庆大学与国防科技大学的图书馆微信公众号服务质量进行测度。⊖

在知识服务绩效评价方面，孙小鸥运用平衡计分卡理论，从投入与产出维度、内部业务流程维度、用户维度和学习与成长维度构建高校图书馆知识服务绩效评价指标体系，然后采用层次分析法确定指标权重，通过问卷调查和模糊综合评价法求得评价值，进而对山东大学图书馆知识服务绩效进行评估。⊜邱裕在充分参考国内外知识共享理论的基础上，运用头脑风暴法构建高校图书馆知识共享绩效评价指标体系，包括馆舍建设、知识贮存效果、人员分配协调情况等 20 个指标，然后基于问卷调研数据采用层次分析法对绩效评价模型的有效性进行验证。⑳Amirhosein Mardani 和 Saghi Nikoosokhan 运用基于偏最小二乘法（PLS）的结构方程模型（SEM），基于伊朗电力财团 120 家公司的数据，验证知识创造和知识整合因素对知识管理绩效的正向影响。⑤唐毅和高燕将知识网格技术引入高校图书馆知识服务领域，从投入、产出角度构建高校图书馆知识服务绩效评价指标体系，然后采用 CCR 模型对北京大学、清华大学、复旦大学等 10 所高校图书馆知识服务效率进行测算。㉓

在知识服务能力评价方面，知识服务能力评价是指采用一种或综合多种评价方法，对高校图书馆知识服务要素（如知识服务基础设施、知识资源、专业技术人员、服务流程、服务方式、服务成效和管理制度等）按照一定标准，进行定性和定量等一系列复合分析，从而确定知识服务的能力、绩效、满意度水平的判断过程。目前，已经有一些关于高校图书馆知识服务能力评价的研究成果，如张展从知识服务意识、专业基础知

⊖ 刘洪，曾莉，李文林. 高校图书馆学科知识服务系统的构建与评价：以南京中医药大学为例[J]. 高校图书馆工作，2014，34（1）：24-27.

⊖ 宋雪雁，张祥青. 基于微信公众号的大学图书馆知识服务质量评价研究[J]. 现代情报，2020，40（2）：103-113；152.

⊜ 孙小鸥. 高校图书馆知识服务绩效评价研究[D]. 济南：山东大学，2014.

⑳ 邱裕. 高校图书馆知识共享体系绩效评价研究[D]. 广州：华南理工大学，2015.

⑤ AMIRHOSEIN MARDANI，SAGHI NIKOOSOKHAN. The relationship between knowledge management and innovation performance[J]. The Journal of High Technology Management Research，2018（29）：12-26.

㉓ 唐毅，高燕. 基于知识网格的高校图书馆知识服务绩效评价[J]. 图书馆学刊，2019，41（11）：40-45.

识和知识服务技能三个方面构建了图书馆员服务能力评价指标体系;⊖白娟将探索性分析法引入图书馆知识服务能力评价研究中，基于"两个空间"内的探索空间构建多层次能力指标体系和多分辨率模型体系"两个体系"，然后通过实体模型分析、中间模型分析、评估模型分析"三层分析"得出结果，进而实现对图书馆知识服务能力评估的探索性分析;⊜燕珊基于知识服务相关理论，构建了包括知识服务资源、人员能力、方式、质量和结果五个维度的高校图书馆知识服务能力评价指标体系，然后采用模糊层次分析法测度了 H 高校图书馆知识服务能力;⊜郁文景以"211"高校为例，探讨了高校知识服务绩效评价问题;⑩周莹等从知识获取过程、知识组织过程、知识开发过程、服务提供过程等方面构建了数字图书馆知识服务能力成熟度评价指标体系;⑮付永华从知识服务资源、知识服务人员能力、知识服务方式、知识服务质量、知识服务结果等方面构建了高校图书馆知识服务能力评价指标体系;⑥杨春静从知识服务资源、知识服务人员、知识服务方式方法、知识服务技术平台、知识服务内容、知识服务组织结构和管理制度、知识服务效果等方面构建了科技情报机构知识服务能力评价指标体系;⑦齐晓丹在信息资源能力、技术资源能力、人力资源能力、结构组织能力、文化构成能力等方面探讨了数字图书馆知识服务能力评价问题;⑧孙雨生和廖盼探讨了国内知识服务评价应用进展问题;⑨齐晓丹在信息资源能力、技术资源能力、人力资源能力、结构组织能力、文化构成能力等方面探讨了数字图书馆知识服务能力评价问题;⑩孙波等在新型冠状病毒肺炎疫情的背景下，结合疫情防控特殊需求，从时效性、移情性、易用性、全面性、特色性、交互性、精准性和吸引性八个维度建立高校图书馆应急信息服务能力评价指标体系，对 40 所一流高校图书馆疫情期间应急信息服务能力进行评价。⑪

───────────────────

⊖ 张展. 图书馆员知识服务能力评价体系构建[J]. 江西图书馆学刊, 2011, 41(3)：119-122.

⊜ 白娟. 探索性分析在图书馆知识服务能力评价中的应用[J]. 情报理论与实践, 2015, 38(10)：100-103；109.

⊜ 燕珊. 基于 FAHP 方法的高校图书馆知识服务能力评价研究[D]. 哈尔滨：黑龙江大学, 2015.

⑩ 郁文景. 高校知识服务绩效评价研究：以 211 高校为例[D]. 蚌埠：安徽财经大学, 2016.

⑮ 周莹, 刘佳, 梁文佳, 等. 数字图书馆知识服务能力成熟度评价模型研究[J]. 情报科学, 2016, 34(6)：63-66；86.

⑥ 付永华. 基于 FAHP 方法的高校图书馆知识服务能力评价研究[J]. 创新科技, 2016(8)：50-53.

⑦ 杨春静. 科技情报机构知识服务能力研究[D]. 蚌埠：安徽财经大学, 2017.

⑧ 齐晓丹. 数字图书馆知识服务能力评价研究[J]. 江苏科技信息, 2018, 35(21)：17-19.

⑨ 孙雨生, 廖盼. 国内知识服务评价应用进展[J]. 情报科学, 2018, 36(4)：164-170.

⑩ 齐晓丹. 数字图书馆知识服务能力评价研究[J]. 江苏科技信息, 2018, 35(21)：17-19.

⑪ 孙波, 杨茗惠, 刘丁, 等. 基于微信公众号的高校图书馆应急信息服务研究[J]. 图书馆, 2020(9)：98-103.

八、研究评述

通过上文对国内外研究现状的梳理，可以看出目前学术界关于高校图书馆知识服务的研究在国内外学者的共同努力下已经取得了较大进展，步入平稳发展阶段，研究力量较为集中，研究成果较为丰硕。其内容主要涉及高校图书馆知识服务的内涵、高校图书馆知识服务体系构建、高校图书馆知识服务影响因素、高校图书馆知识服务实践、高校图书馆知识服务平台及模式构建、面向企业的高校图书馆知识服务以及高校图书馆知识服务评价等方面，为本书研究大数据背景下高校图书馆知识服务奠定了坚实的理论基础。

高校图书馆作为为高校师生、科研人员和社会人士提供知识服务的重要场所，其知识服务模式的构建需要结合当前社会宏观形势的发展及知识服务领域的演变路径进行动态调整和积极探索，当前对大数据背景下高校图书馆知识服务的研究可能存在以下局限性：

第一，现有文献对大数据背景下高校图书馆知识服务体系和知识服务模式构建的研究尚不全面。大数据、云计算、人工智能、物联网、移动互联等新兴信息技术的快速发展，对高校图书馆知识服务能力的提升产生了至关重要的影响。然而，现有研究在讨论高校图书馆知识服务体系和知识服务模式构建问题时，大多基于传统背景下高校图书馆知识服务研究的视角，较少考虑当前大数据、云计算、人工智能等技术和国家最新政策动向对高校图书馆知识服务环境、知识服务平台、知识服务专业技术人员、知识服务组织结构等的影响。因此，本书将通过分析大数据背景下高校图书馆知识用户需求，以大数据背景下高校图书馆知识服务能力关键影响因素为基础，科学构建大数据背景下高校图书馆知识服务体系和知识服务模式。

第二，通过对国内外高校图书馆知识服务研究文献的分析可发现，现有文献对高校图书馆知识服务的研究大多停留在理论层面，所提出的研究观点和论断具有较强的主观性，多为思辨性的定性论点，论据不够充分，部分观点缺乏客观性和实证性数据的支撑，缺乏从实证层面对影响高校图书馆知识服务能力的因素进行探究。因此，本书运用群组决策特征根法对影响因素进行筛选，构建大数据背景下高校图书馆知识服务能力影响因素体系，然后基于 DEMATEL 定量识别方法，对高校图书馆知识服务能力影响因素体系中的关键影响因素进行识别，从而针对关键影响因素建立有效的高校图书馆知识服务模式和科学的高校图书馆知识服务能力评价体系。

第三，目前对高校图书馆知识服务实践和面向企业的高校图书馆知识服务的研究相对集中，主要侧重于采用定性研究方法，且以调查研究、对比研究、总结归纳为主，但真正在篇名中体现知识服务的成果并不多见。而且，对知识服务平台建设、知识资源库建设、知识服务模式、知识服务能力评价、面向企事业单位和科研院所提供知识服务的研究成果还较少。所以，对国内外高校图书馆知识服务活动开展情况进行全面调查了解，总结经验和教训，可以为提高我国高校图书馆知识服务能力和水平提供参考和启示。因此，本书将结合国内外高校图书馆所提供的知识服务，进行系统深入探讨分析，以期为我国高校图书馆开展知识服务活动提供一定的参考和借鉴。

第四，在高校图书馆知识服务能力评价方面，国内外学者虽然已经围绕高校图书馆知识服务能力评价相关问题展开研究，但针对大数据环境下高校图书馆知识服务能力评价问题进行研究的成果还很少，且已有研究主要采用层次分析法（AHP）等主观赋权法对高校图书馆知识服务能力评价指标体系进行赋权，但层次分析法在构造判断矩阵时，易因评价指标数目较多导致权重系数排序出现错乱，直接影响评价结果的准确性，而群组序关系法（群组 G1 法）无须对判断矩阵进行一致性检验，可以有效解决层次分析法的缺陷。因此，本书将结合大数据环境下高校图书馆知识服务模式及其关键影响因素，构建现代信息技术快速发展新形势下的高校图书馆知识服务能力评价指标体系，然后运用群组 G1 法对高校图书馆知识服务能力进行评价，以期为大数据背景下高校图书馆知识服务能力的提升提供参考和依据。

第三节 研究内容和框架结构

一、研究内容

第一章，绪论。主要介绍了研究背景及意义，从知识服务内涵、高校图书馆知识服务体系、高校图书馆知识服务影响因素、高校图书馆知识服务实践、高校图书馆知识服务平台及模式构建、面向企业的高校图书馆知识服务、高校图书馆知识服务评价等方面对国内外研究现状进行了总结和分析；归纳和总结了内容体系、研究方法、研究路线、主要研究内容、研究特色及创新点。

第二章，大数据及高校图书馆知识服务相关理论。归纳和总结了大数据的内涵和特征，梳理了大数据的处理流程；界定了高校图书馆的定义，描述了高校图书馆知识服务的内涵；分析了高校图书馆知识服务中的大数据；阐述了大数据对高校图书馆知识服务的影响。

第三章，大数据环境下高校图书馆知识服务体系。结合高校图书馆开展知识服务的实践，归纳了高校图书馆知识用户的类型和需求，从知识资源库、知识服务平台、知识服务专业技术人员、知识服务业务流程、知识服务组织结构、知识服务管理制度等方面构建了高校图书馆知识服务体系，构建了大数据环境下高校图书馆知识服务的价值链模型。在大数据环境下，高校图书馆知识服务可分为两个方面：一是服务高校自身的人才培养、科学研究、社会服务和文化传承；二是利用其信息资源和专业服务优势，开展社会化服务，如向各类企业、科研院所开展知识服务。

第四章，大数据环境下高校图书馆知识服务能力影响因素分析。分析了大数据环境下高校图书馆知识服务影响因素理论基础，构建了大数据环境下高校图书馆知识服务能力影响因素体系；探讨了大数据环境下高校图书馆知识服务能力影响因素指标筛选问题；从定量识别方法、基于 DEMATEL 法的关键影响因素识别两方面讨论了大数据环境下高校图书馆知识服务能力的关键影响因素识别问题。

第五章，大数据环境下高校图书馆知识服务的实践与问题。总结了大数据环境下我国高校图书馆知识服务的现状，归纳了大数据环境下高校图书馆知识服务存在的突出问题，分析了大数据环境下高校图书馆知识服务存在问题的成因，阐述了大数据环境下高校图书馆知识服务观。

第六章，发达国家高校图书馆知识服务实践及启示。总结和归纳了英国、日本、美国等发达国家高校图书馆知识服务的实践，分析了发达国家高校图书馆知识服务的特点，提出了发达国家高校图书馆知识服务实践对我国高校图书馆的启示。

第七章，大数据环境下高校图书馆知识服务模式构建。提出了大数据环境下高校图书馆知识服务的目标，归纳了大数据环境下高校图书馆知识服务模式的特点，分析了大数据环境下高校图书馆知识服务需要解决的主要问题。基于大数据环境下高校图书馆知识服务模式的特点，结合大数据时代特征及其对知识服务的影响，构建了大数据环境下高校图书馆知识服务模式。

第八章，面向企业创新发展的高校图书馆知识服务。分析了高校图书馆面向企业开展知识服务的优势，构建了大数据环境下高校图书馆面向企业的知识服务模式，分析了高校图书馆面向企业提供知识服务存在的突出问题，提出了优化高校图书馆面向企业提供知识服务的对策和措施。

第九章，大数据环境下高校图书馆知识服务能力评价。分析了高校图书馆知识服务能力评价指标体系构建的原则，归纳了高校图书馆知识服务能力评价指标体系理论构建依据，构建了高校图书馆知识服务能力评价指标体系，介绍了高校图书馆知识服务能力主要评价方法，建立了高校图书馆知识服务能力主要评价模型，对高校图书馆知识服务能力评价进行了实证分析。

第十章，大数据环境下优化高校图书馆知识服务的对策和措施。根据以上对大数据环境下高校图书馆知识服务模式相关内容的研究，结合推动高等教育实现高质量发展、大数据环境时代背景及对高校图书馆知识服务的影响等内容，从优化知识服务资源、建设知识服务团队、完善知识服务环境、构建知识服务平台、创新知识服务模式等方面对大数据环境下高校图书馆知识服务优化提出了具体的对策和建议。

二、研究框架结构

本书的研究框架结构如图 1-1 所示。

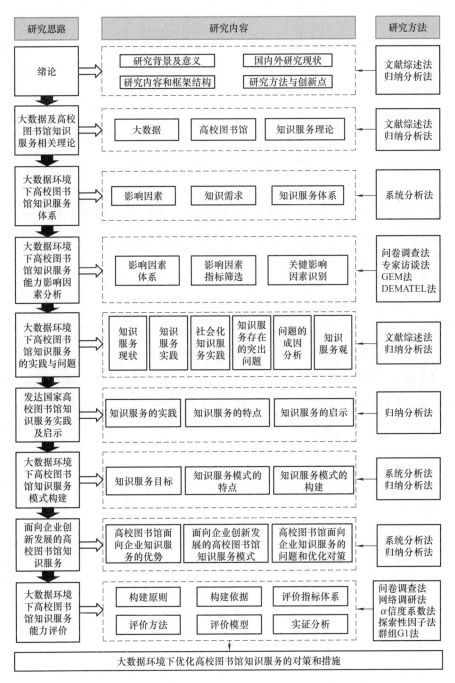

图 1-1 研究框架结构

第四节　研究方法和创新点

一、研究方法

本书注重理论研究、系统分析、技术分析与实证研究等方法的综合运用，并将定性研究和定量研究相结合，主要采用文献综述法、系统分析法、问卷调查法、网络调研法、专家访谈法、群组决策特征根法（GEM 法）、DEMATEL 法和群组序关系法（群组 G1 法）等。

（一）　文献综述法

本书在对大数据及知识服务领域展开研究的过程中，对理论著作、学术论文、期刊文献、会议文献、政府文件、学术报告等大量文献资料进行梳理和阅读，并在此基础上展开了深入的文献分析，发现了现有相关研究成果存在的不足及需要进一步研究的问题，明确了本书的研究内容和研究目的，为本书有关大数据背景下的高校图书馆知识服务研究奠定了坚实的理论基础。

（二）　系统分析法

大数据背景下高校图书馆知识服务能力的提升是一个集人员、资源、技术、管理、政策等因素于一体的复杂系统，必须采用系统的方法对其进行科学分析。系统分析法是把大数据背景下高校图书馆知识服务能力提升作为一个系统工程，对其各个方面进行定性分析和定量分析，构建高校图书馆知识服务体系和高校图书馆知识服务模型，并进行高校图书馆知识服务影响因素分析，从而找出提升高校图书馆知识服务能力的对策和建议。这也是本书运用的最基础的研究方法。

（三）　问卷调查法

本书主要针对大数据背景下高校图书馆知识服务需求、知识服务能力影响因素和知识服务能力评价等设计调查问卷，研究了在大数据时代背景下，高校图书馆用户所具有的需求特点，在此基础上构建大数据环境下高校图书馆知识服务模式，并邀请专家学者对大数据背景下高校图书馆知识服务能力影响因素、知识服务能力评价体系进行打分，从而为各高校图书馆知识服务能力评价提供实证支撑。

（四）　网络调研法

由于地理位置、交通通达度等因素的限制，在对除安徽财经大学以外的其他地区的高校图书馆知识服务能力展开研究时，难以进行实地考察和实地调研。因此，本书采用网络调查的方式，对各高校图书馆的知识服务能力进行调查，调查内容主要包括高校图书馆知识服务人员、知识服务资源、知识服务平台、知识服务方式、知识服务环境和知识服务活动开展成效等，形成了对高校图书馆知识服务能力评价的实证材料，对增强本书的实践基础具有重要支撑作用。

（五）　专家访谈法

本书在对大数据环境下影响高校图书馆知识服务的关键因素进行分析和对高校图书馆知识服务能力评价展开实证分析的过程中，通过邮箱、微信、问卷等多种方式针对高校图书馆知识服务理念、知识服务资源、知识服务平台、知识服务流程、知识服务手段、知识服务团队及知识服务环境等方面向专家进行咨询，邀请其根据各影响因素和评价指标的重要性进行打分，提升了本书实证分析的科学性和合理性。

（六）　群组决策特征根法

在大数据环境下高校图书馆知识服务能力影响因素指标体系构建的过程中，虽然根据相关文献和专家的建议以及已有的研究成果，已经构建出高校图书馆知识服务能力影响因素的预选指标体系，但由于所构建指标体系过于庞大，指标间存在交叉性，关联性高，信息重复量大，若直接采用此指标体系进行关键影响因素识别，势必会导致评价结果失去科学性，无法有效反映各影响因素对高校图书馆知识服务能力的重要程度。因此，本书运用群组决策特征根法对大数据背景下高校图书馆知识服务能力影响因素体系进行重要程度识别，并进行指标筛选，从而简化和优化影响因素体系，提高大数据背景下高校图书馆知识服务能力影响因素体系的科学性和合理性。

（七）　DEMATEL 法

DEMATEL 法是一种运用图论与矩阵工具对大数据背景下高校图书馆知识服务能力影响因素进行关键影响因素分析与识别的重要分析方法。该方法通过对高校图书馆知识服务系统中各影响因素间的逻辑关系与直接影响矩阵，计算出每个影响因素对高校图书馆知识服务系统的影响程度以及该影响因素对其余各影响因素的影响程度，然后根据其相互影响关系将其转换为因果关系组，进而判断各影响因素在高校图书馆知识服务活动中的关键作用，并结合中心度与原因度确定大数据背景下高校图书馆知识服务能力的关键影响因素。因此，本书运用 DEMATEL 法对大数据背景下高校图书馆知识服务能力的影响因素进行分析，从而能够科学、合理地厘清高校图书馆知识服务系统之间的相互影响关系。

（八）群组序关系法

群组序关系法（群组 G1 法）是在序关系法（G1 法）的基础上，针对专家权重确定和多位专家重要性排序的一致性问题提出的一种主观赋权方法。该方法通过对多位专家学者给出的重要性排序进行循环修正，不仅可以解决层次分析法（AHP）等主观赋权方法在赋权过程中遇到的判断矩阵一致性问题，还可以运用群组决策的集体智慧，有效降低单一专家学者主观情感和学历经验带来的影响，从而提高大数据背景下高校图书馆知识服务能力评价指标权重系数的准确性，对引导高校有效推动图书馆知识服务活动的开展、提升知识服务能力具有重要意义。

二、研究特色及创新点

（1）建立了大数据环境下高校图书馆知识服务的价值链模型，提出了大数据环境下高校图书馆知识服务观。

（2）基于大数据及高校图书馆知识服务的相关理论、大数据环境下高校图书馆知识服务体系，结合大数据环境下高校图书馆用户的知识需求及知识服务的关键影响因素分析，构建了大数据环境下高校图书馆知识服务模式。

（3）分析了高校图书馆面向企业开展知识服务的优势，构建了大数据环境下高校图书馆面向企业的知识服务模式，分析了高校图书馆在企业知识服务中存在的突出问题，提出了优化高校图书馆面向企业提供知识服务的对策措施。

（4）对大数据环境下高校图书馆知识服务能力进行评价分析，构建了高校图书馆知识服务能力的评价体系，分析了高校图书馆知识服务能力的评价内容，构建了高校图书馆知识服务能力的综合评价模型。

第二章

大数据及高校图书馆知识服务相关理论

第一节　大数据内涵及处理流程

一、大数据内涵及特征

（一）　大数据的内涵

对于大数据的内涵，麦肯锡全球研究所的《大数据：创新、竞争和生产力的下一个前沿》报告中给出了大数据的定义。"大数据"是指大小超出了传统数据库软件工具的抓取、存储、管理和分析能力的数据群。不断增多的数据量需要不断更新的分析和存储工具，故大数据通常与 Hadoop、NoSQL、数据分析与挖掘、数据仓库、商业智能以及开源计算机架构等诸多热点话题联系在一起。简单来说，大数据由海量的交易数据、海量的交互数据以及海量的数据处理这三项技术汇聚而成。其中，海量的交易数据是指不断增长的半结构化数据和非结构化数据信息；海量的交互数据是由网络社交平台贡献而来，如 Facebook、Twitter 等；海量的数据处理指用于数据密集型处理的架构，如 Hadoop，就是一种以可靠、高效、可伸缩的方式进行分布式处理的软件构架。当前大数据的价值主要体现在"分析使用"和"二次开发"两个方面。

（二）　大数据的特征

IBM 将大数据归纳为三个标准，即"3V"：类型（Variety）、数量（Volume）和速度（Velocity）。其中，类型（Variety）指数据中有结构化、半结构化和非结构化等多种数据形式；数量（Volume）指生成和收集的数据容量和规模庞大；速度（Velocity）指数据产生速度快或数据采集和分析等处理速度足够快。业界将大数据的特征概括为"4V"，即数量（Volume）、速度（Velocity）、多样性（Variety）和价值密度（Value）。随着大数据的进一步发展和应用，IBM 又提出了大数据的五个特征，即"5V"：数量（Volume）、类型（Variety）、速度（Velocity）、多样性（Variety）和真实性（Veracity）。尽管目前关于大数据的概念存在不同的认识，但对大数据基本特征的理解已形成了较为普遍的认知，即数据量大、数据处理实时性要求高、数据类型多样、数据价值密度低及数据的准确性和可信赖度五个基本特征。

（1）数据量大。随着物联网、云计算、移动互联等信息技术的快速发展以及微信、微博、QQ 等社交网络平台的普及，用户获取和共享数据的途径更加便捷，在此过程中，用户对网页的浏览、点击以及分享造成了大量数据的产生和传播。此外，人工智能、传感器等技术的广泛使用大大拓展了用户获取信息的渠道，与此同时，音频、视频、图片等多媒体信息资源的出现，进一步满足了用户期望获取到更真实可靠的数据的需求，这也促使网络空间的数据体量以爆炸式的速度急剧膨胀增加，数据处理从以 GB、TB、PB 为存储单位增长到以 EB、ZB 为存储单位。

（2）数据处理实时性要求高。在大数据、云计算、人工智能、物联网、移动互联等现代信息技术快速发展的互联网时代，数据信息量以较快的速度不断增加，数据信息产生、获取、传递的途径更加多样便捷。为了处理快速增长的海量信息、提高数据资源开发和管理的效率，人们在大数据的处理速度和处理能力方面提出了更高的要求。网络空间的海量信息随互联网数据的不断增加和更新而不断循环，如果得不到及时地采集、存储、整理及利用，最终将失去利用价值。因此，大数据环境下，实时、持续地分析处理数据是新时代大数据资源开发和管理的必然要求。目前，随着大数据的深入发展，云计算提供用于处理密集型数据的大数据框架 Hadoop，进一步提高了数据分析处理的速度和效率。同时，随着大数据的涌现，数据挖掘（知识发现）、可视化分析、聚类分析和神经网络等多种先进的大数据开发与管理技术应运而生，利用这些先进技术可对不断更新的数据进行高效、实时的动态分析，为获取最新、最有价值的知识信息提供了有效途径。

（3）数据类型多样。不断更新和升级的博客、微博、QQ、微信等社交网络平台，增加了用户沟通和交流的途径，让用户对数据的获取和分享产生了强烈的意愿。同时，不断涌现和升级换代的智能手机、平板电脑等移动终端设备携带更加方便，也促使用户产生随时随地获取网络数据信息的意愿。由于用户对网络数据需求的意愿不断增加及数据处理能力的不断提高，用户对信息的浏览方式逐渐从传统的浏览新闻、发送文字邮件到通过微信、QQ、微博等上传或下载图片、视频等，传统意义的结构化数据已无法满足用户日常在数据方面的需求。因此，数据总量中超媒体、文本、声音、HTML 等半结构化和非结构化数据急剧增加并广泛传播，半结构化和非结构化数据成为大数据的主体。在新时代，知识服务更加强调个性化服务，因此，高校图书馆为满足用户需求，必须要进行半结构化或非结构化数据的分析和处理。

（4）数据价值密度较低。海量的大数据具有巨大的知识信息和商业价值。通过对大数据进行挖掘、采集、整理和分析，人们可以从中发现数据间的联系，挖掘出高价值和潜在的知识信息。但是，由于大数据环境下的数据规模大、结构多样、来源复杂，混杂了大量混乱、虚假、无意义的数据信息，高价值的知识信息分布分散且数量较少，导致大数据的整体数据价值密度低，这进一步加剧了数据挖掘、分析和处理的难度。此外，大数据中结构化、半结构化和非结构化数据并存，且主要以非结构化数据为主，导致数据间的关联度降低。同时，与传统的数据处理不同，利用大数据挖掘和分析处理不只是为了获取某一事物的特定信息，而是为了获取事物的完整信息，对事物的所有数据信息进行采样。对于简单的数据，可能没有对错之分，但数据关联组合所形成的信息可能对也可能错。这也表明，由于存在大量非结构化数据，大数据的价值密度明显降低。

（5）数据的准确性和可信赖度，即数据的质量。大数据是指通过新处理模式产生的具有强洞察力、决策力和流程优化能力的海量、多样化和高增长率的信息资产。在大数据处理过程中应该重点关注数据的真实性，数据背后隐含的细节、数据来源的真实可靠性、处理数据流程中的科学性等都是数据质量的内容。在数据搜索时一般无法收集到全数据，但是与大数据相关的形容词往往与大规模、精准、细化相关，因此在调用相关数据时应关注情景和样本的适用性。此外，虽然可以利用大数据基于一定算法和模型对变量进行相关性分析，但是在复杂模型中仅仅进行相关性解释是不全面的，需要将数据之间、数据与真实事件联系上。因此，在大数据应用过程中应强化对真假数据的清洗，提高数据的质量。

二、大数据处理流程

大数据处理流程涵盖了数据采集、数据预处理、数据统计分析、数据挖掘四个部分。

（1）数据采集。数据采集是大数据处理流程最基本的环节。大数据类型繁多、结构复杂，处理难度大。为充分发挥大数据的价值，需要先对数据源进行提取和整合，再通过关联和聚合从获取的数据中提取数据关系和实体，并利用大数据技术对获得的数据关系和实体进行存储。此外，为保证数据的质量和可靠性，在提取和整合数据源信息之前，必须对数据进行清洗。目前，在传统静态数据库相关领域，数据抽取和集成技术的研究已趋于成熟。从数据集成模型的角度看，常见的数据抽取和集成技术一般可分为4种类型：基于中间件或联邦数据库的引擎；基于 ETL 或物化的引擎；基于数据流的引擎；基于搜索引擎的方法。

（2）数据预处理。虽然存在大量的数据源、数据库，但为了有效地分析、挖掘和处理海量数据，就必须要进行数据预处理。数据预处理需要将从数据信息源收集到的数据导入相对集中的大型分布式数据库或分布式存储集群中，同时，为提高数据的可信性和可解释性，有必要对导入的数据进行预处理。数据预处理的一般步骤分为数据清洗、数据集成、数据归约和数据变换。数据清洗是指通过补充缺失值，光滑噪声数据，识别或删除离群点，并且解决数据不一致性带来的问题以此对数据进行清洗。数据集成表示的是同一概念的属性在不同数据库中可能是不同的名称，由此导致不一致性和冗余。数据归约是将得到的数据集合简化表示，使得数据集变小但是能够产生相同的分析结果，数据归约策略包括数据归约和维归约。数据归约是使用参数模型或非参数模型，使用较小的表示数据；维归约是使用数据编码的方案，将得到的初始数据进行简化或者"压缩"表达。数据变换包含规范化、数据离散化和概念分层产生等。

（3）数据统计分析。数据分析是大数据处理流程中最重要的组成部分和处理过程。数据统计分析是指通过有目的、有组织地收集和分析数据，使之成为信息的过程。数据分析的目的是从海量且无序的数据中将信息集中和提炼出来，以此找出研究对象的内在规律和发展特征。数据价值只能通过对原始数据进行全面系统深入的关联分析，才有可能被挖掘出来。大数据时代，数据统计分析面临着新的挑战：一是由于大数据环境下数据资源量大且价值密度低，挖掘有效数据信息的难度较大；二是大数据的重要特征之一是数据是实时更新变化的，因而算法的标准不仅是准确度，更应该将实时性纳入大数据算法的考虑范畴；三是分析结果的有效性和实用性是数据统计分析面临的重要问题。上述挑战对现代统计分析技术和方法提出更高的要求，面对结构多样、内容复杂的数据，机器学习、统计分析、数据挖掘等传统的分析技术需要更新内容才能应对新的挑战。

（4）数据挖掘。数据挖掘是大数据处理流程中的关键环节，是从大量数据中挖掘有趣模式和知识的过程。数据挖掘与数据分析的不同之处在于不需要预先设定研究主题，而是通过各种算法，深入计算和分析收集到的数据，从大量数据中寻找其发展规律，以期得到预期的效果，满足高级分析的特定需要，主要包括数据准备、寻找规律和表示规律三个步骤。数据准备是将所选取的数据进行整合形成数据集；寻找规律是指通过某些方法找出数据集合中隐含的规律；表示规律是指尽最大可能将找出的规律以用户可以理解的方式表示出来。数据挖掘过程中的数据量较大且挖掘算法较为复杂是数据挖掘面临的巨大挑战，同时建立模型也是一个复杂的过程，需要辨别不同模型的适应性。

第二节 高校图书馆知识服务相关理论

一、高校图书馆的定义

《普通高等学校图书馆规程》明确指出：高等学校图书馆是学校的文献信息资源中心，是为人才培养和科学研究服务的学术性机构，是学校信息化建设的重要组成部分，是校园文化和社会文化建设的重要基地。

高校图书馆的主要职能是教育职能和信息服务职能。图书馆应充分发挥在学校人才培养、科学研究、信息化建设、社会服务和文化传承创新中的作用。图书馆的主要任务：一是建设全校的文献信息资源体系，为教学、科研和学科建设提供文献信息保障；二是建立健全全校的文献信息服务体系，方便全校师生获取各类信息；三是不断拓展和深化服务，积极参与学校人才培养、信息化建设和校园文化建设；四是积极参与各种资源共建共享，发挥信息资源优势和专业服务优势，为社会服务。

二、高校图书馆知识服务的内涵

在国外，有关知识服务的概念主要以知识密集服务业和知识密集服务出现。Kuus-isto 等认为知识密集型服务业是依赖于某一具体领域的知识或者专业技能的商业服务公司，为客户提供以知识为基础的并对客户知识流程产生贡献的中间产品或服务。[一]Ebers-berger 认为知识密集型服务业是在创新公司内部进行的或由公司外部提供的与创新相关的服务活动。[二]国内学者张晓林认为知识服务是一种认识和组织服务的观念，与信息服务的不同之处在于，知识服务贯穿于用户解决问题的全过程，主要表现为面向用户目标驱动、知识内容、解决方案的增值服务。[三]李尚民认为知识服务是从各种显性和隐性信息资源中针对人们的需要将知识提炼出来、传输出去的过程。[四]

[一] KUUSISTO J，VILJAMAA A. Knowledge-intensive business services and coproduction of knowledge：the role of public sector[J]. Frontiers of E-business Research，2004（1）：282-298.

[二] EBERSBERGER B. The use and appreciation of knowledge-intensive service activities in traditional industries ［R］. Helsinki：VTT Technology Studies，2004：8.

[三] 张晓林. 走向知识服务：寻找新世纪图书情报工作的生长点[J]. 中国图书馆学报，2000(5)：32-37.

[四] 李尚民. 图书馆信息服务与知识服务比较研究[J]. 现代情报，2007(12)：33-37.

国内外学者关于知识服务内容的研究主要有以下几种观点：Wimmer 认为，知识服务是一种解决问题的服务；[一]Fiocca 等认为研究开发能力和问题求解能力是知识密集型服务业的主要产品；[二]靳红等认为知识服务是以用户目标驱动，面向内容、面向解决方案、面向增值的服务；[三]刘宇清等认为知识服务是通过分析用户的信息需求，从大量现有的数据库集合中发现并找出有效的知识，并用简明的、科学的、富于逻辑的方式展现；[四]秦晓珠等认为与已有的信息服务模式相比，大数据知识服务模式和构建过程越来越趋向于个性化、自主化、虚拟化、智能化、透明化和体验化，知识创造模式、组织模式、传播模式和应用模式也呈现出规模化、集约化、数字化和网络化的趋势；[五]董玮等认为知识服务是知识服务的供给者利用自身的专业知识储备和技能，将无规律的图书馆资源进行知识化的转变与整合，最终形成知识型或者创新型的产品和服务提供给用户的过程；[六]李积君等认为知识服务是知识资源与知识需求之间的连接链，体现在知识分布、知识互动、知识竞争和知识创新等知识资源流动的各个环节中，主要包含四种类型的知识服务，分别为内容服务、产品服务、交流服务和方案服务。[七]

综合国内外学者的观点，我们认为，高校图书馆知识服务就是指高校图书馆利用其知识资源和专业服务优势，面向校内外用户的知识需求，依托现代先进信息技术平台，采用科学的方式方法，向用户提供知识服务的过程。

第三节　高校图书馆知识服务中的大数据

高校图书馆知识服务的大数据资源是多种多样，既涵盖期刊、图书和工具书等传统知识资源，也包括各种电子知识资源，如文献数据库、专题数据库、在线知识库、联机知识库等；不仅涵盖了书目信息、声像数据等结构化的知识资源，更包含了用户基本信息、访问行为及服务情况等半结构与非结构化的知识资源。

[一] WIMMER M A. Knowledge management in electronic government[C]. Krems：5th IFIP International Working Conference on Knowledge Management in Elecronic Government，2004.

[二] FIOCCA R，GIANOLA A. Network analysis of knowledge-intensive services[C]. Lugano：19th IMP Conference，2003.

[三] 靳红，程宏. 图书馆知识服务研究综述[J]. 情报杂志，2004，23(8)：8-10.

[四] 刘宇清，徐宝祥. 知识经济环境下图书馆的知识管理与知识服务研究[J]. 情报科学，2010，24(12)：1796-1800.

[五] 秦晓珠，李晨晖，麦范金. 大数据知识服务的内涵、典型特征及概念模型[J]. 情报资料工作，2013(2)：18-22.

[六] 董玮，詹庆东. 图书馆知识服务模式辨析[J]. 图书馆学研究，2016(3)：72-79.

[七] 李积君，王凤姣，龚蛟腾. 知识生态视角下图书馆服务转型研究[J]. 图书馆，2020(7)：73-78.

根据数据来源，高校图书馆的大数据可分为社交媒体数据、系统数据和传感器数据；根据生成类型，高校图书馆的大数据可分为馆藏知识数据、图书馆工作人员的工作数据和用户使用图书馆的信息数据。

一是馆藏知识数据资源。高校图书馆的优势在于拥有大量的馆藏资源和特藏资源，现在高校图书馆馆藏资源主要包括传统的纸质资源和现代数字化资源，其中数字化资源主要包含除纸质图书、期刊和报纸外的纸质文献转换的数字资源、电子书、文献数据库、网络数据库、联盟知识库、联机知识库，以及各类音频、图片和视频等资源，这些资源是图书馆展开服务工作的基础。但是一般来说用户主动获取和利用的资源不多，使得大量的馆藏资源没有被充分利用，而且随着信息技术的飞速发展，用户获取知识的途径和手段也越来越丰富，这也会导致大量图书馆资源处于闲置状态。因此，在开展知识服务的过程中，通过馆藏资源数据寻找相关性、揭示规则或发现新知识是关键环节，在实践中也要从图书馆资源观和数据的维度对馆藏资源进行分析和处理。

二是图书馆工作人员的工作数据。新时代高校图书馆数字化、网络化和自动化的工作手段，明显提高了工作效率，同时也产生了大量数据，使管理者可以掌握工作人员及业务处理流程。其主要涵盖图书馆工作人员在工作过程中发生和保留的数据，例如借阅信息中的预约借阅、委托借阅及馆际互借等图书馆工作人员与用户之间的交互信息，这些数据属于工作信息的一部分。一方面能够反映读者利用图书馆馆藏资源的情况；另一方面能客观反映读者的阅读倾向和阅读偏好，及时了解读者需求的变化和各类图书的供求状况，便于为用户提供个性化的知识服务。咨询信息中的图书馆工作人员对互动的信息记录，通过记录和统计功能形成了结构化的咨询交互数据。留言板、基于 Web 的表单、实时聊天或即时消息、电子邮件等都是图书馆大数据的一部分，从大数据的视角去考虑和分析，这些咨询信息对研究用户偏好、评估咨询质量和效果、开发咨询新业务等方面都具有重要的现实意义。采访工作是图书馆知识资源建设的基础，其过程中会产生大量包括书籍供应商提供的书目数据、采购数据、入馆数据及入馆使用率等采访数据，充分利用现有的采访数据可以为后来的采访工作提供依据，也是图书馆选择书籍供应商的重要依据。因此，采访数据不仅是采访工作的着力点，而且对图书馆知识资源建设发展方向和选择最佳采购方案提供了重要的参考依据。编目数据不仅包含书目数据，还包括与编目工作相关的数据，尤其当编目数量大量外包之后，对外包编目员的管理和书目数据的质量控制就成了编目工作的重点。这些数据可以帮助管理者评估和分析外包工作的效率和质量，以便制定更加合理的人员管理和质量把控策略。

三是用户使用图书馆的信息数据。用户在使用图书馆资源的过程中，产生了大量的数据，包含传感器数据、用户的网络行为数据及科学研究数据。第一，传感器数据。图书馆内不同位置的传感器采集了各类馆内资源数据，如门禁系统储备了大量的用户进出馆信息，用户到馆学习、参观及参与图书馆组织的各类比赛的行为记录。第二，用户的网络行为数据。如搜索、点击流、网站以及社交网络服务（SNS）是产生用户网络行为数据的典型数据源，其数据产生量高速增长。自 21 世纪初期以来，从博客、论坛及社交媒体网站等在线社交网络中产生了大量用户交互信息，其交互内容丰富，包含大量对图书馆服务的评价信息，体现了强烈的用户情感倾诉内容，为图书馆完善其服务提供了重要依据，是值得图书馆重视的重要数据源。伴随高校移动图书馆的广泛普及，校内用户可以通过智能手机和平板电脑等移动网络设备直接登录校内的网络智能图书馆系统，由此图书馆以移动互联技术作为技术支撑更加便捷地获取用户浏览数据。此外，联机公共目录查询系统（OPAC）也是图书馆大数据的重要来源之一，囊括了用户访问、检索、下载等丰富的行为记录。第三，科学研究数据。该数据同样是图书馆大数据的重要来源之一。科学研究数据是指在科研过程中，高校的不同机构、课题组的研究人员生成的任何可以存储在计算机上的数据，主要包含调研和实验数据，此外也包括来自模型测试的仿真数据、传感器或遥感勘测数据以及神经图像等可以转换成数字形式的非数字形式数据。

在大数据环境下高校图书馆的数据环境发生了巨大的变化。大量的入馆数据以及图书借阅数据，文献数据库、在线数据库、联盟知识库等访问数据随之产生。简单的数据统计分析无法获取数据中蕴含的更有价值的信息。利用数据挖掘和可视化技术对这些大数据进行挖掘分析，可以研究图书馆个人用户及群体用户的行为特征，从复杂冗余的图书馆数据中深入挖掘用户入馆、借阅等行为背后的特征和有价值的信息，寻找其中的特点与关联，并以此为依据对改进图书馆现有功能提出实用和有效的建议，帮助高校图书馆推出更贴近用户使用习惯的管理制度，快速提升图书馆的用户体验，同时有利于高校图书馆合理配置图书资源以提高服务质量。

通过对图书馆数据的挖掘，可发现很多有价值的知识信息。如通过对图书借阅数据的分析，可以判断用户喜欢的图书类型、为用户推荐感兴趣的图书，并进一步探讨图书资源的使用现状等。对入馆数据的挖掘分析，可以了解用户入馆规律、用户关系、图书馆的使用现状等。

随着高校图书馆用户知识需求的增加和对知识服务要求的提高，高校图书馆传统的服务手段和方式已经很难适应用户的需求，在大数据时代，必须要充分利用现代大数据技术，对自身拥有的大数据进行深度挖掘，充分满足用户的知识需求。

与大数据的基本特征相同，高校图书馆知识资源数据的数据量大，类型多样，结构复杂。因此，高校图书馆必须借助大数据技术，从数据量大且类型多样的大数据中挖掘潜在价值，为用户提供知识服务。

第四节　大数据对高校图书馆知识服务的影响

高校图书馆知识服务主要是指利用其知识资源和专业服务优势，依托现代先进的知识服务平台，针对校内外用户的知识需求而开展的一系列知识识别、收集、存储、加工（分析和挖掘）和提供的活动过程。

大数据、云计算、人工智能、物联网、移动互联等现代信息技术和泛在化、移动化、智能化、虚拟化的数字信息环境的快速发展，既给高校图书馆知识服务带来了机遇，同时也带来了挑战。秦晓珠提出：与已有的信息服务模式相比，大数据知识服务模式和构建过程越来越趋向于个性化、自主化、虚拟化、智能化、透明化和体验化，知识创造模式、组织模式、传播模式和应用模式也呈现出规模化、集约化、数字化和网络化的趋势。[⊖]可见，大数据、大数据技术、大数据环境必然对高校图书馆知识服务理念、流程、组织、方式、内容、平台、质量、制度等方面产生重要影响，因此，大数据时代，高校图书馆为适应高等教育的高质量发展、拓展社会化服务功能，必须要高度关注知识服务工作，深化改革，提高知识服务能力和水平，以满足大数据时代校内外用户知识需求。大数据、大数据技术、大数据环境对高校图书馆知识服务的影响主要体现在以下几个方面。

一、对知识服务观念的影响

在大数据的背景下，拥有海量、类型多样的知识资源的高校图书馆的存在价值不再仅仅是读者获取信息和知识的一个渠道。高校图书馆的校内外用户的知识需求明显增加，对知识服务质量提出更高的要求，高校图书馆传统的服务理念在很多方面已经落后于时代的发展，很难适应大数据时代用户的需求和要求。因此，高校图书馆为满足大数据时代校内外用户的知识需求和要求，就必须要做到与时俱进，对知识服务的理念进行不断革新和优化，摆脱传统信息服务观念的束缚，积极转变观念和理念，树立大数据服务观，充分利用现代大数据技术，开展大数据知识服务；围绕用户的知识需求，充分利用现代信息技术，对知识资源进行挖掘，实现知识发现，为用户提供精准高质的知识服务。作为图书馆的工作人员，也应立足于信息技术的应用并不断扩展服务内容和服务范围的深度和广度，以此推动高校图书馆知识服务的高质量发展，更好地服务于用户。

⊖　秦晓珠. 大数据知识服务的内涵、典型特征及概念模型[J]. 情报资料工作，2013（2）：18-22.

二、对知识服务过程的影响

大数据、大数据技术、大数据环境对高校图书馆知识服务收集、存储、加工和提供等活动产生重大影响。首先，微信、电子邮件和网站等多种类型和形态的海量数据给高校图书馆的知识收集过程带来了新挑战，传统的收集方法和手段显然不能完全适应大数据时代的要求。其次，大数据时代海量结构化数据的复杂处理需求、海量半结构化及非结构化数据多维度处理需求，对高校图书馆的数据存储能力提出更高要求。最后，如何从海量的知识资源中挖掘出用户需要的高品质知识，是新时代高校图书馆需要解决的重要问题，大数据环境与传统环境下的信息检索、数据挖掘有本质性的差异。构建云数据库，进行数据挖掘和智能分析，实现知识发现和知识共享应该成为大数据环境下高校图书馆知识服务的核心工作。

三、对知识服务方式和方法的影响

在现代信息技术快速发展的大数据环境下，高校图书馆拥有的知识资源内容丰富、类型多样，知识收集、加工、处理、传递和提供方式与方法明显发生变化，校内外各类用户的知识需求和要求更高。因此，高校图书馆开展知识服务不应局限于传统的信息服务方式，而应充分考虑大数据带来的影响，积极与大数据的爆发式增长和社会化趋势同步，如果仍然沿用传统的服务模式、流程、方法和手段，很难满足用户的知识需求和要求。在大数据时代，主动服务、网络化服务、自助服务、个性化服务、一站式服务、定题服务等将成为高校图书馆知识服务主要的方式和方法，这些方式和方法的重要基础是数据清洗和知识咨询服务。大数据的数据清洗在技术上对知识服务提出了新的更高层次的要求，即对大数据背景下的海量数据进行数据整合和数据关联；同时大数据对知识咨询服务的进一步发展提供了更为丰富的专业数据资源和数据分析技术，革新了解决问题的方式和思维。

四、对知识服务专业人员素质的影响

大数据时代高校图书馆知识服务更加突出个性化、自主化、虚拟化、技术化、网络化和智能化等特征。因此，大数据环境对从事知识服务的专业技术人员的知识结构、服务意识、服务能力和综合素质等提出了更高的要求。拥有复合型知识结构，掌握现代信息技术（尤其是大数据技术）和现代知识服务的方式和方法，具有新形势下知识服务的理念等，都是大数据环境对知识服务从业人员的基本要求。具体概括为：一是要求知识服务人员具有复合型的知识结构；二是要求知识服务人员掌握现代知识服务技术；三是要求知识服务人员具有良好的知识服务意识和能力；四是要求知识服务人员具有良好的外语水平和沟通能力。

五、对知识服务技术和平台的影响

大数据的特征对数据收集、数据存储、数据检索、数据挖掘、数据共享、数据监管以及数据的可视化等方面带来巨大冲击和挑战。因此，大数据技术将成为 IT 领域新一代的技术与架构，协助用户存储和处理海量数据，并从大量的、有噪声的数据中挖掘出其潜在价值。自大数据概念出现后，大数据采集、预处理、分析及挖掘技术随之涌现，如 Hadoop、Cloud Computing 等大数据技术，管理海量数据变得更加容易、便捷和快速。可见，大数据环境下的高校图书馆知识服务对现代信息技术的依赖性更强、要求更高，可视化分析、大规模并行处理（MPP）数据库、数据挖掘算法、分布式文件系统、分布式数据库、云计算平台、互联网和可扩展的存储系统等都将成为知识服务的主要支撑技术。知识服务平台是高校图书馆与用户建立联系的平台，在大数据背景下，大数据流分析平台的构建以及平台的适用性具有重要意义。

六、数据挖掘和智能分析成为知识服务的核心工作

在互联网、云计算、人工智能等现代信息技术快速发展的大数据环境下，海量数据的出现给高校图书馆的知识服务带来了新挑战和新机遇。面对海量的多类型数据，高校图书馆如何快速准确地识别用户知识需求，精准获取、筛选分析、提供用户所需要的知识，将成为大数据时代高校图书馆知识服务工作的重中之重，也是知识服务工作中的难点。因此，构建云数据库，上线网络化知识服务平台，充分利用泛在知识资源，进行数据挖掘和智能分析，实现知识发现和知识共享应该成为大数据环境下高校图书馆知识服务的核心工作。最近几年图书馆的信息推送和个性化知识服务广泛运用用户画像技术。因此，高校图书馆能够通过对用户行为的深度数据挖掘和智能分析，实现各类信息资源的关联和聚类，以此构建用户画像，进一步提高知识服务的靶向性。

七、对知识服务模式提出全新要求

大数据、大数据技术要求高校图书馆知识服务必须要基于"互联网＋"环境，将"互联网＋"概念引入知识服务领域，通过构建高校图书馆大数据知识服务模式实现知识服务已经成为必然。构建高质量的知识服务模式可以有效地促进高校图书馆知识服务的效率和质量，同时拓宽高校图书馆用户群体与服务面。因此，大数据环境下的高校图书馆知识服务模式，必须基于泛在知识资源，充分利用"互联网＋"、大数据、云计

算、人工智能、物联网、移动互联等现代先进信息技术，高度重视信息平台安全，体现用户至上的服务理念，实现主动式、个性化、自助式、网络化、智能化服务方式。同时，高校图书馆还应重视自身与服务对象之间的交互，以便将高校图书馆的知识服务成果和产品推广到社会上，并将其充分运用于社会生产和经济发展的过程中。

八、丰富了知识服务的内容

高校图书馆知识服务质量如何，用户是否满意，主要取决于向用户提供知识服务内容的质量，而影响提供内容质量的一个重要影响因素就是高校图书馆拥有的知识资源库的数量和质量。大数据时代和"互联网＋"环境为高校图书馆提供了海量且类型多样的知识资源，这些知识资源来源于社会发展的各行各业，来源于企事业单位和科研院所，来源于国内外，海量的知识资源不仅丰富了高校图书馆知识服务的内容，而且会为用户提供更为专业化和个性化的知识服务，明显提高知识服务的质量和用户满意度。

第三章

大数据环境下高校图书馆知识服务体系

第一节 高校图书馆知识用户类型及需求

一、知识用户类型

高校图书馆知识用户是指自觉地、有意识地、有目标地、有目的地获取和利用图书馆的知识资源，开展知识活动的个人或者团体。知识用户是知识的接受者和吸收者，是知识需求者和消费者，也是利用特定知识的个人或群体。

高校图书馆知识用户可以从不同角度来区分，如可以分成潜在用户和现实用户、校内用户和校外用户等。校内用户又可以分成个人用户、团体用户。个人用户主要包括在校学生（本科生、研究生、继续教育学生、留学生等）、在校教职工（在编、聘用员工；在职、离退休员工)，团体用户主要包括院系、研究院、职能部门、教辅部门等。校外用户主要包括企事业单位、科研院所和知识需求个人。目前国内大部分高校图书馆知识服务以校内用户为主，以校外用户为辅。我国各高校图书馆的社会化服务功能还没有充分发挥，有待进一步挖掘。

二、知识用户需求

大数据的数据来源、知识服务资源、服务能力、服务过程以及知识本身都是基于互联网和大数据环境的，而且所有的大数据均是来源于大数据用户的行为数据，因此这也要求大数据环境下的知识服务应将重心转移到知识用户的需求上。同时，知识用户是高校图书馆知识服务的出发点和落脚点，用户的知识需求是高校图书馆开展知识服务的基础。高校图书馆知识用户的需求可归纳为以下方面。

（1）学生用户。其知识需求涉及专业学习、科学研究、社会实践、学科竞赛、文体活动、升学深造、就业和创业、工作和生活等方面。

（2）教师用户。其知识需求涉及教育和培训、师德师风和能力提升、教学、科学研究、社会服务、工作和生活等方面。

（3）校外个人用户。其知识需求主要涉及学习、工作和生活方面。

（4）机构用户。校内机构用户的知识需求主要涉及人才培养、科学研究、社会服务和文化传承等方面。不同类型的校外机构有不同的知识需求。政府部门和企业的知识需求是有明显差异的，不同类型的企业知识需求也是不同的。如科技型中小企业的知识需求主要包括：进行创新活动所需要的新设计、新发明、试验、检测、新技术推广、技术培训等知识；创新过程中所需要的自然科技资源、科学数据、科技文献等科技资源知识；知识产权与标准知识；经营管理所需要的知识，市场开拓、注册咨询、会计事务、审计事务、法律援助、人才和技能培训、国际技术转移等知识；金融知识、政策和制度等环境知识。

用户知识需求是高校图书馆开展知识服务活动的前提和基础。用户知识需求的表达水平、图书馆知识服务人员对用户知识需求的理解和识别能力等直接影响知识服务效率、质量和结果。因此，作为知识用户，在参与知识服务活动过程中，要能简洁、精准地表达需求，这对于提高知识服务的效率和质量是非常有帮助的，也是提高用户满意度的重要影响因素。高校图书馆知识服务部门在具体知识服务工作实践中，要把对用户知识需求的识别和判断作为最重要的基础环节，知识服务人员要强化与用户的沟通和交流，要能全面、系统、深入地理解和把握用户知识需求的本质和核心要义，精心组织知识服务活动，精准施策，提高知识服务的质量和用户满意度。

第二节　大数据环境下高校图书馆知识服务体系

大数据环境下，高校图书馆知识服务体系主要由以下几个要素组成。

一、知识资源库

知识资源库是高校图书馆开展知识服务最重要的基础和源泉，它的建设水平、规模和质量直接影响知识服务的水平和效果。在现代信息技术快速发展的互联网时代，高校加大了对图书馆知识资源建设力度，总体趋势是纸质知识资源所占的比例越来越小，数字化知识资源所占的比例越来越大。目前高校的知识资源库基本由传统文献资源库、数字化知识资源库、机构知识库、特色资源库等组成。各高校根据自己的办学历史、学科专业特色和优势等建立特色资源库，这成为高校图书馆知识资源库建设的一个重要特色。如清华大学图书馆的知识资源库就包括了清华特色资源和清华机构知识库；北京大学图书馆也设有特色资源库，主要内容涉及古文献资源库、北大文库、晚清民国文献、燕京大学毕业论文等。在新时代，随着我国高校图书馆数字化、智慧化建设进程的加快，数字化知识资源将成为图书馆知识资源库的主体，也将成为高校图书馆开展知识服务的主要知识源。当然，在现代信息技术快速发展的互联网时代，高校图书馆开展知识服务的知识资源库不仅限于本馆的知识资源，其实通过加入全国、区域、行业、系统等图书馆或情报机构联盟，通过知识资源库的共建共享，可以利用更多的知识资源库来开展知识服务，大大提高知识服务的能力和质量。如通过中国高等教育文献保障系统（China Academic Library and Information System，CALIS），可以共享其他高校的知识资源库，实现高校知识资源共享，这也是高校图书馆知识资源库建设的一个重要举措。同时，高校图书馆也可以通过互联网、接入的国际联机检索系统等，提供国外权威知识资源库服务。显然，互联网时代的高校图书馆开展知识服务活动，使用的知识资源，不只限于本馆，更已拓展至国内外。

二、知识服务平台

在信息技术快速发展的大数据时代，高校图书馆知识服务的开展显然已经从传统的手工方式转变为以网络化、自动化、智能化为主的方式。因此，加大经费投入，建设和上线先进的信息技术平台已经成为高校图书馆知识服务的必然要求，也是提高知识服务能力和水平的重要路径，更是高校建设智慧校园和数字化图书馆的重要内容。目前高校图书馆普遍上线了图书馆管理信息系统，有的建立了大数据中心，但是真正建立一体化大数据知识服务平台的并不多。因此，充分采用大数据技术、人工智能技术、物联网技术和移动互联技术，建设网络化、集成化、智能化的大数据知识服务平台是高校图书馆加强数字化图书馆建设的重要内容，也是提高知识服务能力和水平的重要措施。

三、知识服务专业技术人员

知识服务专业技术人员是高校图书馆知识服务中最活跃的因素，其综合素质和能力水平直接影响知识服务的质量和效果。因此，高校图书馆知识服务业务的开展，对专业技术人员的素质和能力有较高的要求。知识服务从业人员除了有良好的服务意识和综合素质，还必须具有较好的信息技术能力、外语能力和扎实的专业功底，同时也需要有良好的逻辑思维能力、语言表达能力和沟通能力。知识服务专业技术人员的筛选要有严格的标准和规范，要从多方面进行考察。

四、知识服务业务流程

科学合理的业务流程是影响高校图书馆知识服务质量的重要因素之一。目前我国高校图书馆知识服务业务流程基本沿用传统的参考咨询工作流程，在时代性、科学性、网络化、智能化等方面与现实需求还存在明显的差距。在现代信息技术快速发展的大数据时代，高校图书馆面对海量的知识资源、校内外用户的知识需求和知识服务要求的提高，更要高度重视知识服务业务流程设计，充分借鉴国内外知名高校图书馆知识服务的业务流程方案，充分利用现代信息技术和先进的管理理念与思想，结合集成化大数据知识服务平台的要求，了解和掌握知识服务流程的客观规律，设计科学合理，能体现时代性、科学性、客观性、网络化、智能化、移动互联等要求的图书馆知识服务业务流程。同时，高校图书馆也要对现有知识服务流程进行全面研判，对不合理的流程必须进行重组，以适应大数据环境下的知识服务需要，提高知识服务的能力和水平。

五、知识服务组织机构

组织机构是高校图书馆实施知识服务的重要组织保障，其设置是否合理和科学，直接影响图书馆知识服务的质量和效果。从广义上讲，高校图书馆的所有机构都属于知识服务机构范畴，如清华大学图书馆下设了综合办公室、资源建设部、编目部、读者服务部、信息参考部、信息技术部、特藏部、古籍部或科古所、专业图书馆等。南京大学图书馆下设了办公室、资源建设部、学科服务部、读者服务部、古籍特藏部、鼓楼分部、系统保障部、江苏省高校数字图书馆（JALIS）管理中心、中国高等教育文献保障系统（CALIS）江苏省中心等。复旦大学图书馆下设了内部工作部门，包括办公室、采编部、数据管理与技术部；教学与研究部门，包括中华古籍保护研究院、数据图书馆、情报研究部、图书情报教研部；对外服务部门，包括基础服务部、参考咨询部、古籍部、特藏与数字化部。从狭义上讲，目前我国高校图书馆的知识服务工作主要由信息参考部（参考咨询部、情报部、知识服务部等）承担。也有高校直接设立了知识服务中心，如四川大学图书馆就设立了知识服务中心，其知识服务包括学科服务、知识产权服务、教学与培训、知识博客、知识检索、科技查新、查收查引等。尽管目前我国高校图书馆有关知识服务机构的名称还不一致，但都在发挥图书馆知识服务的功能。

在高等教育高质量发展的时代，高校图书馆必须要高度重视知识服务机构的设置，最大限度地发挥图书馆知识服务的潜能。我们认为，高校图书馆知识服务机构设立的目的：一是图书馆管理者要摆脱传统观念的束缚，解放思想，与时俱进；二是要充分考虑大数据、移动互联等现代信息技术快速发展的时代背景；三是要适应快速增长的用户知识需求和要求；四是要把知识服务业务流程作为机构设置的重要依据，要充分体现机构为流程服务的设置理念，而不是流程为机构服务的设置理念；五是要有利于知识服务功能的高质量实现。

六、知识服务管理制度

管理制度的制定和实施是高校图书馆实现知识服务功能的制度保障。知识服务的管理制度涉及知识服务的过程管理、知识服务员工的岗位职责、教育培训、合同管理、涉密管理、收费管理、绩效评价多个方面。科学合理的管理制度是知识服务活动依法、规范、科学、顺利进行的重要保证。因此，高校图书馆要高度重视知识服务的各项制度建设，制度建设要体现时代性、科学性、合理性、规范性，具体要求如下：一是可借鉴知名高校图书馆的做法；二是要结合图书馆开展知识服务的具体工作实践；三是要依法依规，遵守国家的法律法规；四是要体现用户至上的思想。

七、知识服务环境

知识服务环境也是影响高校图书馆知识服务能力和水平的一个重要因素，主要分为内部环境和外部环境两个方面。内部环境主要包括校内各类用户的知识意识和知识能力、图书馆管理者对知识服务的重视和参与程度、学校给予图书馆的经费投入情况、图书馆用于知识服务的资金投入情况、图书馆知识文化建设水平、图书馆员工的综合素质和能力水平、图书馆对知识服务的宣传力度、网站建设水平、局域网建设水平、拥有的软硬件设备情况等。外部环境主要包括国家法律法规和政策支持力度、主管部门和行业系统的相关制度规定、校外用户的知识意识和知识能力、国家信息技术基础设施水平、同行知识服务能力和水平等。

第三节　大数据环境下高校图书馆知识服务的价值链

"价值链分析法"是由美国哈佛商学院著名战略学家迈克尔·波特提出的，它将企业内外价值增加的活动分为基本活动和辅助活动，二者共同构成了企业的价值链。在不同的企业参与的价值活动中，并不是每个环节都创造价值，事实上只有某些特定的价值活动即"战略环节"才能真正创造价值。企业所保持的竞争优势本质上是企业在价值链某些特定战略环节上的优势。

价值链模型同样适用于高校图书馆的知识服务实践。它能够让高校图书馆了解在知识服务的哪些具体环节应用竞争策略会有最大收益，在何处应用信息系统和现代信息技术最有可能带来战略影响。高校图书馆知识服务体系包括的主要要素有知识资源库、知识服务专业技术人员、知识服务平台、知识服务业务流程、知识服务组织机构、知识服务管理制度、知识服务环境等。从业务流程来看，高校图书馆知识服务主要由这样一些知识活动环节组成：①用户提出知识需求；②图书馆知识服务团队识别用户需求；③知识服务团队选择知识资源库和知识服务系统，制定知识收集、检索策略；④实施知识收集、检索策略；⑤对收集到的知识资源进行筛选、分析、加工；⑥向用户提供所需知识；⑦用户反馈；⑧再收集、再分析、再筛选、再提供，直到用户完全满意为止。现结合大数据环境下高校图书馆知识服务业务流程和关键环节，构建高校图书馆知识服务价值链模型。该模型可为高校图书馆知识服务找准支点，有利于充分利用大数据、云计算、人工智能、物联网和移动互联等现代信息技术，提高图书馆知识服务能力和水平，提升图书馆知识服务的竞争力。价值链模型将高校图书馆知识服务视为由一系列活动构成的链条，每项活动都为知识服务增值，包括主导性活动和辅助性活动。高校图书馆知识服务价值链模型如图3-1所示。

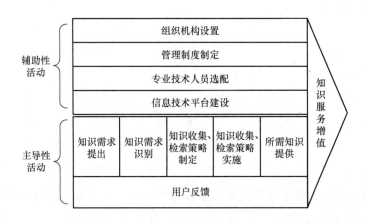

图3-1　知识服务价值链模型

主导性活动直接关系到高校图书馆知识服务关键环节，即为高校图书馆知识服务创造价值的过程。辅助性活动支持主导性活动的进行，包括组织机构设置、管理制度制定、专业技术人员选配（员工招募、培训）、信息技术平台建设等。

高校图书馆可以借助价值链模型，对比竞争对手和其他相关行业，对设计的知识服务业务流程进行基准测试，以确定知识服务的最佳运作方式。在基准测试中，高校图书馆要用严格的标准来比对自身的效率和效益，衡量业绩，而行业最佳运作方式一般由咨询公司、研究机构、政府机构和行业协会制定，成功的解决方案应能够让高校图书馆实现知识服务目标。

　　一旦分析了高校图书馆知识服务价值链的各个阶段，就能确定高校图书馆知识服务需要什么样的知识管理系统。一旦确定了所需要的知识管理系统，高校图书馆就可以付诸实施，在竞争对手的价值链薄弱环节加强自身实力，进而提高自身的竞争优势。

大数据环境下高校图书馆知识服务能力影响因素分析

　　大数据时代的到来既给高校图书馆信息资源配置与知识服务等带来了机遇，同时又向它提出了挑战。大数据技术的高速发展直接影响了数据收集、存储、处理与组织等方式，这使从海量信息中快速获取潜在的、有用的知识逐渐成为可能。新兴信息技术为高校图书馆服务模式提供了新思路，利用大数据技术对高校图书馆的馆藏进行深层次知识挖掘及知识关联，根据用户知识需求变化动态匹配知识资源，大数据技术在高校图书馆知识服务中崭露头角。与此同时，高校图书馆馆藏资源数量庞大且种类繁多，用户知识资源需求和服务需求多元，如何把握信息资源演变新规律，顺应知识服务新要求成为大数据环境下高校图书馆亟待应对的挑战。传统高校图书馆"以书为主体"，从面向读者用户提供纸质文献借阅服务模式，逐渐转变为现代高校图书馆"以知识为主体"，业务活动以围绕用户需求提供信息服务为导向的服务模式。因此，基于大数据环境视角探究高校图书馆知识服务影响因素，识别影响高校图书馆知识服务能力提升的主要驱动因素，对实现高校图书馆价值、提高用户满意度具有重要意义。

第一节　大数据环境下高校图书馆知识服务能力影响因素体系

一、大数据环境下高校图书馆知识服务能力影响因素理论基础

　　高校图书馆知识服务能力的内涵，即高校图书馆的知识服务团队秉持以用户需求为

中心的服务理念，利用丰富的馆藏知识资源，对信息资源进行提炼、加工、重组创新以提高资源利用率和价值，并基于拥有的知识服务手段和平台以及服务环境氛围，以解决目标用户问题和满足用户的知识需求的能力。由此，可以从知识服务理念、知识服务资源、知识服务平台、知识服务流程、知识服务手段、知识服务团队及知识服务环境七个维度构建高校图书馆知识服务能力影响因素框架。

（一）　知识服务理念

大数据环境下信息资源的时空结构受到冲击和重塑。时间结构上，数据的收集、管理、交换、存储等行为受到重视，数据之间内部关联性显著增强；空间结构上，信息资源空间分布趋于扁平化与多样化，利用信息资源进行动态提炼进而实现知识服务和创新成为现实要求。随着信息技术的高速发展，信息资源无处不在，对存在的大数据进行深度挖掘以获取个性化、有价值的深层次知识服务成为必然趋势。而高校图书馆作为知识密集型的实体，担负着为高校师生提供文献信息借阅和查询服务及教学科研教育的职能，对此类知识服务的需求更加强烈。大数据时代，从海量数据中释放的价值和能力正不断促进着知识密集型实体、经济和社会转型升级。因此，高校图书馆要利用其丰富的馆藏知识资源挖掘出更多的知识资本和价值，促进其服务模式转型与发展。这需要与时俱进的精神，摒弃传统高校图书馆的服务理念，统一知识服务认知问题，认真研究知识服务相关理论与最新进展，明晰知识服务业务发展远景规划，牢固树立大数据思维，充分认识新兴信息技术带来的深刻变革与便利，从而利用先进信息技术为高校图书馆服务模式转型提供发展新动能，为高校师生的科研工作、管理决策、创新创业等提供知识支持。同时，高校图书馆在传统借阅服务与新兴信息服务业务两者的抉择中，要转变畏难情绪，积极应对大数据环境下高校图书馆知识服务业务变革。此外，由于大数据时代信息泛滥，科研人员在数据收集、项目分析等方面往往因渠道限制存在滞后性、片面性，并且随着学科种类不断细分，边缘学科不断涌现，跨学科、跨专业的知识需求逐渐增多，研究人员迫切需要与科研项目相关的针对性知识。对此，高校图书馆不能再局限于传统定制信息服务，而要实现信息的实时性、针对性服务，满足用户知识个性化、多元化以及专业化的诉求。这要求高校图书馆积极参与学校教学和科研，主动整合信息资源，打破"信息孤岛"，根据师生需求提供知识服务，进一步强化高校图书馆在高校中的地位。

（二）　知识服务资源

知识服务资源是指高校图书馆所拥有的纸质图书、期刊、报纸等物质资源以及学科专题数据库、特色学科专业数据库等电子资源。这是高校图书馆知识服务能力的基础，也是高校图书馆对高校师生、科研人员进行知识服务的条件和保障。因此，知识服务资源对提升高校图书馆的知识服务能力具有重要作用。综合考虑高校的定位、优势学科以及高校师生、科研人员对信息资源的需求状况等，以明确高校图书馆信息资源建设目标；继续增加高校图书馆馆藏资源数量，确保文献信息资源完整、全面和系统；丰富馆藏资源构建知识联系，完善知识网络，打造知识体系等，这些均已成为高校图书馆努力的方向。因此，充分利用高校图书馆现有馆藏资源，优化文献资源结构，建立完善的信息资源保障体系，是满足用户需求，也是提升高校图书馆服务质量的立足点。高校图书馆承担人才培养及科学研究重任，所以，高校图书馆信息资源建设工作要紧紧围绕人才培养目标和高校发展规划进行，根据高校学科建设情况与未来发展需求，科学调配纸质资源和数字资源，实现高校师生有效利用高校图书馆馆藏资源。大数据环境下，新兴信息技术及声、光、电、磁等新材料的广泛运用使高校图书馆信息资源呈现多元化。传统纸质文献书籍向多媒体、数字化方向发展，音频和视频资源不断增加，高校图书馆信息资源类型丰富，实现了资源容量扩充。将不同媒体的信息资源进行加工重组，实现数据资源的跨媒体知识融合，既可以满足用户不同的知识需求，还能为高校师生提供精准化、智能化的知识服务，以解决相应的问题。但高校图书馆信息资源类型多样仅仅只是其提供知识服务的一个重要因素，信息质量问题也不容忽视。高校图书馆信息资源所提供的信息质量是知识服务成败的关键。在大数据信息处理技术下，用户需求是否被满足取决于信息质量的高低。图书馆专业人员结合图书馆信息资源围绕高校师生知识服务需求进行业务操作，以达到受众群体知识服务期望值。因此，信息资源质量是高校图书馆知识服务质量的核心体现。

（三）知识服务平台

为了提升高校图书馆的知识服务能力，更好地为高校师生提供知识服务，解决高校师生知识需求，建立功能完善的知识服务平台至关重要。知识服务平台是提高高校图书馆知识服务能力的关键因素之一。知识服务平台是连接图书馆与用户互动交流的桥梁，用户对高校图书馆知识服务能力的直观感受和评价高校图书馆知识服务能力强弱的依据主要体现在高校图书馆知识服务平台的完善程度上。图书馆知识服务平台是各种信息资源进行交换和互动的载体，也是多种垂直应用的聚合。知识服务平台促使用户数据汇聚，内置多种服务模块，拥有需求分析、知识集成等工具。因此，高校图书馆知识服务平台需要具有强大的数据库存储、分析处理能力，这要求高校图书馆提供完备的信息基础设施，构建强大的网络系统，实现不同网络中的用户相互交流、共享资源、数据查询等行为。信息基础设施体现了高校图书馆对知识服务的投入，设施越完备，知识服务开展得越好。大数据环境下，数据之间彼此存在较强关联性，将数据进行深入分析和融合后会产生更高的价值。高校图书馆在进行知识服务过程中，不断产生用户数据、需求数据以及处理数据等一系列数据资源，大数据的应用成为高校图书馆服务用户的重要方式。同时在大数据环境下，高校图书馆需要以专业知识和专业技能作为基础，依据用户知识需求，设计知识服务的合理实施过程，形成解决方案的集合。在整个服务过程中，高校图书馆根据用户知识服务需求，检索符合其需求的解决方案集合，使用最优化管理技术对所提供集合中的方案一一进行服务质量评估，从方案集合中选出最优解或一组最优服务方案，满足用户知识需求。因此，高校图书馆提供知识服务的方式越多，满足用户知识需求方案的集合越大，可供选择的方案越优，进而越能适应高校图书馆的创新发展以及最大限度地解决用户个性化的知识需求，最终提升高校图书馆知识服务能力。

（四）　知识服务流程

大数据环境下，数据的收集、整理、分析、利用等方式都发生了变化。首先，大数据的类型多样且结构复杂，数据处理难度呈现递增趋势，为实现数据价值最大化，还需对数据进行抽取、集成、关联和聚合。其次，数据处理方面，对原始数据进行数据清洗和预处理后，海量数据如何导入分布式数据库成为一大难点。再次，数据分析是大数据处理过程中最重要的部分，而传统数据分析技术不再适用，需要及时调整来应对挑战。最后，为达到预期效果，需要通过各种算法对数据进行深入分析以得到预期效果，这个过程对算法的要求较高，而且需要计算的数据量庞大，对数据库、计算机等软硬件设备提出了一定要求。因此，大数据环境下，高校图书馆需要对馆藏信息资源中的大量文献信息资源和数字信息资源进行检索、收集、处理与加工，得到具有增值价值的知识，满足不同目标用户的知识需求。与此同时，知识的种类多样，包括广义型知识、特征型知识、偏离型知识等，所以知识发现与识别成为高校图书馆的一种重要能力，在海量信息中识别有用的知识并加以提炼与加工可以体现出高校图书馆的社会价值。由于存储信息资源能力有限，高校图书馆需要在众多渠道中建立相应的知识流通机制以保证高校师生及时获取所需信息。机制的建立也成为高校图书馆知识获取的关键。大数据环境下，随着信息技术广泛普及，信息资源呈现迅速增长趋势，高校图书馆知识组织能力变得尤为重要。高校图书馆既要对信息资源进行分类整合、归纳处理，又要明晰用户知识需求，解决用户问题。高校图书馆知识组织是基于用户需求的动态过程，在知识服务流程中占据重要位置。同时，在知识服务过程中，高校图书馆信息资源的赋存状态不一，为达到给用户提供针对性服务、更好地满足用户需求的目的，高校图书馆需要洞察用户知识需求与偏好，将信息资源进行转换，把高校图书馆馆藏信息资源转换为用户所需资源类型，提高图书馆知识服务质量，确保知识服务高效性。此外，大数据时代，数据无处不在，而知识是在数据的基础上进行加工处理，认识客观世界的成果，知识成为一种新的社会生产资源。因此，高校图书馆作为知识资源集聚区，需要建立一套健全的制度体系对知识资源进行保护，这同样是对知识资源的检验，以保证知识的可靠性。知识的价值在于流动和使用，将知识传递给用户，从而实现知识的再发现和再创造，促使新知识和新应用的产生，成为高校图书馆知识服务的可持续发展能力。所以，知识传播能力是高校图书馆发挥其社会价值的重要体现。

（五） 知识服务手段

大数据时代下，海量数据集的出现使高校图书馆在为用户提供知识服务时遇到了新的契机和要求。在庞大且类型多样的数据中准确、快速挖掘出用户所需知识成为高校图书馆在知识服务过程中的核心工作，同时也是其工作难点。高校图书馆开展知识服务是以信息技术与网络应用为前提的，搭建高校图书馆知识服务体系，首先要健全其技术体系。当前高校图书馆知识应用技术体系中主要包括知识开发技术、知识共享技术、知识应用技术和知识创新技术。知识开发技术包括 Map Reduce 技术、云计算、Hadoop 技术等；知识共享技术包括工作流、群件技术与 Blog 技术等；知识应用技术包括知识图谱、知识库、文档管理、智能检索、推送技术与导航技术等；知识创新技术包括 E-Learning、智能代理等。现代化信息技术的使用是高校图书馆实现知识服务体系的技术支持，也是高校图书馆继续前行发展的根本动力。技术体系作为高校图书馆知识服务过程中的关键环节，其中，知识开发技术是高校图书馆知识服务过程中的基石，知识共享技术是高校图书馆知识服务过程中的重要因素，知识应用技术和知识创新技术是高校图书馆知识服务过程中的战略支撑。知识开发是对高校图书馆知识资源的提炼重组，是高校图书馆提供知识服务的前提准备。知识共享使高校图书馆馆藏知识资源进行传播与交流，促使知识得以补充和生成。知识应用是实现高校图书馆信息资源核心价值的体现，是知识服务效果的直接彰显。知识创新能够提高高校图书馆的竞争能力，助推高校图书馆高质量发展。大数据环境下，高校图书馆应将上述技术进行有效融合，通过整合多种技术形成立体服务体系。信息技术的开发与应用在极大程度上影响着知识服务的效果，是高校图书馆知识服务工作的重要组成部分，它属于高校图书馆知识服务的外生机制，既可以直接影响高校图书馆知识服务能力，也可以通过影响高校图书馆知识服务能力的内部因素间接产生作用。同时，作为高校图书馆知识服务运行机制中的重要部分，信息技术提高了知识服务过程中各个环节的运作效率，如提高了用户获取高校图书馆知识服务的便捷性、知识服务过程中用户与图书馆间的交互性、知识服务最终结果的有效性等。

（六）　知识服务团队

知识服务团队是高校图书馆围绕用户提供知识服务的全体人员，是知识服务过程中与用户直接交流沟通、获悉用户具体知识需求的一个共同体。高校图书馆在人才队伍上投入的多少，体现了高校图书馆对知识服务团队建设的重视程度，高校图书馆知识服务团队建设情况决定了其知识服务水平的高低。因此，合理的人员规模、服务人员的专业素养以及强大的咨询团队等，都是高校图书馆知识服务团队建设的关注重点。高校图书馆工作人员学历背景、专业背景不一，如何最大限度地发挥其优势特长，高效高质地完成工作任务安排成为首要问题。而高校图书馆根据岗位职责适当安排人员规模，进行不同专业背景人员间的合理搭配，采用动态调节、能级对应、优势定位等原则，实现人尽其用是解决问题的关键。大数据环境下，由于信息技术的发展带来数字信息资源获取的便捷性，文献信息资源数字化成为发展趋势，高校图书馆服务人员只有掌握现代信息新技术，主动对馆藏资源进行整合、集成，开发知识服务产品，才能更好地运用新技术满足用户需求。除此之外，高质量的知识服务是由具有高素质的图书馆工作人员完成的。用户面对浩瀚的信息海洋，需要的是具有文献检索、分析、挖掘和组织能力的知识服务人员对其开展的针对性服务。对此，高校图书馆知识服务人员除了要有扎实的图书情报理论知识和跨学科知识外，还应该具备知识组织与分析能力，熟练掌握大数据、互联网和数据挖掘技术等。大力引进具有新兴信息技术专业背景的技术人才是高校图书馆适应大数据背景下知识服务发展需求最有效的方式，但受限于人员编制、薪资要求等因素，高校图书馆对此类人才的吸引力并不强，所以，对现有图书馆工作人员进行专业培训成为主要方式。高校图书馆在知识服务团队建设中，要提供良好的继续教育平台、专业技术培训平台以及终身教育平台等，引导知识服务人员紧跟时代需求，不断加强自我学习以保持竞争力，通过高素质的知识服务人员提供高质量服务水平，高校图书馆也将从中获益，从而实现双赢。高校图书馆提升知识服务能力还应调动服务人员的主观能动性，变被动服务为主动服务。对此，高校图书馆需要创新服务激励机制，从薪资待遇、岗位晋升、职称评审等方面激励提供高质量知识服务的图书馆工作人员。高校图书馆应制定科学合理的绩效考评机制，以激发知识服务工作人员的热情，最终实现知识服务创新发展。此外，高校图书馆应建立一支由知识服务工作人员、专家学者以及高校数字图书馆联盟组成的强大的信息咨询队伍，以快速、精准、高效地满足用户信息需求。

（七）　知识服务环境

高校图书馆知识服务能力的提升是一项复杂的系统工程，不仅受高校图书馆自身内部环境影响，同时也受外部环境影响。从具体来源看，外部环境是社会和技术发展环境，主要包括社会的知识经济状态、科技水平、社会文化水平、国家政策等因素；内部环境是行业和事业发展环境，主要包括结构性环境和文化环境等因素。知识经济是建立在知识、信息等智力成果上进行生产、使用的经济，知识经济与农业经济、工业经济的区别之处在于侧重于脑力劳动。社会的知识经济状态体现出人们对知识的态度，对高校图书馆知识服务存在着潜移默化的影响，人们对知识的要求进一步提高，对高校图书馆知识服务有促进作用。大数据背景下，新兴信息技术作为高校图书馆发展的重要支撑技术，对高校图书馆具有重要影响，先进的信息技术手段可以为图书馆知识服务人员信息收集、隐性知识挖掘、知识产品加工、知识转化传播提供技术条件。因此，大数据环境下，高校图书馆知识服务对信息技术的依赖作用将被放大，信息技术发展程度和科技发展水平等都为高校图书馆建设起到支撑作用。高校师生、科研人员对信息资源的需求有着更高的要求，他们并不希望检索出来的信息仅仅只是从互联网上复制粘贴下来的，而是经过整理重组后的新内容。对此，社会文化水平不仅对用户需求产生影响，也督促着高校图书馆知识服务人员不断学习，双向促进高校图书馆知识服务体系建设。同时，一系列图书馆信息化建设标准、国家相关政策与制度，共同推进了高校图书馆信息化、数字化建设，为高校图书馆的知识服务顺利开展提供有力保障。大数据环境下，人工智能、云计算、物联网等信息技术为高校图书馆知识服务提供了技术支撑，而工作制度、流程标准、职责分工、绩效考评、组织管理等构成的结构性环境为高校图书馆知识服务提供了实现的可能。结构性环境是在制度层面对高校图书馆知识服务进行规范和支撑，是知识服务价值与地位的保障，其形成与否关系着知识服务效果的好坏。而文化环境是高校图书馆知识服务的精神支撑和引导方向，一般包括价值体系、组织文化等，为员工提供探索和创新的动力，并将知识服务作为高校图书馆建设和优化的重心。例如建设学习型图书馆，协助用户进行知识创造，形成思想交流、经验分享和智慧碰撞的氛围，以促进高校图书馆知识服务文化建立，指导高校图书馆正确发展。因此，文化环境作为高校图书馆制度层面下的一种柔性展现，保证着高校图书馆各个环节健康运行。

二、大数据环境下高校图书馆知识服务能力影响因素体系构建

根据上述高校图书馆知识服务影响因素框架的理论分析，在充分参考国内外相关文献以及专家学者指导意见的基础上，从知识服务理念、知识服务资源、知识服务平台、知识服务流程、知识服务手段、知识服务团队及知识服务环境七个维度初步构建了大数据环境下高校图书馆知识服务影响因素体系，包含7个准则层和32个指标层，如表4-1所示。

表4-1　高校图书馆知识服务能力影响因素体系

准则层	指标层	备注	准则层	指标层	备注
知识服务理念	认知因素	B_{11}	知识服务手段	知识开发技术	B_{51}
	组织理念	B_{12}		知识共享技术	B_{52}
	制度设计	B_{13}		知识应用技术	B_{53}
	服务理解	B_{14}		知识创新技术	B_{54}
知识服务资源	馆藏资源结构	B_{21}	知识服务团队	人员专业结构	B_{61}
	信息资源质量	B_{22}		人员学历层次	B_{62}
	信息资源类型	B_{23}		人员职业素养	B_{63}
	信息资源建设	B_{24}		专业技术培训	B_{64}
知识服务平台	信息基础设施	B_{31}		绩效考核机制	B_{65}
	知识服务方式	B_{32}		信息咨询队伍	B_{66}
知识服务流程	知识发现与识别	B_{41}	知识服务环境	社会知识经济状态	B_{71}
	知识获取	B_{42}		科技发展水平	B_{72}
	知识组织	B_{43}		社会文化水平	B_{73}
	知识转化	B_{44}		国家政策	B_{74}
	知识保护	B_{45}		结构性环境	B_{75}
	知识传播	B_{46}		文化环境	B_{76}

第二节　大数据环境下高校图书馆知识服务能力影响因素指标筛选

一、指标筛选方法

群组决策特征根法（Group Eigenvalue Method）是通过专家学者根据其经验知识对评价指标的重要程度进行打分并利用数理统计知识进行分析的一种决策方法。该种方法能够处理结构问题和非结构问题，其计算过程简单、计算步骤简易、操作性强且应用广泛，是当前确定指标权重和重要性的主要方法。群组决策特征根法融合多位专家学者的意见，避免了单一专家学者的主观偏好对整体结果影响的重要性偏差，保障结果的一致性和聚焦性，易于指标筛选和最优结果的确定。同时，该方法高度凝结和集成多样化专家学者的智慧、经验，聚合同一领域专家学者对评价指标打分，根据指标权重系数以筛选出重要指标。群组决策特征根法具体步骤和过程如下：

步骤1：理想专家选择标准。设s_1，s_2，$\cdots$，s_m为m个专家学者组成专家组决策系统G，现对n个目标评价对象$B = （B_1，B_2，\cdots，B_n）$进行评价。其中，第i个专家对

第 j 个目标评价对象 B_j 的评分数值为 x_{ij}（$i=1$，2，3，$\cdots$，m；$j=1$，2，3，$\cdots$，n），$x_{ij} \in [i, j]$，x_{ij} 的值越大，表示第 j 个目标评价对象 B_j 对结果的影响程度越大，即 x_{ij} 的值与第 j 个目标评价对象 B_j 的影响程度呈线性相关关系。x_i 与专家组决策系统 G 的评价数值构成 n 维列向量 X_i 和 $m \times n$ 阶矩阵。

$$X_i = (x_{i1}, x_{i2}, x_{i3}, \cdots, x_{in})^{\mathrm{T}} \in E^{\mathrm{T}} \tag{4-1}$$

$$X = (x_{ij})_{m \times n} = \begin{pmatrix} x_{11} & \cdots & x_{1n} \\ \vdots & \ddots & \vdots \\ x_{m1} & \cdots & x_{mn} \end{pmatrix} \tag{4-2}$$

矩阵 $X = (x_{ij})_{m \times n}$ 表示在一次有效决策中，专家组成员根据各自专业素养、知识结构、逻辑论证等对目标评价对象 B 的评价结果构成的评分集合。理想专家 s^* 的具体定义标准为某位专家对目标评价对象的评价结果与专家群组 G 的评价结果具有同向性和相同性，其结果是最优化、最准确化的，并体现出最高决策水平的评价结论。同时，理想专家 s^* 的评价数值与专家群组 G 中其他专家评价数值所构成的夹角之和最小。理想专家 s^* 的评价数值 $x^* = (x_1^*, x_2^*, \cdots, x_n^*)^{\mathrm{T}}$ 是 $f = \sum_{i=1}^{m} (b^{\mathrm{T}} x_i)^2$ 取得最优化解时所对应的正特征向量，其中 $\forall b = (b_1, b_2, \cdots, b_n) \in E^{\mathrm{T}}$，$\|b\|_2 = 1$，进而可以得到

$$\max_{\|b\|_2=1} \sum_{i=1}^{m} (b^{\mathrm{T}} x_i)^2 = \sum_{i=1}^{m} [(x^*)^{\mathrm{T}} \times x^*]^2 \tag{4-3}$$

步骤 2：评价指标权重的求解定理。

定理 1：$\forall b = (b_1, b_2, \cdots, b_n) \in E^{\mathrm{T}}$，$\max_{\|b\|_2=1} \sum_{i=1}^{m} (b^{\mathrm{T}} x_i)^2 = \sum_{i=1}^{m} ((x^*)^{\mathrm{T}} \times x^*)^2 = \rho_{\max}$

其中，$\rho_{\max}$ 为矩阵 $F = x^{\mathrm{T}} x$ 的最大特征单根，$x^* = (x_1^*, x_2^*, \cdots, x_n^*)^{\mathrm{T}} \in E^{\mathrm{T}}$ 是 $\rho_{\max}$ 对应矩阵 $F = x^{\mathrm{T}} x$ 的正向特征向量，有 $\|x^*\| = 1$。

定理 2：专家组决策系统 G 中 m 个专家对应的权重向量 α 为矩阵 $F = x^{\mathrm{T}} x$ 最大特征值对应的特征向量，有 $\|\alpha\| = 1$，$x^{\mathrm{T}} \alpha = k x^*$。

步骤 3：单根与重根的处理方法。对于矩阵 $F = x^{\mathrm{T}} x$ 进行求解，其最大特征根可能为单根，也有可能为重根，根据最大特征根的不同，分别进行不同处理。当最大特征根为单根时，权重向量 α 有唯一解；当矩阵 $F = x^{\mathrm{T}} x$ 的最大特征根出现两个或两个以上相同的值时，需要求出最大特征根对应的特征向量，将出现权重系数相同的评价指标，此时选择第二大特征根对应的权重向量对其他指标进行重要程度排序。

二、基于群组决策特征根法的指标筛选

本书采用群组决策特征根法识别和筛选高校图书馆知识服务能力影响因素，确定

高校图书馆知识服务能力影响因素指标体系。邀请了知识服务研究领域的相关专家及高校图书馆管理人员共10人，使用5级量表对大数据环境下影响高校图书馆知识服务的影响因素进行打分，以此确保影响因素指标体系的科学、合理及适用性。其中，1为极不重要，2为不重要，3为重要，4为很重要，5为非常重要。专家评分情况如表4-2所示。

表4-2　大数据环境下高校图书馆知识服务能力影响因素体系专家评分表

	s_1	s_2	s_3	s_4	s_5	s_6	s_7	s_8	s_9	s_{10}
B_{11}	4	5	3	4	3	4	5	3	5	4
B_{12}	3	3	5	3	3	3	3	4	4	3
B_{13}	2	3	2	1	2	3	1	4	1	3
B_{14}	3	5	4	5	4	3	4	4	3	5
B_{21}	5	4	4	4	5	3	3	3	5	4
B_{22}	5	4	4	5	4	4	3	3	5	3
B_{23}	4	3	4	3	4	3	3	5	4	3
B_{24}	3	3	2	1	2	4	1	2	1	3
B_{31}	3	4	2	4	5	3	2	4	3	3
B_{32}	5	2	2	3	1	3	4	2	5	2
B_{41}	4	5	3	4	5	4	4	5	4	4
B_{42}	5	4	5	4	5	4	5	4	3	5
B_{43}	2	1	1	1	1	2	1	1	2	1
B_{44}	4	4	5	4	5	3	4	5	5	5
B_{45}	2	3	1	2	2	1	1	2	1	1
B_{46}	1	2	1	2	2	3	2	1	2	1
B_{51}	2	3	2	1	2	3	1	3	2	1
B_{52}	4	4	5	4	5	3	5	3	4	5
B_{53}	2	1	3	1	2	2	3	1	2	3
B_{54}	3	5	4	4	5	3	5	3	4	4
B_{61}	3	4	3	4	4	5	4	3	4	3
B_{62}	2	2	2	1	2	1	1	2	2	2
B_{63}	3	4	4	4	4	4	2	3	2	5
B_{64}	3	4	4	3	4	3	5	4	5	4
B_{65}	4	4	5	4	5	4	4	3	4	5
B_{66}	2	1	2	3	1	1	2	3	3	2
B_{71}	3	1	2	2	1	1	1	2	2	1
B_{72}	5	5	4	4	5	4	5	3	4	5
B_{73}	2	1	2	1	1	1	1	1	2	1
B_{74}	5	4	3	4	5	4	4	5	4	4
B_{75}	4	4	4	4	5	3	5	5	5	5
B_{76}	1	1	1	2	2	1	2	2	2	1

　　下面以知识服务团队准则层为例，运用群组决策特征根法进行指标筛选，根据表 4-2 中专家群组决策系统对知识服务团队准则层的评分结果，借助 MATLAB 软件，遵循群组决策特征根法的基本步骤和相关定理，求得乘积矩阵 F 为：

$$F = x^T x = \begin{pmatrix} 141 & 61 & 129 & 144 & 155 & 66 \\ 61 & 31 & 60 & 67 & 72 & 30 \\ 129 & 60 & 131 & 133 & 150 & 61 \\ 144 & 67 & 133 & 157 & 164 & 71 \\ 155 & 72 & 150 & 164 & 180 & 76 \\ 66 & 30 & 61 & 71 & 76 & 38 \end{pmatrix}$$

　　对矩阵 $F = x^T x$ 进行求解，其最大特征根为单根，$\rho_{max} = 653.335\ 8$，最大特征值对应的特征向量为：

$$B^T = (0.457\ 5,\ 0.210\ 1,\ 0.436\ 3,\ 0.482\ 7,\ 0.523\ 0,\ 0.222\ 9)$$

　　将特征向量进行单位化处理，得到如下结果：

$$B_*^T = (0.196\ 1,\ 0.090\ 1,\ 0.187\ 0,\ 0.206\ 9,\ 0.224\ 2,\ 0.095\ 5)$$

　　向量 B_*^T 为各目标评价对象的重要性程度，根据相应数值的大小进行关键指标的识别和筛选。同时依据数据处理的结果，选择 0.1 为临界值，即将相对重要性大于 0.1 的影响因素列为重要影响因素，相对重要性小于 0.1 的影响因素剔除指标体系。目标评价对象 B_{61}、B_{62}、B_{63}、B_{64}、B_{65}、B_{66} 的相对重要程度分别为 0.196 1、0.090 1、0.187 0、0.206 9、0.224 2、0.095 5，其中指标 B_{62}、B_{66} 的相对重要程度均低于 0.1，所以将其剔除，其余四个指标的相对重要程度均大于 0.1，将其保留。因此，通过指标筛选，知识服务团队准则层保留的指标分别为"人员专业结构""人员职业素养""专业技术培训"和"绩效考核机制"。

　　同理，重复上述操作进行其他准则层中的重要影响因素指标筛选，知识服务理念准则层保留的指标分别为"认知因素""组织理念"和"服务理解"；知识服务资源准则层保留的指标分别为"馆藏资源结构""信息资源质量"和"信息资源类型"；知识服务平台准则层保留的指标分别为"信息基础设施"和"知识服务方式"；知识服务流程准则层保留的指标分别为"知识发现与识别""知识获取"和"知识转化"；知识服务手段准则层保留的指标分别为"知识共享技术"和"知识创新技术"；知识服务环境准则层保留的指标分别为"科技发展水平""国家政策"和"结构性环境"。筛选后的大数据环境下高校图书馆知识服务能力影响因素体系指标，如表 4-3 所示。

表 4-3　大数据环境下高校图书馆知识服务能力影响因素识别

准则层	指标层	备注
知识服务理念	认知因素	B_{11}
	组织理念	B_{12}
	服务理解	B_{14}
知识服务资源	馆藏资源结构	B_{21}
	信息资源质量	B_{22}
	信息资源类型	B_{23}
知识服务平台	信息基础设施	B_{31}
	知识服务方式	B_{32}
知识服务流程	知识发现与识别	B_{41}
	知识获取	B_{42}
	知识转化	B_{44}
知识服务手段	知识共享技术	B_{52}
	知识创新技术	B_{54}
知识服务团队	人员专业结构	B_{61}
	人员职业素养	B_{63}
	专业技术培训	B_{64}
	绩效考核机制	B_{65}
知识服务环境	科技发展水平	B_{72}
	国家政策	B_{74}
	结构性环境	B_{75}

通过数理量化分析后进行大数据环境下高校图书馆知识服务影响因素指标筛选，筛选后的指标体系既兼顾了实践应用与理论研究，又在保留重要信息的基础上实现最大程度的简化。

（1）知识服务理念准则层。认知因素是大数据环境下高校图书馆开展知识服务首要解决的问题。在新时代背景下，高校图书馆正在承受信息技术发展、信息获取便捷、数据庞大繁杂等带来的猛烈冲击，为避免高校图书馆演变成为学生自习教室，高校图书馆需要充分认识到知识服务是未来高校图书馆服务模式转变的关键和核心，有意识地主动参与到高校师生的教学和科研中去，根据师生知识需求提供针对性、个性化的服务。组织理念是高校图书馆进行知识服务的业务理念。高校图书馆需要转变传统业务理念，积极应对大数据环境下高校图书馆新业态带来的挑战和高校图书馆服务模式转变涉及的业务变革。高校图书馆在进行知识服务过程中仍会出现以文献资源借阅为中心，忽视用户需求的问题。所以，高校图书馆应加深对知识服务的理解，以便更好地服务用户。认知因素、组织理念和服务理解三者有机结合、彼此联系，共同体现出高校图书馆知识服务理念。

（2）知识服务资源准则层。大数据环境下，高校图书馆馆藏资源丰富、类型多样、结构合理并且信息资源高质量是提升高校图书馆知识服务的基础，也是高校图书馆知识服务的坚实保障。因此，馆藏资源结构、信息质量和资源类型是衡量知识服务资源的重要指标。馆藏资源结构是指高校图书馆根据用户实际知识需求，科学安排图书馆内纸质文献资源与数字资源比例，实现馆藏资源利用最大化。信息质量是指围绕用户知识需求，高校图书馆提供多种形式知识服务产品，达到用户对高校图书馆知识服务的预期值。信息资源类型是指用户获得的高校知识服务产品类型，如传统纸质资源（图书、期刊、专利文献等）或数字化信息资源（光盘、磁盘、磁带等）。

（3）知识服务平台准则层。知识服务平台准则层通过信息基础设施和知识服务方式两个指标进行表征。信息基础设施包括高校图书馆计算机数、网络传输速率、网络安全质量等，均为高校图书馆进行知识服务的基础条件，其建设程度是高校图书馆知识服务硬实力的表现。知识服务方式是指高校图书馆提供知识服务的途径，如用户通过高校图书馆进行自我检索服务，或通过咨询高校图书馆员或馆内专业人员以解决问题的专家咨询服务以及提供高校图书馆知识共享和交流的云服务平台等方式。

（4）知识服务流程准则层。高校图书馆知识服务是动态提炼知识的过程，贯穿用户解决问题的始终。知识发现与识别是指高校图书馆需要将自身拥有的知识资源进行提炼与加工，以获取具有增值价值的知识满足目标用户的知识需求。大数据环境下，目标用户知识需求各异、知识种类繁多。因此，知识发现与识别能力尤为重要。知识获取是指高校图书馆能够确保目标用户在数字化、网络化、智能化时代准确、及时获取所需信息，反映出高校图书馆知识服务资源投入与知识服务成效的比例及高校图书馆知识服务资源分配的有效性。知识转化是高校图书馆为确保服务的高效性和针对性，将知识资源转化为目标用户需求和习惯的知识服务产品，反映出高校图书馆在提高目标用户满意度方面做出的努力以及对知识服务质量的高度重视。

（5）知识服务手段准则层。高校图书馆知识服务效果极大程度上取决于其信息技术的开发与运用，完善的技术体系是高校图书馆知识服务的有力支撑。知识共享技术是通过信息技术实现知识资源或知识作品流通可及性，可以为他人提供二次知识创作的基础，是高校图书馆建设的必然发展趋势。知识创新是高校图书馆在馆藏资源的基础上进行知识新发现、探索新规律。知识创新技术是高校图书馆提高竞争力、实现图书馆知识管理目标的根本保障。知识共享与知识创新都是大数据背景下知识资源焕发活力的重要过程，而高校图书馆知识共享技术和知识创新技术将成为馆藏资源转换为知识服务产品的关键环节。

（6）知识服务团队准则层。高校图书馆知识馆员是高校图书馆为目标用户提供知识服务活动的主体，高校图书馆知识馆员的专业结构、职业素养直接影响到高校图书馆的知识服务成效和知识服务质量，因此，高校图书馆需要优化知识馆员结构、提高知识馆员职业素养。随着数字科技成为新一代信息技术、数字化进程不断推进，高校图书馆知识馆员必须掌握一定的新兴信息技术以适应时代需求，而专业技术培训正是知识馆员适应环境和不断成长的战略规划。同时，人才队伍建设过程中，要科学制定绩效考核机制，激发知识馆员创新创造活力，为高校图书馆高质量发展提供长效驱动力。

（7）知识服务环境准则层。知识服务环境是高校图书馆知识服务的外生机制，其范畴广泛且对知识服务能力影响较强，是外界环境和内在因素的总和。相对于设备台数、建设规模等外显层次的高校图书馆硬实力而言，科技水平、国家政策和结构性环境等时代背景和高校图书馆工作制度、规范、流程等意识形态体现出来的软实力，是高校图书馆进行知识服务的重要考虑标准。高校图书馆需要遵循外界环境发展的客观规律，厘清内部环境因素的逻辑关系，以构造出良好的知识服务环境。

综上所述，采用群组决策特征根法对大数据环境下影响图书馆知识服务能力的因素进行筛选，得到的指标体系高度凝结和归总了多个专家的集体思想，具有科学性、合理性以及可操作性，可以较为全面地反映出大数据环境下高校图书馆知识服务能力影响因素识别问题，为下文的分析奠定理论基础。

第三节 大数据环境下高校图书馆知识服务能力的关键影响因素识别

一、定量识别方法

决策试行与评价实验室法（Decision Making Trial and Evaluation Laboratory，DEMA-TEL）是一种借助矩阵和图论对现实社会中错综复杂问题进行系统要素分析，以识别复杂系统内外部因素间相互作用关系的方法。其主要原理为通过矩阵将系统要素间的逻辑关系与直接影响关系转换为因果关系组，以此来判断各因素在整个复杂系统中的作用，进而识别出各个要素在评价体系中的位置，并结合中心度和原因度确定问题的关键影响因素。因此，通过 DEMATEL 法可以科学、合理地厘清系统要素之间的相互影响关系，进而确定要素的重要程度，适用本研究所要解决的问题，而且保证了最终结果的科学性、准确性和严谨性。具体步骤如下：

步骤1：根据影响因素指标体系，定义元素，用 f_1，f_2，f_3，$\cdots$，f_n 表示。

步骤2：根据系统要素之间的相互影响制约关系，构建直接影响矩阵。邀请专家学者对指标体系中的因素两两对比，根据重要性程度进行赋值，从而得到直接影响矩阵

$X = (x_{ij})_{n \times n}$。

$$X = \begin{pmatrix} 0 & x_{12} & \cdots & x_{1n} \\ x_{21} & 0 & \cdots & x_{2n} \\ \vdots & \vdots & & \vdots \\ x_{n1} & x_{n2} & \cdots & 0 \end{pmatrix} \tag{4-4}$$

其中，x_{ij}（$i = 1, 2, \cdots, n$；$j = 1, 2, \cdots, n$；$i \neq j$）表示为影响因素f_i对f_j的作用水平。将矩阵X进行标准化，令$\lambda = \dfrac{1}{\max\limits_{1 \leqslant i \leqslant n} \left(\sum\limits_{j=1}^{n} x_{ij} \right)}$，将矩阵$X$中的元素与$\lambda$相乘得到标准化直接关系矩阵$Y = (y_{ij})_{n \times n}$。

步骤3：计算综合影响矩阵T。

$$T = Y (E - Y)^{-1} \tag{4-5}$$

其中，综合影响矩阵T中元素t_{ij}（$i = 1, 2, \cdots, n$；$j = 1, 2, \cdots, n$；$i \neq j$）为影响因素f_i对f_j的综合程度，E为单位矩阵。

步骤4：将综合影响矩阵T中的各行元素相加得到因素的影响度p_i，各列元素相加得到因素的被影响度q_j。计算公式如下：

$$p_i = \sum_{j=1}^{n} t_{ij} \qquad (i = 1, 2, \cdots, n; j = 1, 2, \cdots, n) \tag{4-6}$$

$$q_j = \sum_{i=1}^{n} t_{ij} \qquad (i = 1, 2, \cdots, n; j = 1, 2, \cdots, n) \tag{4-7}$$

步骤5：探究系统因素在影响因素指标体系中所处的位置，用中心度r_i表示，其数值的大小表明了该项因素的影响程度。

$$r_i = p_i + q_j \tag{4-8}$$

分析系统因素之间的因果逻辑关系，用原因度s_i表示。若其数值符号为正，表示复杂系统中其他因素受该元素的影响更多，称该因素为原因因素；若数值符号为负，表示复杂系统其他因素对该因素影响更多，则称该因素为结果因素。

$$s_i = p_i - q_j \tag{4-9}$$

二、基于DEMATEL法的关键影响因素识别

邀请若干名高校图书馆进行知识服务的知识馆员、高校师生等目标用户和相关领域的专家学者作为研究对象对各系统要素之间的关系强弱赋值。其中，0表示两个影响因素之间无关系；1表示两个影响因素之间关系弱；2表示两个影响因素之间关系中；3

表示两个影响因素之间关系强。根据判定赋值结果利用平均值取整数法求得复杂系统内各影响因素之间的关系数值，并据此构建直接影响因素矩阵，如表 4-4 所示。

表 4-4　大数据环境下高校图书馆知识服务能力影响因素间的直接影响矩阵

因素	B_{11}	B_{12}	B_{14}	B_{21}	B_{22}	B_{23}	B_{31}	B_{32}	B_{41}	B_{42}
B_{11}	0	3	3	1	1	1	1	2	2	1
B_{12}	2	0	2	1	1	1	1	2	2	2
B_{14}	1	2	0	0	1	1	1	2	1	1
B_{21}	1	2	1	0	3	3	1	1	1	1
B_{22}	1	2	1	3	0	1	0	0	1	1
B_{23}	1	1	1	2	1	0	0	2	1	1
B_{31}	2	2	2	1	2	2	0	2	2	2
B_{32}	1	1	1	0	1	1	2	0	1	1
B_{41}	1	3	2	1	1	2	2	3	0	2
B_{42}	1	2	1	1	0	1	2	1	2	0
B_{44}	1	3	2	2	2	1	2	3	2	2
B_{52}	1	2	1	1	1	2	1	1	2	2
B_{54}	2	2	1	3	2	1	1	1	2	2
B_{61}	1	2	1	1	2	2	1	0	2	1
B_{63}	2	2	1	3	2	2	1	1	2	2
B_{64}	1	2	1	2	2	2	3	0	2	1
B_{65}	2	1	1	2	2	2	3	0	1	2
B_{72}	2	3	1	2	1	2	3	1	0	2
B_{74}	0	0	1	2	1	2	2	1	2	2
B_{75}	1	1	1	2	1	1	1	1	1	0

因素	B_{44}	B_{52}	B_{54}	B_{61}	B_{63}	B_{64}	B_{65}	B_{72}	B_{74}	B_{75}
B_{11}	1	0	0	1	2	1	2	1	1	2
B_{12}	2	2	2	2	2	1	0	0	0	0
B_{14}	1	1	1	1	1	0	0	0	0	0
B_{21}	1	0	0	0	0	0	0	0	0	0
B_{22}	1	0	0	0	0	0	0	1	1	0
B_{23}	1	1	1	0	0	0	0	1	0	0
B_{31}	2	3	3	1	1	2	0	3	2	0
B_{32}	1	2	2	1	1	1	0	1	1	0
B_{41}	2	1	1	3	3	3	2	1	1	2
B_{42}	3	1	1	3	3	3	1	1	1	1
B_{44}	0	3	2	3	3	2	1	1	1	1
B_{52}	1	0	2	2	3	1	1	3	2	1
B_{54}	1	1	0	2	2	2	1	3	1	1
B_{61}	1	1	2	0	2	1	1	1	1	1
B_{63}	1	1	0	0	0	2	1	1	1	1

（续）

因素	B_{44}	B_{52}	B_{54}	B_{61}	B_{63}	B_{64}	B_{65}	B_{72}	B_{74}	B_{75}
B_{64}	1	1	2	2	2	0	1	2	1	1
B_{65}	2	1	1	2	1	1	0	0	0	0
B_{72}	0	1	1	2	0	1	0	0	1	0
B_{74}	1	1	2	1	1	1	2	1	0	2
B_{75}	1	1	2	1	0	1	1	1	1	1

在表4-4 的基础上，根据 DEMATEL 方法确定影响因素的各项指标数值，并对数值进行排名，如表4-5 所示。

表4-5 大数据环境下高校图书馆知识服务能力各因素影响指数及其排名

	影响度 p	排名	被影响度 q	排名	中心度 r	排名	原因度 s	排名
B_{11}	0.080 7	11	0.072 2	15	0.152 8	11	0.008 5	10
B_{12}	0.093 7	8	0.161 6	1	0.255 2	2	−0.067 9	18
B_{14}	0.036 4	18	0.080 4	12	0.116 8	18	−0.044 1	16
B_{21}	0.038 2	17	0.112 3	2	0.150 6	12	−0.074 1	19
B_{22}	0.030 6	20	0.090 5	9	0.121 2	16	−0.059 9	17
B_{23}	0.030 8	19	0.108 2	4	0.139 0	14	−0.077 4	20
B_{31}	0.149 7	3	0.099 9	7	0.249 6	3	0.049 8	3
B_{32}	0.052 0	15	0.083 1	11	0.135 1	15	−0.031 2	14
B_{41}	0.151 6	2	0.104 7	6	0.256 3	1	0.046 9	4
B_{42}	0.113 8	5	0.098 0	8	0.211 8	5	0.015 8	9
B_{44}	0.168 8	1	0.074 4	14	0.243 3	4	0.094 4	1
B_{52}	0.111 2	6	0.069 3	17	0.180 5	9	0.041 9	5
B_{54}	0.116 6	4	0.085 1	10	0.201 7	6	0.031 5	7
B_{61}	0.071 8	14	0.104 8	5	0.176 6	10	−0.033 0	15
B_{63}	0.084 9	10	0.111 0	3	0.196 0	7	−0.026 1	13
B_{64}	0.105 6	7	0.079 2	13	0.184 9	8	0.026 4	8
B_{65}	0.089 0	9	0.030 5	20	0.119 5	17	0.058 4	2
B_{72}	0.079 1	12	0.071 0	16	0.150 1	13	0.008 0	11
B_{74}	0.077 6	13	0.036 1	19	0.113 7	19	0.041 6	6
B_{75}	0.044 2	16	0.054 0	18	0.098 2	20	−0.009 8	12

基于表4-5 中各因素影响指数，绘制出影响因素指标的因果关系图，如图 4-1 所示。

三、关键影响因素分析

通过分析基于 DEMATEL 法得到的大数据环境下高校图书馆知识服务能力关键影响因素识别计算结果及排名，可以得出以下结论。

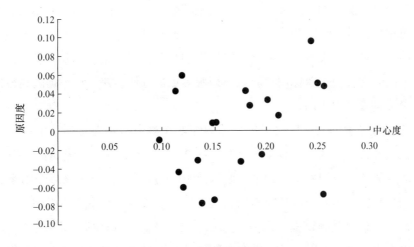

图 4-1　因果关系图

（1）大数据环境下高校图书馆知识服务能力影响因素体系是一个由知识服务理念、知识服务资源、知识服务流程、知识服务手段、知识服务团队、知识服务平台、高校图书馆内部因素和外部大环境等诸多要素互相作用、彼此联系形成的整体。各影响因素之间相互作用的强度、广度、深度以及运行方式和机理等差异较大，它们相互交织在一起，共同构成了一个复杂的高校图书馆知识服务系统。

（2）影响因素中的原因要素，即原因度数值符号为正的因素，将其按照影响程度的大小排列依次是知识转化（B_{44}）、知识发现与识别（B_{41}）、信息基础设施（B_{31}）、知识创新技术（B_{54}）、知识获取（B_{42}）、知识共享技术（B_{52}）、专业技术培训（B_{64}）、绩效考核机制（B_{65}）、认知因素（B_{11}）、科技发展水平（B_{72}）、国家政策（B_{74}）。这11个影响因素对系统中其他影响因素具有主动作用。其中，知识转化和绩效考核机制这两个影响因素的原因度数值较高，因此，知识转化和绩效考核机制是关键的影响因素。大数据环境下，高校图书馆由传统提供馆藏文献资源借阅服务转变为"以用户为导向"的知识服务模式，而最终的服务成效仍取决于目标用户的满意度，服务质量取决于服务人员的创新能力及工作积极性。高校图书馆在知识赋存状态多样化的时代，增强知识转化能力，为目标用户提供个性化服务是提高用户满意度的重要途径；而服务人员创新能力与工作积极性的提高，需要高校图书馆建立合理的绩效考核机制，进而直接影响其知识服务的水平和质量。

（3）影响因素中的结果要素，即原因度数值符号为负的因素，将其按照影响程度的大小排列分别是组织理念（B_{12}）、人员职业素养（B_{63}）、人员专业结构（B_{61}）、知识服务方式（B_{32}）、结构性环境（B_{75}）、馆藏资源结构（B_{21}）、服务理解（B_{14}）、信息资源类型（B_{23}）、信息资源质量（B_{22}）。这9个因素受系统中其他因素的影响更多。

其中，组织理念的被影响度最大，因此，组织理念是最容易受到影响的因素。基于传统高校图书馆视角，其知识服务产品类型单一、质量不高、层面不宽，远远不能满足目标用户的个性化需求。而大数据环境下，资源类型是高校图书馆知识服务能力呈现的重要方面，类型的多样会使得目标用户获取知识服务更加方便、快捷，在提高高校图书馆知识服务质量上具有关键作用。

（4）中心度数值的大小反映了各个影响因素在整个影响因素体系中的相对重要程度，并存在线性相关关系。由表4-5可知，在20个大数据环境下影响高校图书馆知识服务能力的因素中，知识发现与识别（B_{41}）的中心度最大，说明该影响因素是大数据环境下影响高校图书馆知识服务能力最关键的因素。其他比较重要的影响因素依次是组织理念（B_{12}）、信息基础设施（B_{31}）、知识转化（B_{44}）、知识获取（B_{42}），这4个影响因素的中心度均在0.2以上，它们在大数据环境下对高校图书馆知识服务能力影响显著，高校图书馆应当予以重视。

（5）影响因素指标体系准则层的原因要素、结果要素和中心度。大数据环境下高校图书馆知识服务能力影响因素指标准则层的原因要素依次是知识服务流程、知识服务手段、知识服务环境、知识服务团队和知识服务平台；结果要素分别为知识服务理念和知识服务资源。按中心度数值大小，准则层排序依次是：知识服务流程（0.711 3）、知识服务团队（0.676 9）、知识服务理念（0.524 9）、知识服务资源（0.410 7）、知识服务平台（0.384 7）、知识服务手段（0.382 2）、知识服务环境（0.362 0）。其中，知识服务流程是大数据环境下高校图书馆知识服务能力体系中最关键的准则层因素，知识服务团队和知识服务理念也具有相当重要的影响，应当高度重视。

（6）图4-1直观呈现出知识发展与识别（B_{41}）具有最高的中心度，在整个影响体系中占据重要位置，同时还具有较强的原因度，在大数据环境下对高校图书馆知识服务能力影响较大，并且对其他因素具有显著影响。而知识转化（B_{44}）的原因度最强，在大数据环境下对高校图书馆知识服务能力影响最大，同时还具有较高的中心度。高校图书馆应该高度重视知识发现与识别和知识转化这两个关键影响因素，加强探索高校图书馆知识资源的"识别—转化—利用"的路径研究，构建更加科学、合理、高效的图书馆知识服务模式，努力提高高校图书馆知识服务质量和水平，不断提升目标用户满意度和体验感。

第五章

大数据环境下高校图书馆知识服务的实践与问题

在现代信息技术快速发展的大数据时代，随着我国高等教育进入高质量发展阶段，作为高校文献信息资源中心的图书馆，必须要充分发挥知识服务职能。不仅要充分发挥在学校人才培养、科学研究、社会服务和文化传承创新中的作用，而且也要发挥信息资源优势和专业服务优势，积极为社会服务。因此，在新时代，高校图书馆开展知识服务是其重要职能。

第一节　大数据环境下高校图书馆知识服务的现状

大数据环境对高校图书馆知识服务既带来了挑战，又带来了机遇。高等教育的高质量发展，高校一流学科建设、人才培养、科学研究和社会服务、智库建设等都对图书馆知识服务提出全新和更高的要求。因此，高校图书馆为应对新形势下校内外用户的知识需求和要求，应高度重视知识服务工作的开展，加大资金投入，加快大数据平台的知识服务系统建设，不断优化知识服务的组织结构和业务流程，加强制度建设，努力提高知识服务能力和水平，满足用户的需要。

一、知识服务意识不断增强

知识服务意识是指高校图书馆对开展知识服务工作的重视程度和参与程度。在现代信息技术快速发展的大数据时代，随着高等教育进入高质量的发展阶段，以及高校图书馆数字化建设进程的加快，各高校图书馆围绕学校的人才培养、科学研究、社会服务和文化传承积极开展知识服务，图书馆知识服务的意识明显增强。当然，由于"双一流"高校图书馆和地方高校图书馆在经费投入上的差距，"双一流"高校图书馆知识服务意识和能力明显要强于地方高校图书馆。

二、重视知识服务专业技术人才队伍建设

高校图书馆是学校的文献信息中心，也是知识的中心，对从业人员的素质有较高的要求，尤其是知识服务工作，对从业人员的综合素质、学历层次、专业知识结构、信息能力、信息技术能力、外语能力、沟通能力、工作经历和经验等方面都有较高的要求。因此，高校图书馆知识服务专业队伍建设的水平直接影响知识服务能力和水平。近年来，各高校图书馆重视知识服务专业技术人才队伍建设，知识服务从业人员的学历结构、年龄结构、职称结构等方面得到明显优化。当然，有些地方高校图书馆对知识服务专业队伍建设还不够重视，从业人员的知识结构、学历层次、信息能力、综合素质等还难以满足知识服务工作的需要。

三、知识资源库建设取得一定进展

知识资源库建设的水平直接影响着高校图书馆知识服务的质量和能力。近年来，我国高校图书馆非常重视知识资源库的建设，并取得一定成效，尤其是在数字化知识资源、特色知识资源库建设方面成效明显，如清华大学、北京大学等高校都建立了特色资源库。一些地方高校也根据学校自身的学科专业特色和优势，建立特色知识资源库，例如南京工业大学图书馆拥有囊括中国、日本和欧美等100多个国家和世界组织的专利文献的信息服务平台，该平台提供多种检索方式及外文专利翻译、专家分析和专利预警等多项功能；武汉大学依托在武汉大学各个发展阶段具有重要影响力的名师的相关资料，建立了武汉大学名师数据库；安徽财经大学利用合作经济学科的专业优势，建立了合作经济知识资源库。

西安交通大学图书馆常务副馆长邵晶在第十三届图书馆管理与服务创新论坛上指出：国内外图书馆资源建设六大新动向分别是信息资源建设的科学规划与评估、以用户需求为导向的信息资源服务体系、联盟资源建设、全球化特色馆藏建设、资源与技术的深度融合、数字资源长期保存。

四、优化知识服务业务流程设计

目前，各高校图书馆为强化知识服务功能，积极优化知识服务业务流程，在知识需

求识别、知识收集、知识分析加工挖掘、知识筛选、知识提供等整个知识活动过程中，充分利用大数据等现代信息技术，并强调知识服务流程设计的科学合理性，体现了时代性、科学性、客观性、网络化、智能化、移动互联等特征，拓展了知识收集的广度，深化了知识分析挖掘环节，提高了知识服务的质量，最大限度地满足用户需求。

五、科学设置知识服务组织机构

高校图书馆为实现知识服务功能，基本都开设了专业的知识服务机构，如信息咨询部、参考咨询部、知识服务部、信息技术部、情报部等。清华大学图书馆设立了信息参考咨询部，提供参考咨询、读者教育与用户培训、学科服务、电子资源服务与推广、科技查新与代检代查、文献计量与情报分析等相关服务。四川大学图书馆设立了知识服务中心，向校内外用户提供学科服务、知识产权服务、教学与培训、知识博客、知识检索、科技查新、查收查引等知识服务。中国科学技术大学图书馆设立了信息咨询部，提供科技查新、学科与知识产权服务等。安徽大学图书馆设立了信息咨询部、数字化与系统部、研创服务部等，提供科技查新、查收查引、学科服务、情报实验室等知识服务。尽管各高校图书馆承担知识服务机构的名称不同，但其知识服务的功能差异不大。当然也有少数地方高校图书馆尚未设置专门的知识服务机构。

六、积极构建大数据知识服务平台

在现代信息技术快速发展的大数据环境下，高校加大了资金投入，积极推进图书馆数字化建设进程，重视知识服务平台建设。目前高校图书馆知识服务平台建设主要包括：一是集成图书馆知识资源的图书馆管理系统建设；二是基于知网等的国内外文献检索系统，提供一站式知识服务；三是发挥图书馆特色资源优势，建立特色知识资源管理系统；四是建立全国、区域、行业、系统范围的高校知识资源共享平台，如中国高等教育文献保障系统（CALIS）等；五是基于国际联机检索系统提供的知识服务平台。总的来说，"双一流"高校图书馆在大数据知识服务平台建设方面的资金投入、平台的规模和先进性等要明显优于地方高校图书馆。

七、不断优化知识服务方式和方法

在互联网、大数据、人工智能和移动互联等信息技术快速发展的知识管理时代，高校图书馆知识服务的方式方法发生了重大变化，以信息化手段代替传统的人工手段已成为常态。基于互联网大数据知识服务平台开展知识服务已经成为高校图书馆知识服务的主流模式，并逐渐演化为主动服务、自助服务、网络化服务、智能化服务、个性化服务、一站式服务等。以用户为中心的知识服务理念深入人心，通过多样化、个性化、品牌化的创新拓展式知识服务，提高用户满意度，满足用户随机知识需求。基于大数据的高校图书馆知识服务模式更趋向于个性化、自主化、虚拟化、智能化、集成化和体验化。

第二节　大数据环境下高校图书馆开展知识服务实践

随着我国高校图书馆数字化建设进程的快速推进，以及校内外用户知识需求的不断增加，图书馆服务功能进一步拓展。高校图书馆充分发挥自身知识资源和专业服务的优势，积极开展面向校内外用户的知识服务，一方面服务于学校的人才培养、科学研究、社会服务和文化传承，另一方面积极开展社会化服务。

一、积极开展科研知识服务

在现代信息技术快速发展的新时代，作为高校文献信息资源中心的图书馆充分发挥知识资源和服务优势，积极为高校师生、科研团队及实验室提供知识资源与服务，在高校科研过程中发挥着重要作用。目前，高校图书馆开展科研知识服务的主要内容有：一是高校图书馆为科研人员提供知网、Web of Science、EI、Elsevier 等国内外知名数据库，提供知识资源支持；二是积极为科研人员提供科研数据管理服务；三是提供科技查新、查收查引服务；四是积极开展知识产权信息服务；五是积极建设机构知识库等；六是提供科研支持工具，主要包括科研分析工具、文献管理工具、热点追踪工具和统计分析工具等；七是自建特色知识资源库；八是提供科研空间服务，如研讨室、研修室等，内有桌椅、计算机、投影多媒体、无线网络等基础设施。如北京大学图书馆提供的科研知识服务主要包括：①科技查新；②知识产权服务，具体涉及知识产权基础培训、专利数据检索和分析技巧培训、专利实务分析培训、定题专利分析、基于专利数据的核心技术分析、专利文献预检索、专利资源导航等；③科研数据管理服务，具体是管理北京大学研究人员在科研过程中生成的结构化、半结构化和非结构化数据，提供数据整理、分类和归档等服务，与服务对象签署保密协议，坚持遵守数据保存和安全的有关政策，包括机构知识库、北大期刊网、北大学者、北大开放数据等；④查收查引，查询文献被CSCD、CSSCI、Web of Science、EI、Scopus 数据库收录或引用的情况，以及 JCR 期刊影响因子和期刊分区、ESI 高被引论文等；⑤未名学术快报、核心期刊要目、北大数字人文工作坊等。武汉大学图书馆科研知识服务主要包括：①科研数据管理服务，建立科研数据管理平台，为全校师生提供数据保存、数据管理与数据共享，全校师生不仅可以通过该平台创建自己的数据库，长期储存数据并向外部发布，实现数据共享，还可以通过该平台查看、获取、使用本平台已发布的各类数据资源，更好地为教学科研服务；②科研影响力分析（机构竞争力分析、学者绩效分析、国际学术期刊投稿指南库）；③论文收录收引；④科技查新服务；⑤知识产权信息服务等。深圳大学图书馆的科研知识服务内容主要有知识产权信息服务、论文收录引用服务、文献计量分析、资源使用培训、信息素养课程、高校知识产权创新大数据平台等。南京大学图书馆的科研知识服务主要包括科技查新与查收查引、知识产权信息服务、讲座和培训、南京大学 ESI 概况、毕业论文技巧等。徐州医科大学图书馆推出了查收查引、ESI 分析、学科馆员服务等学科服务形式，为本校提供 ESI 学科分析服务，对推进学校的学科建设起到一定的积极作用。⊖南京工业大学图书馆始终重视创新信息服务模式，持续打造高校智库知识服务品牌。当前南京工业大学图书馆已形成了以深层次学科服务为核心，知识服务平台、专利数据资源建设为重点，知识产权信息人才培养为特色的智库知识服务体系，并积累了丰富的实践案例。南京工业大学图书馆于 2010 年开始提供知识产权信息服务，建有"国家知识产权培训（江苏）基地专利数据中心"，2017 年获批"江苏省高校图书馆专利信息传播与利用基地"，2018 年正式成立了"南京工业大学知识产权信息服务中心"，提供的知识产权信息服务内容贯穿科研立项、科学研究、专利申请和成果转化的全过程，促进了高校创新发展，推动了知识产权强省建设。2019 年 3 月，南京工业大学入选首批高校国家知识产权信息服务中心，随后加入高校知识产权信息服务中心联盟。⊜

不少高校重视机构知识库和特色知识资源库建设。张伶等学者通过网络调研方式发现，截至 2019 年 11 月，国内高校图书馆共建 166 个机构知识库，其中 42 所"双一流"高校中共有机构知识库 36 个，26 个在正常运营。尽管此数据不是最新数据，但在一定程度上揭示了机构知识库建设是国内应用最多的图书馆开放科学实践。⊜田瀚琳、尚晓倩对北京航空航天大学等 13 所行业特色型高校的图书馆进行调研，有 11 所高校图书馆自建有特色资源数据库或资料室，且形成了一定的规模。例如中南大学图书馆的有色金属特色文献数据库、东北大学图书馆的冶金科学与技术文献数据库和哈尔滨工业大学图书馆的国防工程文献资料室等。㉔有些高校高度重视公共学习研讨空间的建设。例如电

⊖　刘红芝，刘春梅，张冬梅．面向科研过程的高校图书馆知识服务策略研究：以徐州医科大学图书馆为例[J]．科技与创新，2020(19)：57-58；61.

⊜　沈玲玲．高校图书馆智库知识服务的研究与实践：以南京工业大学图书馆为例[J]．江苏科技信息，2020，37(26)：11-14.

⊜　张伶，祝忠明，寇蕾蕾，等．国内科研机构和高校机构知识库建设现状调研与对比分析[J]．知识管理论坛，2020，5(2)：122-134.

㉔　田瀚琳，尚晓倩．数字学术视角下 13 所"双一流"行业特色型高校图书馆科研支持服务优化策略研究[J]．图书馆研究与工作，2020(12)：40-46.

子科技大学图书馆建立了新技术体验区，目的在于加强特色学习区域建设，其中设立了3D打印机、3D电视机、IPAD等数学模型加工平台等，旨在激发用户的学习与创造热情。此外，它还设立了研修室，以供个人和团队进行学术研究与交流，并提供定制服务。

二、积极开展教学知识服务

近年来，我国高校图书馆高度重视为学校的教育教学提供知识服务，并取得明显成效。一是高度重视开放教育资源服务。不少高校图书馆在网站主页上设置了开放教育资源栏目，向用户提供开放教育资源。如武汉大学图书馆在网站上构建开放教育资源栏目，包括综合类开放课程、国内开放课程、国外开放课程、校内精品课程四个栏目，相关课程分别在网易公开课、爱课程、国家精品课程资源网、中国教育在线好课网、新浪公开课、北京大学视频公开课、edX、Udacity、Coursera、耶鲁大学公开课等平台上发布。⊖二是提供教材教参服务。清华大学图书馆向师生提供教材教参服务，上线了清华大学教参服务平台。师生登录系统后不仅可以检索、浏览本学年的开设或选修的课程，还可以检索部分课程指定的参考书书目信息，部分教参可以阅读全文。同时，系统为本校教师提供课程指定教材教参的电子教参服务，在版权允许范围内提供给开课教师及选课学生使用，并且提供部分视频公开课和MOOC课程的导航服务。厦门大学图书馆为师生提供教学参考书服务，为厦门大学SPOC平台上的所有课程提供教学资源支持服务，根据开课老师提供的课程教学资源（图书、期刊论文、报纸、影像等）需求，通过馆藏等各种途径获取并以文件的形式上传至课程中，供师生使用。三是提供教学支持服务。上海交通大学图书馆非常重视教学支持服务，主要内容包括：①新生专栏。这是上海交通大学图书馆面向每年入学的新生群体推出的图书馆资源与服务专题栏目。②电子教学参考资源服务。由上海交通大学图书馆、教务处和网络信息中心共同开发建设。该服务意在推动高校教学模式变革，推进教学参考资源的泛在化和便利性，向全校师生个性化推送电子教参资源，支持在线教学模式下的主动学习。③课程教学服务。提供了通识核心课《信息素养与实践》、公共选修课《网络环境下的文科信息检索》、自然科学试验班必修课《信息检索与利用》等课程内容。④嵌入教学培训。图书馆各学科服务团队围绕对口院系专业课程的特点与需求，量身定制嵌入院系专业课程的信息素养教学，教学内容包括专业信息资源检索技巧、专业信息资源评价与利用、开题前的文献调

⊖　武汉大学图书馆. 综合类开放课程［EB/OL］. (2014-11-23)［2021-05-04］. http：//www. lib. whu. edu. cn/web/index. asp? obj_id=641.

研策略、学术热点与前沿追踪、科研工具使用方法、学术论文写作与投稿、学术道德与学术规范等多个主题。[一]⑤专业认证支持服务。上海交通大学图书馆为院系和院所提供各种专业认证支持服务，包括支持全国高等教育工程专业评估（认证）、支持 ABET 工程专业认证等。此外，也可根据具体需求提供特色支持服务，如为全校各院系提供本科教学评估支持服务。⑥网络教学资源。图书馆搜集和精选了网络免费教学资源，包括数据库在线学习与教学资源、MOOC 在线学习与教学资源、信息素养规范在线学习与教学资源、工具应用在线学习与教学资源等，供用户自主浏览与学习。⑦思源微课。图书馆推出信息素养系列微视频，精炼与细分数据库使用、信息检索、信息获取、信息评价、信息利用、文献调研、工具使用等知识点，供用户在线学习，满足学习者个性化、深度学习的需求。

三、高度重视学科知识服务

近年来，高校图书馆积极围绕学校一流学科建设，大力开展学科知识服务。学科知识服务是指以各种数据库或数据源作为基础，以学科馆员为核心，利用分析工具，提供可定制化的学科分析、科研评价和科研指导的一种深层次学科服务。目前我国不少高校设立了学科服务机构，建立了学科馆员制度，成立了专业化的学科服务团队。汪青、赵惠婷于 2019 年 7 月选取"世界一流大学建设高校"的武汉大学、华中科技大学和"国内一流大学建设高校"的湖北大学、武汉科技大学、三峡大学、长江大学、中南民族大学为调查对象，主要从学科服务相关部门、学科馆员制度、服务平台、服务内容等学科服务形式方面对这些高校的学科知识服务展开了网络调查。调查结果表明，武汉大学图书馆、华中科技大学图书馆将学科知识服务内容明确细分为科技查新与专利分析、科技情报服务、数据管理等栏目。调查结论是重点高校图书馆学科知识服务制度完善、内容体系成熟，在业内形成了大量有影响力的研究成果，实践探索随着信息技术的发展向纵深方向拓展。而地方高校图书馆的学科知识服务存在的问题比较突出，学科馆员制度还不够完善，学科知识服务能力还不足，制度建设也不够健全。

三峡大学除了开展常规性的学科知识服务，还积极进行探索性服务，主要包括：一是结合学校重点学科建设和学院教研需求，搭建了三峡大学重点学科"水利工程学科"服务平台；二是对三峡大学近十年国家自然科学基金立项项目及产出成果进行统计分

析；三是研究预测学校 ESI 优势学科与潜力学科发展态势；四是机构学科竞争力对标分析；五是配合学校 ESI 学科提升计划，提供科研支持、学科进展数据分析等个性化定制服务。

北京大学的学科服务主要内容包括：①学科信息门户。以某个特定学科或跨学科、交叉学科领域为对象，为该学科建立学术信息门户，整合该领域的文献资源（如期刊、图书、数据、会议等）、研究热点、动态资讯、研究机构和自有学术成果等相关研究信息，以及学科态势分析报告、资源推荐、科研学术评价等信息资源，为学科提供一站式的学术内容服务。②学科课题咨询。侧重深层次的咨询与分析服务，包括信息搜集、专题文献整理、专题文献咨询、知识产权咨询、写作咨询、研究过程的咨询等。③学科情报订阅。图书馆借助海量的学科信息资源、文献计量分析方法和相关分析工具，为师生提供基于研究主题的学科文献资源推荐与订阅服务，服务模块有开题文献推荐、相似文献推荐、个人成果分析、院系发文分析等；还可以提供期刊发文分析、学科研究热点、ESI 高被引论文统计等服务。④学术规范与投稿指南。开展包含文献管理软件的培训和利用咨询、论文写作规范和学术道德规范培养等相关学术素养培训和咨询服务；提供期刊影响因子等客观数据方面的期刊评价以及按学科建立期刊投稿指南，为研究人员选择适合投稿的期刊并提供相应商务投稿地址和联系方式等信息。⑤学科竞争力分析报告。根据用户需求提供定制化推送服务，包括学术论文发文趋势、学术影响力、高水平论文和期刊表现、研究领域、国际合作趋势、专利、基金和课题、获奖、学者与人才等，可选择对标机构进行对比分析。⑥学科前沿报告。学科前沿追踪旨在分析并发布北京大学和中国高校各学科热点研究前沿。利用近期论文发表数据、论文下载和引用数据、用户检索数据以及用户关注数据等各种数据来源，基于不同视角总结各学科领域的研究热点，为各学科的发展规划提供参考。

为建立图书馆与各学科用户之间的直接联系，掌握教学科研工作对文献资料的需求，帮助广大师生充分了解和利用图书馆的资源和服务，武汉大学图书馆组建了学科工作组，依据学院对口配置学科馆员队伍，嵌入院系学科文献信息需求，提供文献信息参考咨询服务，建立学科文献资源检索指南，并深入至学院科研、教学第一线进行多种多样的信息素养教育。同时，武汉大学图书馆高度重视学科服务平台建设，已经建立了法学、艺术学等学科平台。其中，法学学科平台内容包括学科动态、学科分析、法律案例、学科期刊、学术成果、专家学者、教材教参数据、学科机构、学习社区等。

中国人民大学图书馆为向全校师生提供更加学科化、智慧化的服务，引进学科馆员工作制度，依据学校学科设置及学科特点设置学科服务组，分别为人文、经济、社会学、法政、理工和机关 6 个学科，学科服务工作以学科组为单位进行活动。学科馆员工作职责为学科信息联络、学科资源建设、学科资源宣传、学科用户培训、学科信息导航、学科动态跟踪等。中国人民大学图书馆也重视学科服务平台建设，建立了不同学科的指南，每个学科指南涵盖学科资源、学科动态、学科机构、学习园地等内容。及时掌握 ESI 学科动态，编写年度 ESI 高水平论文统计分析报告，为学校学科建设提供参考。

南开大学图书馆于 2002 年引进了学科馆员制度，并依托学校的学科建设和大学学科组建相应的学科馆员服务团队。2017 年 12 月，图书馆又依据"双一流"建设的形势和学科建设发展的变化，成立了学科服务部，设置了专职学科馆员，与兼职学科馆员分工合作，构成层次分明、分工明确的网络化服务模式。南开大学图书馆多年来积累了丰富的文献计量和情报分析经验，针对海量科研文献以及关联数据，运用 Incites、SciVal 等分析工具进行学科竞争力分析与梳理，成为学科服务的基础性工作之一。在征求学校职能部门以及各院系意见和建议的基础上，结合不同学科的特点和实际需求，逐步完成以下几类报告：《南开大学 ESI 学科发展系列报告》《南开大学自然指数排名报告》《南开大学学科科研产出与学术竞争力分析报告（理科)》《南开大学学科科研产出与学科竞争力分析报告（社科)》《南开大学国家重点实验室学术竞争力分析报告》等。

四、积极开展学生成长成才知识服务

人才培养是高校的首要目标。高校图书馆作为学术性服务机构和文化教育机构，对培养大学生知识素养和自主学习能力、提升大学生人文素养、加强大学生信息素养、提高大学生心理素养具有重要的作用。近年来，我国高校图书馆主动承担育人功能，积极开展学生成长成才知识服务，具体内容涉及：一是开展学生课程学习支持服务；二是为学生自主学习提供公共空间；三是针对提升学生人文素养、信息素质、综合能力提供知识服务；四是开展学生科研支持服务；五是开展学生社会实践支持服务；六是开展学生升学深造支持服务；七是开展学生创新就业支持服务；八是提供学生心理健康支持服务等。如高校图书馆普遍重视新生入馆教育和信息素养教育、开放学习共享空间。学习共享空间是以学生为中心、全面支持学生学习以促进学生发展的综合服务平台，基于传统服务模式，通过优化教育环境和资源来促进知识的内化和升华，从而实现培养高素质人才的目标。湖北中医药大学图书馆的学习共享空间可以为学生提供一站式的信息服务，学生可以在自主学习区自学或者通过电脑查询来获取专业知识；信息交流区供学生交流心得或举办小型研讨会；研讨间供学生社团或各类科研团队使用，满足团队沟通需求，有效提高高校学生团队的科研效率；新技术体验区放置了用于查询馆藏、阅览电子资源的电脑和阅报机。[一]此外，湖北中医药大学图书馆引入了超星移动图书馆，旨在让大学

[一] 贾佳，陈晶晶，郭思琦，等. 论高校图书馆空间建设在学生培养中的作用[J]. 中国中医药图书情报杂志，2019，43（5）：46-48.

生提高自身信息素养，学生可以通过专属手机应用实现馆藏纸质资源移动查询，馆藏电子书手机端阅读，期刊、视频和有声读物等各类电子资源的移动阅读，以及馆际互借、文献传递等多样化的功能，快速便捷地获取目标信息资源。

北京大学图书馆阅读推荐主要包括新书通报、教授推荐阅读、学子推荐阅读。北京大学图书馆向学生提供了阅读服务项目，主要包括读书讲座、大雅讲堂、阅读马拉松、音乐赏析讲座等系列品牌活动，旨在让图书馆成为读者的第三课堂，助力学校的人文素养教育；读书分享、两季一日活动、展览、年度阅读报告等，培养学生养成热爱阅读的好习惯；教学与培训包括一小时讲座、定制讲座、信息素养课、信息素养能力评测、信息素质教育微课堂、带班图书馆员等，培养和提高学生的信息素质和能力。

武汉大学图书馆积极开展学生学习支持服务：一是提供空间与设施帮助，如座位预约、研修室预约、多媒体阅览区、创客空间、自助设备等；二是新生培训；三是90分钟讲座，包括毕业论文指导、学习助手、实用技巧、云顶课堂、阅微课堂等；四是学分课程，主要涉及信息素养、学术道德等方面培训；五是定制讲座（嵌入式教学、预约专题讲座、专场讲座）、论文收录引用、网络培训（小布微课、数据库在线课堂、网络开放课程、慕课（MOOC））、博硕士论文提交等服务。

高校图书馆对学生的科研支持，通常可采用举办信息检索专题报告会、数字资源推介、学术沙龙、科学研究方法系列培训、学术报告会、项目申报和论文写作辅导、科研咨询等方式来实现，这对于提升学生科研能力具有重要的价值。当然，高校图书馆可根据具体情况，不断改进和丰富科研知识服务形式，及时掌握不同层次学生的研究需求，为其提供有效的研究咨询和指导服务，使其更好地开展学习和研究工作。

高校图书馆基于自身文献信息资源和高校师资力量不仅可以为大学生提供创新创业服务，⊖还可以参考学校社团组织形式组建自己的学生团队，甚至可以直接与校内其他相关社团合作开展活动。馆员参考学校社团组织形式组建自己的学生团队后，可以直接管理和指导学生团队，高效有序地开展各类活动，在学生团队逐渐将优秀活动固定化和常态化的基础上，将更多时间和精力放在创新、创意和活动质量的管控上。国内部分高校图书馆已经尝试建立自己的学生社团，如上海交通大学图书馆、浙江大学图书馆、南开大学图书馆等，尽管学生社团的规模较小，但获得了良好的效果。这种模式目前仍需要馆员通过实验持续寻找管理和培养学生团队的正确路径。高校图书馆与校内其他相关社团合作开展活动时，每次活动可与多个社团同时进行合作，既保持了活动的多样性，

⊖　刘涵. 基于高校图书馆的学生创新创业能力培养探索：创新创业能力启蒙教育基地[J]. 办公室业务，2019（18）：57-58.

又促进了图书馆与学生社团的合作共赢，但也存在因为需要协调较多工作很难确保活动的质量和连贯性的缺点。这种模式下举行的活动形式主要可分为两类：一是图书馆内部设立勤工助学和志愿者岗位，根据学生所完成的工作，给予适当的劳动报酬或者提供志愿服务证明；二是邀请学校其他社团合办阅读推广活动，提供创意、资金和场地支持，确保活动所需的人力资源。[○]

第三节　大数据环境下高校图书馆社会化知识服务实践

《普通高等学校图书馆规程》明确指出：高等学校图书馆要积极参与各种资源共建共享，发挥信息资源优势和专业服务优势，为社会服务。可见，开展社会化的知识服务不仅是高校图书馆的重要功能，也是重要的社会责任。在大数据、人工智能、物联网、移动互联等现代信息技术快速发展的知识管理时代，我国高校图书馆加快了数字化建设进程，多数图书馆不仅拥有丰富的知识资源，建有先进的一体化知识服务平台，拥有一支专业技术人才队伍，建立了科学合理的知识服务流程和组织机构，而且在知识服务实践中积累了丰富的经验。因此，高等学校图书馆开展社会化知识服务具有明显优势。

发达国家高校图书馆开展社会化知识服务是通行的做法，美国、英国、日本等发达国家的高校图书馆在加强自身数字化建设的同时，还会积极主动、充分利用自身的知识资源、知识服务队伍和知识服务平台等优势，面向社区、面向企业、面向科研院所开展知识服务，很多做法值得我们学习和借鉴。

张凌超对吉林省内吉林大学等 46 所高校图书馆开展社会服务的现状进行调研，有18 所高校开展社会化服务。[○]从服务对象看，以个人为主；从服务内容看，除提供传统的服务项目如图书借阅、咨询服务、讲座培训外，主要提供科技查新、文献传递、数据库使用、电子设备使用、学习共享空间等。中国人民大学图书馆面向社会提供教学与培训、文献传递、ESI 学科动态、微服务、代查代检与查新、学科服务、多媒体服务、馆际互借、引文统计等服务。中国海洋大学图书馆依托教育部科技查新工作站和知识产权服务中心的优势，积极开展情报分析、科技查新和问题咨询等参考咨询服务，在科技查新方面，年均为社会用户出具查新报告 600～700 份。2017 年，加入青岛市图书馆联盟，借助联盟拓展服务半径，为更广大的校外用户群体服务。

作为我国第一家兼具公共图书馆与高校图书馆性质的图书馆，深圳大学城图书馆面

○　吴玲玲 . 高校图书馆学生社团的指导实践与思考：以上海对外经贸大学图书馆为例［J］. 图书馆界，2020（6）：91-94.

○　张凌超 . 吉林省高校图书馆社会化服务调查研究［J］. 图书馆学研究，2019（20）：65-71.

对日渐增加的公众阅读需求，积极践行"文化立市"的发展战略，通过校准服务定位、创新服务体系、完善社会化服务途径等方式，为广大深圳市民提供了丰富、便捷的多元化服务，充分满足其知识服务需求，对高校图书馆社会化服务的开展进行了有益探索。主要服务方式包括：一是面向市民开放读者证的办理业务，读者可通过移动应用、图书馆官网、"深圳文献港"平台等方式享受网上参考咨询、图书外借等服务；二是充分发挥智慧技术的优势，积极开展数字化、全开放服务，基于自身服务体系及资源优势展开以产业研发、市场拓展等需求为宗旨的科技查新、科技信息、专题情报调研、参考咨询等智慧服务，充分满足公众对公共文化信息资源的需求；三是深圳大学城图书馆与国内外的其他图书馆共同构建了图书馆联盟，并且理顺了管理体系，进一步提升了服务效能。

王立杰等对青岛地区高校图书馆社会化服务现状进行了调查研究，得出以下结论。青岛地区高校图书馆社会化服务采取了开放的服务形式：借阅服务以纸质资源为主，兼顾馆际互借、文献传递、数据库使用，同时提供科技查新、定题服务、科技评估等有偿知识服务，扩展的服务对象往往是校友与合作社团；服务内容主要是传统内容，借阅开放程度有限；服务方式主要是社会用户上门。此外，青岛构建了地区图书馆联盟，统筹各高校资源、人才和技术优势，由于文献类型所限，馆际互借、文献传递、数据资源的使用对象主要是联盟内高校或科研院所用户，以提供信息挖掘、知识咨询、定题服务为主的知识服务。由于难度较大，这种服务只在少数高校图书馆开展，高校图书馆社会化服务嵌入社会需求相对较低。⊖

一、开展社区知识服务

知识经济时代背景下，社区居民只有坚持终身学习原则，不断提升自我，才能适应社会发展和个人发展需求。终身学习的内容主要来源于居民学习、工作、生活和经历经验中的数据、信息资源等。为了提高全社会公共文化建设，《中华人民共和国公共文化服务保障法》自 2017 年 3 月 1 日起施行，鼓励各地区机关、学校、事业单位等向社区公众开放文化、体育设施。因此，地方高校图书馆在满足本校师生学习、教学和科研需求的基础上，应面向社区开展社区知识服务，从而有利于社区公共文化服务建设。例如重庆大学除面向本校师生提供知识服务外，还面向非重庆大学的社会各界人士开放图书馆借阅权限，满足条件的社会读者仅需与重庆大学签订读者协议并申请图书馆借阅卡，

⊖　王立杰，谢正侠，唐烽钧. 供给侧改革背景下青岛地区高校图书馆社会化服务研究[J]. 山东图书馆学刊，2020（5）：84-90；108.

即可在重庆大学图书馆内阅览图书。此外，面向临时社会读者，重庆大学图书馆还提供快捷服务，只需通过在图书馆来访名单上进行实名登记并出示本人证件，即可临时入馆参观或阅读馆内书籍文献。新疆石河子大学图书馆根据本地区乡镇居民的农业需求，对图书馆馆藏资源进行整合和再开发，先后创建"新疆棉花植保数据库""农作物害虫查询防治系统"等，在指导当地居民棉花种植、害虫防治和植物保护方面起到了很好的教育培训作用。

二、开展中小学知识服务

高校图书馆在保障高校师生学习、教学、科研活动正常开展的同时，应重视中小学群体的社会化服务工作，利用自身拥有的专业优势和特色资源库，面向中小学教师、学生群体开展社会化服务工作。高校图书馆面向中小学师生提供知识服务的过程中，一方面可以帮助中小学节省大量资金、人力资源及文献信息资源，最大限度提高自身馆藏数据信息资源的重复利用率；另一方面可以收集中小学教师教学备课教案和工作经历，从中小学教育教学过程中获得经验，深入了解中小学教育规律和学生成长规律，这是直接指导师范学校在校学生成才成长的最切实、最有针对性的教材。如杭州师范学院图书馆充分利用自身特色馆藏资源，并结合国内外教育类文献资源，先后出版《学校管理参考资料》《中学教学参考资料》两本中小学校长和教师管理参考资料，和《现代管理启示录》《德育工作新思路》《学校管理新视野》《校本培训与教师专业化发展》《教育评价》等一系列教育教学专题资料，为江苏省中小学的管理、教育、教学等研究与改革提供专业性的文献资料参考。保定学院在承担为国家、省、市各级中小学提供骨干教师培训工作以外，还向参与培训的所有奋斗在一线的教师征集优秀教案，然后根据所属学科将所有教案分类装订，形成语文、数学、英语、物理、化学、生物、政治、历史、地理等学科教案册，为中小学教师经验分享和师范院校教法课学习提供重要案例借鉴。

三、开展科研院所知识服务

高校图书馆面向科研院所提供的知识服务，其主要作用是为各个科研院所和单位的科学研究、生产生活等提供数据、信息服务和用户信息服务，支撑其科研和部分教学活动，并为科研院所、企事业单位的发展提供一个良好的交流平台。重庆大学图书馆面向科研院所提供重庆数字文献信息服务中心（Chongqing Digital Information and Service System，CDISS）信息共享服务、中国高校人文社会科学文献中心（China Academic Social Science and Humanities Library，CASHL）文献传递与馆际互借服务，并借助重庆市科技文献资源共享平台为重庆市基层科研人员提供专利知识服务、科技创新知识服务等多项知识服务。南开大学图书馆与泰达图书馆档案馆联合推出高端信息服务项目——科技查新合作协议，并在泰达图书馆档案馆建立教学实习基地，从而提高泰达图书馆的知识服务能力。此外，泰达图书馆还以南开大学图书馆的资质、智力和资源为支撑，为天津开发区乃至滨海新区 1 000 多家科研院所及企事业单位的科研立项、科技成果评估、验收、奖励、专利申请、技术交易等近百个项目提供高技术知识服务。

四、开展政府机关知识服务

高校图书馆在知识服务资源、知识服务平台、知识服务人员等方面拥有着显而易见的优势。通过开展个性化知识服务、学科化知识服务、科技创新知识服务、专利信息知识服务、政策制度知识服务等，以一站式内容定制、智能化检索服务、个性化推送服务、专题化网络导航等为主要知识服务方式，为本地区政府机关提供各个方面的数据信息知识服务。如作为广州市的唯一一所综合性地方高校，广州大学以《普通高等学校图书馆规程》为准则，为广东省、广州市政府机关单位各部门提供了多样化的图书馆知识服务，建立"媒体眼中的广州"新闻资料全文数据库，全面、系统地收集整理国内外有关广州政治、经济、文化、社会、民生等方面发展情况的新闻报道，并建立多渠道搜索路径，使得政府机关工作人员及其他用户可以通过标题、时间、关键词等入口搜索获取相关新闻，方便政府有关部门及时掌控舆论，合理进行决策。此外，广州大学图书馆还提供"综合性媒体信息汇编""专题性媒体信息汇编"和"媒体舆情分析报告"三种类型的知识服务产品，包括《每周广州新闻要目》《"广州对外新闻发布会"专题新闻汇编》等，并通过电子文献和纸本印刷两种方式，每日、每周定时定点为广东省公安厅和广州市公安等部门提供警务信息电子文档。

第四节　大数据环境下高校图书馆知识服务存在的突出问题

在现代信息技术快速发展的大数据时代，尽管我国高校图书馆在知识服务方面取得了一定成绩，但是也存在一些问题，主要包括以下几个方面。

一、知识服务意识还不够强

在现代信息技术快速发展的大数据时代，知识服务是高校图书馆的重要功能。作为图书馆的"一把手"工程，图书馆知识服务的能力和水平是衡量新时代图书馆形象的重要因素。总的来说，目前高校图书馆知识服务的意识明显增强，但是也有些高校图书馆，尤其是地方高校图书馆的管理者不仅对开展知识服务重视程度不够，还很少参与图书馆知识服务活动。这导致图书馆知识服务功能无法完全实现，图书馆知识资源和信息技术基础设施的作用未能得到充分发挥，不仅浪费了资源，而且也影响了图书馆的形象。

二、专业技术人才队伍建设仍有差距

尽管现在高校图书馆知识服务的专业技术人员有一定程度的增加，专业结构、学历结构、职称结构、年龄结构等方面得到明显改善，但高校图书馆，尤其是地方高校图书馆，对知识服务工作的专业技术人才队伍建设的重视程度还不够，专业技术人才的规模、学历结构、职称结构、知识结构、业务素质和能力、经历与经验都存在明显不足，很难适应新时代高校图书馆知识服务工作的需要，严重制约着知识服务工作的开展。

三、知识服务业务流程还不够科学

目前，高校图书馆的知识服务流程基本上沿用的是传统参考咨询工作的业务流程，未能充分利用现代信息技术。按照时代性、科学性、效益性、客观性、网络化、智能化等来设计知识服务流程的图书馆还不是很多，与国外知识高校图书馆知识服务业务流程设计还有一定差距，导致现在图书馆知识服务流程还存在用户与知识服务人员交流沟通不充分，现代大数据等信息技术作用发挥不充分，不能最大限度地满足用户需要等问题。这些问题的存在严重影响了高校图书馆知识服务的质量和效果。在现代信息技术快速发展的知识管理时代，高校图书馆必须要结合现代信息技术和先进的知识管理思想，体现"以用户为中心"的服务理念，对现有知识服务流程进行全面审视和分析，利用业务流程重组的思想，科学设计适合新时代高校图书馆知识服务实践的业务流程。

四、知识服务组织机构设置还不尽合理

从狭义上讲，目前高校图书馆多数设置了专门的知识服务机构，主要是信息咨询部，也有的叫参考咨询部、知识服务部（中心）、情报部、信息中心等。这些机构设置基本上与读者服务部、资源建设部等平行。本书认为，知识服务作为现代高校图书馆的主要功能，在机构设置上应体现其重要性，建议由图书馆副馆长兼任部门负责人。

五、大数据知识服务平台建设还不能适应新时代知识服务的需要

目前，"双一流"高校和地方高校在图书馆建设和管理方面的资金投入差异还比较大，在大数据知识服务平台的建设规模和水平上也有明显不同，"双一流"高校图书馆知识服务平台的规模、集成度、智能化等方面都明显优于地方高校图书馆。"双一流"

高校图书馆普遍建有一站式集成化的知识服务平台，接入国际联机检索系统，成为区域集成知识服务平台的中心结点或者服务中心，而地方高校图书馆通常建有管理自身知识资源的管理信息系统，提供国内主要知识资源和国外部分重要知识资源的知识检索平台。

六、知识服务内容仍然比较单一

目前，高校图书馆知识服务内容主要涉及科研支持服务、教学支持服务、学科支持服务、学生成长成才支持服务等方面。具体内容包括提供知识资源支持、科技查新、查收查引、知识产权信息服务、提供科研支持工具、提供学习科研空间服务、开放教育资源服务、提供教材教参服务、提供教学支持服务、开展学生课程学习支持服务、开展学生科研和社会实践支持服务、开展学生升学深造和创新就业支持服务、提供学生心理健康支持服务等。但总的来说，地方高校图书馆与"双一流"高校图书馆相比差距还非常大，"双一流"高校图书馆，如北京大学、清华大学、上海交通大学、南京大学等高校图书馆提供知识服务的能力和内容与国际发达国家高校图书馆接轨，内容比较丰富，形式多样；但地方高校图书馆知识服务的内容仍然比较单一，主要以科技查新、查收查引等参考咨询为主，教学科研学科支持服务能力都比较差，提供的服务内容也比较有限。

七、社会化知识服务规模还比较小

一是从学校开放知识服务的比例来看，"双一流"高校开展社会化服务的比重比较大，而地方高校图书馆开展社会化知识服务的比例比较小。如对吉林省内吉林大学等46所高校图书馆开展社会化服务的现状进行调研，调研结果显示，46所高校图书馆中共有18所学校对外开展社会化服务，占比39%；其余学校均未对外开展社会化服务。在开展社会化服务的18所大学中，仅有2所是全部开放，其余大学均为部分开放，表明吉林省内高校图书馆社会化服务的程度较低。二是从社会化知识服务的对象来看，主要面向社会公众个人，针对企事业单位、科研院所提供知识服务的并不多。三是从知识服务的内容来看，目前高校图书馆社会化服务的主要内容是文献服务、科技查新、查收查引、定题服务、知识产权服务、专利服务，真正为企事业单位提供竞争性情报服务的并不多，进行数字化、智慧化的转型升级也很少，难以满足公众对高校图书馆社会化服务的现实需求。

八、知识服务的制度建设还比较滞后

制度建设是确定高校图书馆知识服务合法、规范、质量的重要保障，知识服务涉及知识人员的岗位职责、业务流程和规范、管理制度、资质要求、收费标准等各个方面。应该说，高校图书馆在知识服务制度方面还是取得了一定成绩，但也存在一些问题，主要是知识服务制度建设不完善，有些制度的建设还比较滞后，时效性和时代性都不足。有关大数据环境下知识服务的制度建设不能做到与时俱进，有关知识服务的绩效评价、知识服务人员的管理等方面的制度建设还有差距。

九、知识服务能力的差异性比较大

目前，我国高校图书馆在建设发展过程中，由于各高校重视程度有所差异，资金投入也不一样，总的来说"985"高校图书馆的资金投入要高于"211"高校，"211"高校一般又高于地方高校，导致图书馆在知识服务基础设施建设、知识资源库建设、知识服务专业人才队伍建设、一体化大数据知识服务平台建设等方面存在较大差异。"双一流"高校图书馆的知识服务能力明显高于地方高校图书馆。因此，地方高校要更加重视图书馆的数字化建设，增加资金投入，优化图书馆基础设施、知识资源库等建设，进一步提高知识服务能力，让图书馆真正成为高校的知识服务中心。

第五节　大数据环境下高校图书馆知识服务存在问题的成因分析

造成大数据环境下高校图书馆知识服务存在问题的原因是多方面的，具体来说，主要包括以下几个方面。

一、没有摆脱传统图书馆服务理念的束缚，创新不够

造成高校图书馆知识意识不强、知识服务业务流程和组织结构设计不尽合理、社会化服务规模小等的主要原因是长期以来，有的高校图书馆管理还没有解放思想，改革创新，仍然按照传统的理念来经营和管理图书馆，把服务对象主要定位在校内，参与社会化服务的积极性不高，社会化的服务功能弱化。

二、高校图书馆的资金投入不足，制约知识服务功能的发挥

由于国内"双一流"高校和地方高校图书馆在资金投入的差异，地方高校图书馆的知识服务基础设施建设、知识资源库建设、专业人才队伍建设等没有实质性的改进，直接影响图书馆知识服务功能的实现。尤其是地方性高校，由于自身条件和资源的限制，知识服务的能力还是有限的。

三、对新时代高校图书馆发展定位认识不到位

互联网、大数据、人工智能、移动互联等现代信息技术，高质量发展、数字图书馆、智慧图书馆等理念和思想，对新时代高校图书馆的建设发展和管理提出了全新的要求。智慧图书馆以数字化、网络化、智能化的信息科学为基本手段，通过物联网来实现智慧化的服务和管理，是感知智慧化和图书馆服务智慧化的综合。新时代的高校图书馆要为学校教学、科研、学科的战略发展提供高质量的服务，要积极开展社会化服务，实施创新转型和可持续发展策略等。目前，有些高校图书馆管理层对新时代高校图书馆发展的趋势认识不到位，对数字图书馆、智慧图书馆建设了解不多，重视不够，资金和精力投入都不足，对图书馆面对时代的挑战，实施创新发展思考不多，严重制约着图书馆的发展。

四、高校图书馆改革创新力度不大

目前，我国大部分高校图书馆在学校的重要地位没有显现出来，因此从管理层到专业人才队伍建设都受到影响。有些地方高校图书馆对图书情报专业人才重视不够，对专业学生的吸引力不足。有些图书馆工作人员不少都是"博士后"，学校引进博士的配偶，很少有图书情报专业的，学历层次和职称结构一般都不太高，严重影响图书馆知识服务人才队伍的建设。图书馆的管理层缺乏专业化人才，有的是外行领导内行，对图书馆知识服务和管理缺乏顶层设计和科学化的规划，从而对知识服务业务不重视，业务流程和组织机构设置不合理，制度建设不健全。有些管理者对图书馆开展社会化服务工作认识不到位，觉得对外开放不仅麻烦，而且也不安全，觉得把校内师生服务好就可以了，自然而然就把图书馆大门对社会关闭起来。

五、高校图书馆治理体系和治理能力现代化水平不高

在现代信息技术快速发展的高质量发展时代，高校图书馆在自身治理体系和治理能力现代化建设方面与现实需要还有一定差距。图书馆在战略发展的顶层设计、制度和文化建设、制度执行力等方面，都还不能完全适应新时代对图书馆治理体系和治理能力现代化的要求。因此，图书馆要突出自身特色，主动担当作为，全力推进高质量内涵式发展，全面提高知识服务的能力、水平和质量，结合新时代大数据、人工智能区块链、移动互联等现代信息技术的快速发展，加快治理体系和治理能力现代化建设步伐。

第六节　大数据环境下高校图书馆知识服务观

结合高校图书馆的功能定位、大数据对高校图书馆知识服务的影响、用户对高校图书馆知识服务的要求、图书馆高质量发展、数字图书馆、智慧图书馆建设的要求，新时代高校图书馆的知识服务观主要体现在以下几个方面。

一、高校图书馆知识服务的重点观

图书馆作为高校的文献信息中心，知识服务的重点对象是高校。图书馆要围绕高校的人才培养、科学研究、社会服务和文化传承等方面积极开展服务，要想方设法满足广大师生、各学院、研究院、智库、职能部门的知识需求。具体来说，就是要重点围绕学校发展战略、立德树人、"双一流"建设、学科专业建设、教学和科学研究、社会服务、校园文化建设、大学生就业创业等方面开展知识服务。目前，高校图书馆在学科和科研知识服务方面已经积累了一定经验，但对教学和学生成长成才的支持还有一定的发展空间。

二、高校图书馆知识服务的大数据观

在现代信息技术快速发展的大数据时代，高校图书馆的知识服务必须要树立大数据观，就是在知识资源建设、管理和开发，知识服务业务的实施过程中，必须要充分利用现代大数据技术，深度挖掘，为用户提供精准的知识资源。

三、高校图书馆知识服务的用户中心观

用户是高校图书馆知识服务的出发点和落脚点，用户的数量和质量也是图书馆知识服务能力评价的重要指标。一个知识服务效果好的图书馆，一定拥有一批忠诚的用户。在高质量发展的知识管理时代，高校图书馆要想提高知识服务的质量和效果，就必须要坚持以用户为中心，践行全心全意为广大用户服务的理念。具体来说，就是要把用户满意度作为衡量知识服务质量的最关键因素，图书馆知识资源库、一体化大数据知识服务平台建设、知识服务的流程设计和组织机构建立、各项管理制度等都要体现用户至上、质量为先的理念。在具体知识服务过程中，一是要强化与用户沟通交流环节，提高对用户需求的识别能力，及时了解用户现行需求和进一步的需求；二是要建立良好的反馈机制，及时了解用户的意见和进一步的需求；三是建立良好的用户信誉制度，以优质的服务赢得用户的信任。作为高校图书馆，不仅要拥有一支稳定的用户队伍，还要不断开发潜在的用户。

四、高校图书馆知识服务的信息技术观

现代互联网、大数据、云计算、人工智能、物联网和移动互联等信息技术，对高校图书馆服务平台、流程、方式方法、内容等方面产生重大影响并提出全新要求。因此，新时代的高校图书馆在数字化和智慧化建设过程中，知识服务必须要充分利用现代大数据、人工智能、物联网、移动互联等技术，使知识服务实现网络化、智能化、移动化、互动化，进一步提高知识服务的质量，满足用户需要。

五、高校图书馆知识服务的社会化服务观

开展社会化的知识服务不仅是高校图书馆的重要功能，也是其重要的社会责任。在大数据、人工智能、物联网、移动互联等现代信息技术快速发展的知识管理时代，高校图书馆具有开展社会化知识服务的明显优势。在新时代，高校图书馆除了满足高校的知识需求，还要积极面向企事业单位、科研院所、社区、社会公民、校友等校外用户开展知识服务，最大限度地发挥图书馆知识资源和服务平台的作用，履行社会化责任。

六、高校图书馆知识服务的资源共建共享观

在互联网快速发展的时代背景下，随着我国高校图书馆数字化和智慧化建设进程的加快，数字化知识资源已经成为图书馆资源建设的重要内容。因此，高校图书馆在知识资源库的建设过程中，必须要树立共建共享的理念，积极加入全国、区域、行业、系统知识资源建设联盟，接入国际联机检索系统，充分利用国内外知识资源库，为知识服务提供丰富的国内外知识资源。

七、高校图书馆知识服务的质量至上观

质量是知识服务的生命，也是评价高校图书馆知识服务绩效最重要的指标。高校图书馆在知识服务的实践中，要始终树立质量第一的观念，尤其是在现代信息技术快速发展的高质量发展时代背景下，图书馆要想方设法提高知识服务的质量。要在知识资源库、知识服务平台建设、业务流程和组织机构设立、制度建设等方面下功夫；要在知识识别、知识收集、知识存储、知识挖掘分析加工、知识提供等价值链的增值环节上加快信息化的进程；要在数字图书馆和智慧图书馆建设方面努力；要高度重视知识服务专业人才队伍建设的稳定、引进和培育工作。

八、高校图书馆知识服务的战略观

在高质量发展的新时代，高校图书馆知识服务要制定面向用户需求的战略决策，要把服务学校、企事业单位、科研院所的战略发展和决策作为重点。因此，高校图书馆要进一步加强知识资源库建设，提高知识服务专业人才队伍的综合素质和能力水平，要加大对知识服务基础设施建设的资金投入，进一步提高知识服务的质量，满足用户的需要。

第六章

发达国家高校图书馆知识服务实践及启示

在大数据、人工智能、物联网、移动互联等现代信息技术快速发展的知识管理时代，英国、日本、美国等发达国家高校图书馆非常重视面向校内外用户的知识服务工作，加大经费投入，高度重视知识资源库、特色资源库和知识库建设，构建先进的网络化知识服务平台，采用线下和线上相结合的方式，积极开展支持教学科研、学科、学生学习与成长、创业就业以及社会化知识服务，积累了丰富的经验，有不少做法和经验值得我国高校图书馆学习借鉴。

从已有的研究成果看，目前对发达国家高校图书馆知识服务研究的主题相对集中，采用的研究方法主要以调查研究、对比研究、总结归纳为主，但真正在篇名中体现知识服务的成果并不多见，对知识服务平台建设、知识资源库建设、知识服务模式、知识服务能力评价、面向企事业单位和科研院所知识服务的研究成果还较少。因此，对发达国家高校图书馆知识服务进行全面系统深入探讨，对其好的经验进行总结归纳分析，所得结论对我国高校图书馆开展知识服务具有一定的参考价值和借鉴意义，对提高我国高校图书馆知识服务能力和水平具有重要的理论和现实意义。

第一节　发达国家高校图书馆知识服务的实践

一、英国高校图书馆知识服务的实践

在现代信息技术快速发展的大数据时代，英国高校图书馆非常重视面向校内外用户

开展知识服务工作，在特色知识资源库建设、专业知识服务团队建设、教学科研与学科知识服务、社会化知识服务等方面都积累了比较丰富的经验。具体来说，有以下几个方面。

（一）　高度重视特色知识资源库建设

英国高校图书馆拥有丰富的特色馆藏资源，主要通过特殊文献建设项目、特色馆藏数字化项目、特色馆藏建设调查项目等强化特色馆藏资源建设工作。英国高校图书馆非常重视特色资源库建设，充分发挥其在知识服务中的作用，积极提供给校内外用户使用。一些拥有珍稀馆藏的高校图书馆，如牛津大学、剑桥大学图书馆等，充分发挥学科专业、科学研究和社会服务优势，实时对其部分特藏资源进行数字化，建立特色资源知识库，并通过网络化、在线 App 等方式及时提供给校内外用户使用，以提升图书馆的全球影响力。

（二）　知识服务形式以网络化为主

英国高校图书馆知识服务的形式已经从过去的人工服务转变为以自助和网络化服务为主，网络化服务形式多样，移动互联技术广泛使用。网络化的知识服务平台大大提高了知识服务的效率和质量。多数高校图书馆基于 Youtube、Instagram、Facebook、Twitter等欧美主流社交媒体平台开展知识服务，同时也通过网站主页提供在线咨询服务。

（三）　专业团队进驻，提供优质知识服务

大部分英国高校图书馆除有自身的专业服务团队外，还有馆外的专业技术人员或团队进驻图书馆，为校内外用户提供各类专业知识服务。主要服务内容包括信息技术支持服务、数据支持服务、科研论文写作支持服务、心理健康辅导、职业生涯规划、创业就业服务等。馆外专业技术人员或团队的加盟，不仅缓解了图书馆知识服务专业技术人员短缺问题，而且能为用户提供高质量的专业服务，进一步提高了图书馆知识服务能力和水平，增强了图书馆知识服务的竞争力。

（四）　高度重视学科知识服务

高度重视学科知识服务是英国高校图书馆的显著特点，如曼彻斯特大学图书馆和牛津大学图书馆等大部分图书馆拥有专业的知识服务团队，他们既依托网络平台，也重视现场服务。具体包括以下三种方式：一是进驻院系服务，即学科馆员定期、定时深入院系，主动提供现场咨询服务；二是教学服务，即根据需求为系统的课程提供教学环节服务；三是科研项目服务，即为科研项目提供专业的研究支撑。张毓晗等对英国高校图书

馆的学科服务内容、组织架构、教学和培训的方式、新技术和反馈手段等进行调查，得出的结论是：英国高校图书馆的学科服务内容由传统的馆藏资源建设、学科联系、信息素养培训逐渐外延，面向用户提供多项科研支持服务。[⊖]

（五）　积极开展社会化知识服务

英国高校图书馆充分利用自身拥有的知识数字资源和专业服务优势，积极面向校外用户开展社会化知识服务工作。如伯明翰大学图书馆与当地公共图书馆合作开展读者账户共享服务；考文垂大学图书馆为中学生开展服务等。英国高等教育调查发现，超过半数的大学图书馆与当地中学存在各种形式的联系，并提供相应服务。刘倩雯、束漫调查了英国高校图书馆针对中小学的知识服务现状，指出高校图书馆应拓展服务范围，面向校外尤其是中小学群体提供知识服务。[⊖]

（六）　高度重视支持教学科研服务

英国高校图书馆高度重视支持教学科研知识服务，主要体现在：一是重视科学数据管理知识服务，这也是知识服务工作的一大特色。科研数据管理服务是基于科研数据全生命周期所产生的有关服务，包含数据管理计划、元数据的创建与转换和数据监督等。如英国剑桥大学图书馆长期以来重视科学数据管理服务，构建了系统完善的科学数据管理政策体系，为用户提供个性化的科学数据服务，包括科学数据管理计划制订、科学数据集创建、科学数据组织整理、存储访问及共享、科学数据素养教育等；拥有专业服务团队，开发了集成化科研服务平台，采用专题网站、公开咨询等多种方式。英国高校图书馆为保证科研数据管理服务顺利开展，制定了 4 项保障措施：科研数据管理的政策规范、科研数据管理的技术平台、科研数据管理的工具资源、科研数据管理的咨询培训。二是重视开展面向科研和数字人文的知识服务。孟祥保对英国 23 所高校图书馆开展科研知识服务现状进行了调查分析，得出结论是：23 所高校都开展了内容丰富、形式多样的科研知识服务。如牛津大学图书馆开展科研知识服务主要涉及学术出版、科研数据管理、科研讲座与培训、数字人文、特藏等。英国高校图书馆科研知识服务的主要内容包括文献资源获取与管理服务、科研信息管理服务、科研数据管理服务、开放存取与学术出版服务、科研评价服务和用户科研培训等。[⊜]

⊖　张毓晗，WALLER L，GALLIMORE V，等. 英国高校图书馆学科服务现状调查和分析[J]. 图书情报工作，2017，61（11）：63-70.

⊖　刘倩雯，束漫. 英国高校图书馆面向中小学服务的调查及启示[J]. 大学图书馆学报，2020，38（3）：80-88.

⊜　孟祥保. 英国高校图书馆科研服务现状调研及启示[J]. 图书情报工作，2017，61（13）：53-61.

（七）　积极开展支持学生成长成才知识服务

英国高校图书馆非常重视开展支持学生成长成才的知识服务，具体包括支持学生的学习、科学研究、创新就业、健康等多个方面。刘倩雯、谈大军对英国 30 所高校图书馆支持学生健康的服务现状进行了调查研究，得出的结论是：英国高校图书馆提供了信息资源、物理空间与活动项目三方面的健康支持服务，服务策略包括开展合作、设立团队、关注特殊需求、强调学生参与服务、加强服务营销等。⊖

（八）　非常重视专业技术人才队伍建设

英国高校图书馆非常重视专业技术人才队伍建设。英国是世界上最早实行图书馆资格认证的国家，对从业人员的资质、职业能力等很早就建立了比较完备的规范和体系。高校图书馆对馆员职业能力的要求较为务实，对年龄和学历没有具体要求，非常看重馆员的实践能力、沟通能力、IT、工作态度等。周晓燕、尹亚丽通过调查研究发现，国外高校图书馆对科研数据服务人员的要求为：硕士以上学历且有社会科学、图书情报或特定领域学科背景，擅长计算机编程和统计分析，具有较强的信息技术能力和数据挖掘分析能力，同时需要有一定的实践能力和工作经验。⊜

二、日本高校图书馆知识服务的实践

日本高校图书馆积极开展面向校内外用户的知识服务，在具体知识服务实践中，尤其重视以下几方面的工作。

（一）　重视特色资源库建设

日本高校图书馆重视特色知识资源库建设。一流高校图书馆基于文化遗产类特色馆藏资源，积极开展对外服务，主要方式是借阅、检索、复制、扫描、咨询、宣传培训等，并针对特色馆藏出台了专门的服务制度。

（二）　积极开展学科知识服务

开展学科服务也是日本高校图书馆知识服务的一个特色。章望英以日本 10 家教学

⊖ 刘倩雯，谈大军. 英国高校图书馆支持学生健康的服务调查与分析[J]. 大学图书馆学报，2021，39（2）：107-114；12.

⊜ 周晓燕，尹亚丽. 国外高校图书馆科研数据服务人员知识结构分析：以 IASSIST 网站中 2015 年的招聘信息为例[J]. 图书情报工作，2016，60（3）：76-82.

研究型高校图书馆为研究样本，对其学科服务现状及发展态势进行了调查分析。[○]结果表明，日本教学研究型高校图书馆不仅注重学科服务与科研活动的深度融合，以学科馆员支撑信息素养教育服务，而且还提供定制化、一体化的参考咨询服务，形成了贯穿学科服务全生命周期的全流程服务体系。

（三） 高度重视学生学习支持知识服务

日本高校图书馆非常重视学生学习支持的知识服务，且涵盖了学生成长发展的全方面，主要提供生活咨询、科研论文写作辅导、学习咨询、信息检索辅导、信息技术辅导等服务。此外，不少图书馆还基于数据分析和资源推荐提供特色学习支持服务。如九州大学图书馆在网站中设立了集在线课程大纲、讲座等信息于一体的"学习"专栏，大阪大学图书馆提供了"学习用书目推荐"。

（四） 高度重视联盟知识资源库建设

日本高校图书馆为了提高自身知识服务能力和水平，非常重视知识资源的共建共享建设，尤其是在联盟知识资源库建设方面很有特色。高校图书馆知识资源共建共享体现了很高的组织性和统筹规划性，有全国性的，也有区域性、行业性和系统性的，它们共同形成了交叉联系的知识资源共享网络。其中，日本大学图书馆联盟和日本国立信息研究所是具有代表性的两个组织。此外，还有九州地区高校图书馆联盟和京都地区高校图书馆联盟等区域性高校图书馆联盟，以及日本药学图书馆联盟和日本看护图书馆联盟等学科图书馆联盟。日本大学图书馆联盟基于日本高校图书馆，以资源共建共享为目的，实现信息资源的集中购买和共享，降低了信息资源的采集成本，目前已基本形成了类型多样、结构完整的具有统一的协议、技术标准和信息资源系统的组织体系。作为日本综合学术信息系统发展的中心机构，日本国立信息研究所基于自身资源及背景优势，承接了学术信息收集、整理和提供服务，还积极开展电子图书馆服务、综合书目数据库系统、学术信息网络和馆际互借系统等信息资源共建共享工作。

（五） 积极开展社会化知识服务工作

日本高校图书馆高度重视社会化知识服务工作。一是图书馆向社会用户开放，如提供借阅服务、电子知识资源服务等；二是提供在线访问数字化珍本资料服务。例如，东京大学图书馆允许社会组织借阅珍本书籍，并在需要时进行再版、出版、展示和展览，

○ 章望英、日本研究型高校图书馆学科服务发展态势及启示[J]. 图书馆工作与研究，2018（12）：21-27.

由于版权问题，服务受到严格审核；三是根据馆藏知识资源的特点、服务方向以及学校学科专业特色，积极向社区、企事业单位及科研院所提供知识服务或者开展合作。

三、美国高校图书馆知识服务的实践

美国高校图书馆非常重视知识服务工作，在支持学科、教学科研、数字人文、学生成长成才、社会化服务等方面都取得了明显成效。

（一）积极开展社会化知识服务

美国高校图书馆普遍重视社会化知识服务工作。从 20 世纪 60 年代起，美国高校图书馆就开始了社会化知识服务工作，经过多年实践，积累了丰富的经验。刘水通过对美国 36 所高校图书馆开展社会化服务情况的调查，得出的结论是，美国绝大多数高校图书馆为社会读者提供参考咨询服务、图书借阅服务、读者卡服务、专题馆藏服务、数据库服务等各种形式的知识服务。[⊖]如加州大学伯克利分校图书馆，其社会化知识服务主要内容为远程信息服务、针对性借阅服务和现场参观服务等。

美国高校图书馆开展社区知识服务由来已久，将自身定位为大学与社区之间的桥梁，在开放图书馆知识资源及服务、培养社区成员信息素质、建立合作交流和伙伴关系、协同组织展览与学术活动等方面开展了大量卓有成效的探索，积累了丰富的服务经验，采用了愿景管理模式、打造延伸服务文化、构建延伸服务体系和依托项目落实服务等举措。如俄亥俄州立大学图书馆推动馆藏和教育资源的开放获取；石溪大学图书馆建立了完善的社区服务活动体系。

美国高校图书馆高度重视面向校友开展知识服务工作，明确将毕业校友划分到校外读者的类型中。廖瑶、蒋芳芳调查了 U. S. News & World Report 于 2017 年发布的美国高校综合排名前 30 的高校图书馆，发现图书馆面向校友提供的服务内容主要包括文献借阅服务、电子资源服务、参考咨询服务、空间服务、校友捐赠、参观校园等。[⊖]同时，不少美国高校图书馆还为校友提供体现学校优势和特色的个性化知识服务。美国高校图书馆面向校友开展知识服务时，有时会发挥地方校友会或学校校友管理机构的作用，校友所访问的电子知识资源中有不少资源是由校友会或校友管理机构提供的。如哈佛大学校友可使用由校友会提供的知识资源库；美国高校图书馆为校友提供形式多样、内容丰富的知识服务，比如电话咨询、邮件咨询和实时在线咨询等，同时为校友提供空间

⊖　刘水. 美国高校图书馆社会化服务实践及其启示[J]. 河北工程大学学报（社会科学版），2017，34（4）：21-23；36.

⊖　廖瑶，蒋芳芳. 美国高校图书馆校友服务调查及启示[J]. 图书情报工作，2019，63（9）：135-143.

服务。

美国高校图书馆非常重视开展专利信息服务，向用户提供专利信息资源、专利检索培训和信息咨询、专利信息资源及服务导航、专利信息资源及服务推广等。服务对象为校内外用户，校外用户主要是企业。

（二）重视面向科研教学开展知识服务

重视科研教学知识服务是美国高校图书馆普遍的做法。金秋萍采取网络调研法，选取美国排名前30的高校图书馆为样本，归纳和总结了图书馆科研支持服务的主要做法和实践经验。⊖哈佛大学、普林斯顿大学和麻省理工学院等大学图书馆都明确将科研支持服务作为重点发展战略，写入发展战略规划中。美国高校图书馆突出以科研人员为中心，除了提供常见的科研技术服务、科研咨询外，还针对科研人员需求，提供数字化服务、学术知识资源使用、数据查询、写作指导等科研支持服务。

美国大学图书馆重视科研过程支持服务，主要是针对科研人员在科学研究全过程中的各种需求，提供各种学术知识资源和科研支持服务。具体内容包括研究工具服务、数据监测服务、科研指南、数字化服务、科研咨询服务、学术交流服务、技能培训服务等。

美国高校图书馆非常重视科研数据管理服务工作，其主要内容包括开展科研数据管理教学培训、协助制订科研数据管理计划、提供科研数据安全保障服务。主要方式包括举办研讨会、开放咨询柜台、开放咨询邮箱和建立专题网站，以及独立或与学校其他部门合作开展科研数据管理服务等。

美国高校图书馆高度重视数字人文服务。苏敏以2019年U. S. News & World Report发布的世界大学综合排名前50名的美国高校图书馆为调查对象，发现这50所美国高校图书馆均开展了数字人文服务。⊖该服务包括数字人文科研支持服务、数字人文项目服务、数字人文教学支持服务及数字人文相关课程等。

美国高校图书馆积极开展科研成果转化知识服务。在具体科研成果转化过程中，图书馆主要向科研人员提供信息培训服务、信息调查服务和信息检索服务。具有服务优势的图书馆还会向科研人员提供更加专业的知识挖掘和知识发现服务。科研成果转化服务方式主要有支付—咨询模式、商业化团队模式和创业配对模式。支付—咨询模式是美国大学图书馆广泛采用的科研成果转化服务模式。该模式可将科研成果相关学科的图书馆

⊖　金秋萍. 美国高校图书馆科研支持服务启示：基于美国30所高校图书馆的调研分析[J]. 四川图书馆学报，2021（2）：73-77.

⊖　苏敏. 美国高校图书馆开展数字人文服务的路径与启示[J]. 情报理论与实践，2020，43（7）：194-201.

员纳入高校商业计划和创业计划中，为参与商业或创业计划的人员提供相关咨询，或采用教学的方式为企业人员、研究人员和其他人员提供培训服务。商业化团队模式是指图书馆专门建立一个嵌入商业计划的商业化团队，帮助企业人员和科研人员收集数据和提供信息服务，以满足高校科研成果转化的需求。创业匹配模式是企业根据其需要与高校合作的高端模式。高校图书馆根据该模式可精准匹配学校的创业计划与企业的商业计划，帮助企业获取相关技术的使用授权。此外，商业馆员还可以负责制订相关商业计划。

（三）　积极开展学科知识服务

美国高校图书馆高度重视学科知识服务，学科服务也是其知识服务最重要的内容。不少研究型大学图书馆都建有学科图书馆，多数高校图书馆都设立了学科馆员制度，拥有一支专门的学科知识服务专业人才队伍。学科馆员在学科服务中发挥着重要作用，不仅仅是为院系的教学和科研提供学科信息、开发学科馆藏，而是拓展到课程设置、教学资源选择、学生的成长成才，学科服务更加强调知识和智力服务。同时，美国高校图书馆也非常重视学科知识服务平台建设，积极采用网络化的服务方式，主动服务、网络服务、定题服务、个性化服务是其学科服务通行的做法。如哈佛大学图书馆将学科服务的馆员分成研究馆员、学科馆员和院系联络人三类，紧紧围绕学校的教学和科研，充分利用新技术开展学科服务；康奈尔大学图书馆有 500 多名馆员，其中学科馆员 80 多名。学科馆员关注学科发展动向，及时了解院系发展需求，并成立专门机构来负责全部学科馆员管理和培训工作，提供高质量的学科服务。学科服务除了提供馆藏资源、参考咨询、教学培训、联系院系外，还拓展至学术出版与传播、数字工具开发、科研数据管理、资源发现与管理等方面，并提出要将学科服务融入教学科研活动、人才培养、学生成长成才的全过程。

（四）　积极开展面向学生成长成才的知识服务

美国高校图书馆积极开展面向学生成长成才的知识服务。一是积极开展支持学生学习的知识服务。如哈佛大学图书馆为不同主题提供定制的课程，并提供特殊收藏来支持这些课程，为本科生推荐同行研究员，提供基本研究帮助，并将其嵌入所需的图书馆服务，为学生创造不同的学习体验。达特茅斯学院图书馆通过学习社区、研究写作和信息技术学习中心以及学习促进中心为学生提供学术支持服务。普林斯顿大学图书馆提供写作研讨会、课程指南和数据和统计建议等研究数据服务。康奈尔大学图书馆针对本科生的研究过程，开展了选择研究主题、查找书籍、资源评估、整合引用来源等一系列服务；此外，图书馆还提供指导和写作辅导研讨会，重点关注图书馆资源、研究工具、研究方法和信息素养，以创建最有效和最佳的指导课程。哥伦比亚大学图书馆为本科生和研究生提供写作支持，并开设指导课程和写作中心，同时还提供研究数据服务、嵌入式参考咨询和研究帮助。耶鲁大学图书馆针对本科生获取图书馆资源的需求，为每个本科生配备一名图书馆员。二是重视开展本科生研究支持服务。鄂丽君、马兰通过对美国高校图书馆开展本科生研究支持服务调查，发现其服务内容主要包括研究咨询、提供研究用空间、为本科生讲授课程、设立图书馆研究奖、设立图书馆研究员计划、协助本科生发表、保存与展示研究成果、提供研究指导信息等。⊖美国高校图书馆本科生研究支持服务的经验主要是重视本科生研究支持服务中的合作，促进本科生使用图书馆资源，开展嵌入本科生研究过程的服务。三是非常重视开展创业知识服务。侯茹对美国高校图书馆创业服务进行了专题研究，通过调查发现高校图书馆构建了全过程、立体化的创业服务体系，主要内容包括创业文献资源服务、创业课程支持性服务、咨询服务、创客空间相关服务等。⊜同时，美国高校图书馆将创业服务列入图书馆战略规划，鼓励馆员协调创业服务工作，协同校内外合作力量共同推动创业服务，开展图书馆创业服务评估，设置图书馆创业服务专职岗位等。通过积极探索多要素创业服务模式，美国高校图书馆总结提取出三种典型的图书馆创业服务经验：一是依托信息资源开展创业培训，以培养大学生创业素养为重点，加强相关资源建设，并通过整合利用商业信息的获取及使用等开展创业培训；二是依托创客空间支撑校园知识创新和科技孵化，以馆舍空间改造为切入点，依托创客空间整合资源，实现从创客体验到企业孵化的顺利推进；三是依托各类竞赛开展创业演练，通过创业活动、创业竞赛等形式，鼓励和支持大学生开展创业实战演练。

（五）　重视知识服务专业队伍建设

美国高校图书馆非常重视知识服务专业技术人才队伍的建设，注重人才的综合素质、专业能力、信息技术能力和沟通能力等，在学科馆员的选拔、数字人文馆员等方面都设置了较为严格、具体的标准和要求。鄂丽君、王启云基于高校图书馆招聘视角，以美国图书馆协会 Job LIST 网站发布的高校图书馆专业馆员招聘信息为数据源，对美国高校图书馆专业馆员职业能力展开调查与分析。⊜研究发现，美国高校图书馆专业馆员的职业能力可以归纳为四大类：学历、经验、知识与技能、能力。专业馆员的图情专业教

⊖　鄂丽君，马兰. 美国高校图书馆的本科生研究支持服务[J]. 图书馆论坛，2020，40（2）：159-164.

⊜　侯茹. 美国高校图书馆创业服务研究及启示[J]. 图书馆学刊，2018，40（4）：138-142.

⊜　鄂丽君，王启云. 美国高校图书馆专业馆员职业能力调查与分析：高校图书馆招聘视角[J]. 图书馆论坛，2018，38（1）：128-134.

育受到美国高校图书馆的关注，招聘专业馆员时图书馆从业经验是不可缺少的要求。在学历方面，美国高校图书馆绝大多数专业馆员具有较高的教育背景，专业馆员以图书情报学硕士为主，其他学科硕士为辅。在经验方面，美国高校图书馆普遍看重专业馆员已经具备的经验。如亚利桑那州立大学图书馆要求特色馆藏主管具有3～5年馆藏发展从事经验，以及5～7年图书馆学术研究的专业工作经验。在知识与技能方面要求也很具体，如宾州州立大学图书馆要求政策研究、政治学和政府信息馆员理解、研究和设计定量方法，研究学术或图书馆环境中的新兴实践、标准和趋势，包括数字学术、开放获取，以及数据发现和使用。美国高校图书馆数字人文馆员知识结构主要包括：一是专业和学历结构，如普林斯顿大学要求应聘者具有社会科学、图书馆学、人文科学或者其他相关学科的博士学位。二是专业知识要求，主要具备图书情报学、数字人文、计算机网络等知识。三是综合素质和能力，以组织管理能力、人际交往与协作能力、服务意识能力、环境适应与学习能力为主。纽约大学图书馆、德州农工大学图书馆、普渡大学图书馆等要求应聘者具有很强的服务理念；麻省理工学院图书馆、迈阿密大学图书馆等表明会优先选择有项目管理经验的应聘者。四是相关工作经验。多数高校要求应聘者具备相关工作经验，很多单位甚至要求或优先考虑具有多个相关工作经验的应聘者。伊利诺伊大学香槟图书馆和斯坦福大学图书馆在必要和预期条件下要求五份以上的工作经验。斯坦福大学图书馆规定，申请人必须有5年或以上的工作经验，加州大学圣克鲁斯图书馆要求至少4年的工作经验。因此，各种相关工作经验的积累对于数字人文服务具有重要意义。

第二节　发达国家高校图书馆知识服务的特点

从英国、日本、美国三国高校图书馆知识服务的实践来看，发达国家高校图书馆知识服务主要呈现以下几方面的特点。

一、高度重视社会化知识服务

英国、日本、美国等发达国家高校图书馆非常重视开展社会化知识服务工作，充分利用和发挥知识资源和专业服务优势，积极服务社区、中小学、校友、企事业单位等。服务内容非常丰富，除了提供文献借阅以外，更多的是提供参考咨询、专利信息等知识服务，服务方式以网络化、线上线下相结合为主。

二、积极开展学科知识服务

重视开展学科知识服务是英国、日本、美国三国高校图书馆知识服务的一个显著特色。学科知识服务主要由图书馆学科馆员负责，因此，英国、日本、美国三国高校图书馆都有比较健全的学科馆员制度。学科知识服务充分利用现代先进的信息技术，服务方式以网络化为主，主要通过网络化学科服务平台进行，主要服务内容涉及学科专业建设、课程建设、教学、科研、培训等多方面。

三、高度重视特色知识资源库建设

英国、日本、美国三国高校图书馆都非常重视特色知识资源库建设，利用学校的学科专业优势及特色馆藏，充分发挥特色资源库的作用，通常都是将非数字化的特色知识资源数字化，建立特色资源库，通过专业网站及时向用户提供服务。特色资源库及其服务能明显提高高校图书馆的国内外影响力。

四、重视网络化知识服务平台建设

英国、日本、美国三国高校图书馆面向校内外用户开展知识服务的过程中，充分利用网络等现代信息技术，高度重视知识服务平台建设。不管是针对校内的学科服务、教学服务、科研服务、科研数据管理服务、数字人文服务、支持学生成长成才服务等，还是面向校外开展的社区服务、中小学服务、企事业单位服务等，都基于先进的专业化知识服务平台，如专业化的科研数据管理平台、学科服务平台、数字人文平台、专利信息服务平台等。

五、高度重视知识服务专业人才队伍建设

英国、日本、美国三国高校图书馆非常重视图书馆知识服务专业人才队伍建设，学科馆员、数字人文服务人员、科研数据管理服务人员等的选拔通常都有较严格的标准，对从业人员的资质、职业能力、专业知识、综合素质、业务能力、语言水平、服务意识、信息技术能力、图书情报等专业学科背景、数据分析能力、工作经历与经验等方面都有较高的要求。

六、积极开展科研和教学服务

英国、日本、美国三国高校图书馆非常重视面向学校教学科研的知识服务，积极开展科研数据管理服务、人文知识服务、教学服务、科研服务等。服务内容针对性强，服务方式以现代化、网络化为主，主动服务、个性化服务、全程服务、网络化服务、校内外相结合的团队服务等是高校图书馆面向教学科研服务的主要特点。

七、大力推进学生学习支持与成长成才服务

英国、日本、美国三国高校图书馆把支持学生学习与成长成才的服务作为知识服务的最重要内容之一。高校图书馆充分利用自身的知识资源库、联盟知识服务平台知识库、联机检索系统知识资源等，积极开展具体包括支持学生的课程学习、科学研究、社会实践、创新就业、健康成长等多个方面的指导服务。服务方式多种多样，既有现场支持服务，也有线上咨询服务。图书馆充分开发自身资源供服务学生使用，如开发公共空间、提供新书通报、举行学术讲座、组织研讨、提供咨询服务和研究指导信息等。高校图书馆在知识服务过程中，非常注重学生创新精神、批判性思维和学术伦理的培育。

八、高度重视联盟知识资源库建设

英国、日本、美国三国高校图书馆为提高知识服务的能力和水平，进一步拓展知识资源，高度重视知识资源的共建共享，积极开展联盟知识资源库的建设，积极加入国家、区域、行业、系统的图书馆或情报机构联盟，建立联盟知识资源库，为图书馆知识服务工作提供坚实的知识资源保障，进一步解决用户的知识需求，提高用户的满意度，扩大图书馆知识服务的竞争力和影响力。

第三节　发达国家高校图书馆知识服务的启示

英国、日本、美国等发达国家高校图书馆知识服务的实践，在知识资源库、特色资源库、联盟知识建设，服务教学、科学、学生成长成才，网络化知识服务平台建设，社会化知识服务等方面积累了丰富的经验，值得我国高校图书馆开展新时期知识服务借鉴。主要有以下几个方面。

一、要高度重视社会化知识服务

《普通高等学校图书馆规程》明确指出：高等学校图书馆要积极参与各种资源共建共享，发挥信息资源优势和专业服务优势，为社会服务。[⊖]因此，我国高校图书馆要加强自身建设，充分利用知识资源等优势，积极开展社会化服务。一是面向企事业单位和

⊖　教育部关于印发《普通高等学校图书馆规程》的通知［EB/OL］.（2016-01-04）［2021-05-04］. http://www. moe. gov. cn/srcsite/A08/moe_736/s3886/201601/t20160120_228487. html.

科研院所开展知识服务，及时了解这些单位的知识需求，充分利用现代信息技术和知识服务平台，为他们提供战略决策、创新发展、参与竞争所需要的知识；二是加强与社区的合作，了解社区的知识需求，积极面向社区开展内容丰富、形式多样的知识服务；三是面向中小学开展知识服务，利用图书馆的知识资源优势，了解中小学知识需求，积极开展知识服务；四是面向校友开展知识服务，校友是高校最重要的资源，高校图书馆要将校友知识服务制度化，服务内容不限于一般的文献借阅服务，应该提供参考咨询、竞争情报等服务，服务方式以个性化、网络化为主；同时高校图书馆要加强与学校校友管理机构、地方校友会的合作，共建知识资源库，联合开展校友知识服务，拓展校友知识服务的广度和深度，提高校友知识服务的质量和水平，扩大学校图书馆知识服务的影响力。

二、积极开展学科、教学科研知识服务

《普通高等学校图书馆规程》明确指出：高等学校图书馆要建设全校的文献信息资源体系，为教学、科研和学科建设提供文献信息保障。英国、日本、美国等发达国家高校图书馆在学科、教学科研知识服务积累了非常丰富的经验，有很多好的做法值得我国高校图书馆学习和借鉴。在现代信息技术快速发展的大数据时代，我国高校图书馆尽管也开展了学科、教学科研知识服务，但与发达国家相比，差距还是很明显的。以科研数据管理服务为例，北京大学图书馆、复旦大学图书馆和武汉大学图书馆都开展了此类服务，但与发达国家高校图书馆相比，在服务制度、服务人员、服务方式、服务内容、用户培训等方面存在较大差距。因此，我国高校图书馆要提高学科、教学科研的知识服务能力，就必须在以下几方面下功夫：一是要进一步提高学科、科研教学知识服务的理念，充分利用自身知识资源和专业服务优势，积极开展学科、教学科研知识服务；二是进一步完善学科馆员、科学数据管理馆员、数字人文馆员制度，加强专业人才队伍建设，提高馆员队伍的综合素质和能力；三是要充分利用现代信息技术和科学数据管理服务平台、数字人文服务平台、学科服务平台，采用以网络化为主的服务方式，积极开展学科、教学科研的知识服务；四是在服务方式上，可以深入院系进行现场服务，也可提供在线服务；五是在服务内容上，要及时掌握和识别用户的知识需求，精准施策，为用户提供针对性强、高质量的知识资源；六是在服务团队上，可以采用图书馆专业团队独立服务，也可以采用图书馆专业团队和其他专业团队联合服务的方式；七是充分发挥特色知识资源优势，积极开展特色化服务。

三、大力推进学生学习支持和成长成才知识服务

发达国家高校图书馆开展学生学习支持和成长成才知识服务是其重要特色，有不少

好的做法和经验值得我国高校图书馆学习和借鉴。为学生学习和成长成才提供知识服务是我国高校图书馆的重要功能之一。我国高校图书馆要进一步提高学生学习支持和成长成才的知识服务意识，创新服务方式和方法，充分利用现代信息技术和知识服务网络平台，及时了解学生需求，针对学生的课程学习、科学研究、社会实践、能力提升、升学深造、职业生涯规划、创业就业、学科竞赛、社团活动、学术交流、心理健康等方面提供专业化的知识服务。要以主动服务、个性化、网络化服务方式为主，加大图书馆公共学习空间的开发与利用，为学生营造良好的学习研讨环境。

四、高度重视特色知识资源库、联盟知识资源库建设

《普通高等学校图书馆规程》明确指出：高等学校图书馆是学校的文献信息资源中心，要建立健全全校的文献信息服务体系，方便全校师生获取各类信息。发达国家高校图书馆非常重视发挥自身的学科专业和特色馆藏等优势，建立特色资源知识库，及时为校内外用户提供知识服务。因此，我国高校图书馆，要充分发挥自身的学科专业、特色馆藏及资源优势，加大特色知识资源库的建设力度，同时加快特色知识资源数字化的进程，通过专业化的知识服务平台，及时为用户提供知识服务，扩大图书馆知识服务的影响力，提高学校图书馆的知名度。

发达国家高校图书馆非常重视通过加强联盟知识资源库建设，来提高图书馆的知识服务能力。因此，我国高校图书馆要积极加入国家、区域、行业或系统图书馆、情报系统联盟，如全国图书馆参考咨询联盟、中国高等教育文献保障系统、高校图书馆联盟、长三角高校图书馆联盟、地区高校图书馆联盟等，加大知识资源共建共享的力度，提高图书馆知识服务能力。

五、重视网络化知识服务平台建设

在互联网、大数据、云计算、物联网、人工智能、移动互联快速发展的新时代，我国高校图书馆要提高知识服务能力，一方面要积极借鉴发达国家高校图书馆知识服务平台建设的做法和经验；另一方面，要加大资金投入，统筹规划，积极构建一体化的知识服务平台：一是建设专业知识服务平台，如学科服务知识平台、科研数据管理服务平台、数字人文服务知识服务平台、专利标准知识服务平台等；二是积极加入国家、区域、行业或系统图书馆和情报联盟，接入图书馆联盟、情报联盟知识服务平台；三是要接入国际联机检索系统，共享其丰富的知识资源。

六、积极进行知识服务人才队伍建设

我国高校图书馆要提高知识服务能力，就必须要在知识服务专业技术人才队伍建

设上下功夫：一是积极借鉴发达国家高校图书馆专业人才队伍建设好的做法和经验；二是要做好图书馆知识服务专业人才队伍建设规划；三是要制定专业人才队伍建设的标准，如学科馆员队伍建设标准、数字人文馆员队伍建设标准等，强化知识结构、专业能力、综合素质、信息能力、道德品质、工作经验等；四是要出台相关管理制度，严格专业人才队伍的管理；五是要加强培训和教育，持续提高他们的专业素养和能力。

| 第七章 |

大数据环境下高校图书馆知识服务模式构建

第一节　大数据环境下高校图书馆知识服务目标

在互联网、大数据、云计算、人工智能、物联网、移动互联等现代信息技术快速发展、我国高等教育进入高质量内涵式发展阶段的大背景下，高校图书馆知识服务的目标就是针对校内外用户的知识需求，基于其丰富的线上和线下知识资源，依托现代先进的网络化大数据知识服务平台，充分利用现代大数据等技术，采用网络化、自助式、主动式、个性化、智能化等服务方式和方法，为用户提供高质量的个性化知识服务，最大限度地满足用户知识需求。高校图书馆主要是面向高校人才培养、科学研究、社会服务和文化传承等方面，积极为广大师生提供知识服务，同时也利用其自身知识资源和专业服务优势，积极面向社区、企事业单位、科研院所、校友等校外用户开展社会化知识服务。在新时代，高校图书馆用户的知识素质和知识能力都有提升，对高校图书馆知识服务提出了更高要求。因此，高校图书馆必须要加强知识资源库建设，上线先进的集成化知识服务系统，加快知识服务团队建设，进一步提高知识服务能力，最大限度地满足用户需求。用户的知识需求是高校图书馆知识服务的前提和基础，要根据高校图书馆用户知识需求和知识服务内容，构建高校图书馆知识服务目标框架，如图 7-1 所示。

大数据时代既给高校图书馆知识服务带来了机遇，也带来了挑战。大数据、人工智能、物联网、移动互联等现代信息技术的快速发展，海量数据的出现，知识结构和类型的多样化、复杂化，用户知识需求的快速增长和对知识服务要求的提高等，都给高校图书馆知识服务带来很大挑战。因此，大数据环境下高校图书馆知识服务目标的实现有别于传统环境下的知识服务，要求更高，难度更大，技术性更强。大数据环境下高校图书馆知识服务目标的实现，在整个知识服务业务流程设计过程中，必须要充分利用现代大数据技术，尤其是大数据挖掘分析处理技术，对海量知识进行挖掘、分析和加工，实现知识发现，突出网络化、自动化、个性化和智能化服务方式，为用户提供精准知识服务。同时，面对复杂的数据结构，尤其是半结构化和非结构化的数据，高校图书馆要进一步提高数据的加工、处理能力。为满足用户个性化知识服务需求，高校图书馆通过大数据挖掘技术等对海量数据进行深度挖掘分析，从中发现特定用户的现实知识服务需求和潜在知识服务需求，将利用可视化技术等发现的知识及时提供给用户。另外，高校图书馆可以针对不同用户的知识需求，进行专题研究，利用现代信息技术，对用户知识需求进行预测，可以为用户提供针对性的定制化知识服务，从而扩大图书馆知识服务的影响力和知名度。

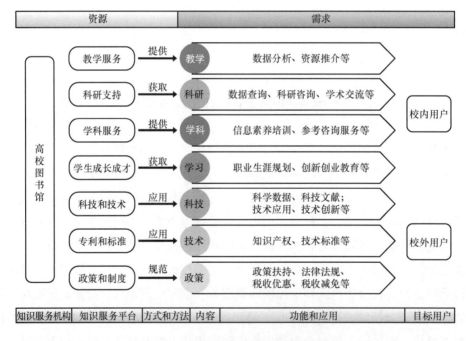

图 7-1　高校图书馆知识服务目标框架

第二节　大数据环境下高校图书馆知识服务模式的特点

大数据环境对高校图书馆知识服务的理念、知识服务过程、知识服务方式和方法、知识服务平台等多方面产生了深刻影响。从前面的分析和探讨中，不难看出，随着我国高校数字图书馆、智慧图书馆建设进程的加快，大数据环境下高校图书馆知识服务模式与传统环境下的相比，更加强调网络化、自动化、数字化、个性化、主动化、集成化、智能化和决策化等，突出用户至上、质量为本。结合互联网、大数据、人工智能、物联网和移动互联等快速发展的现代信息技术、用户知识需求和要求、高校图书馆知识服务的实践等，本节将大数据环境下的高校图书馆知识服务模式的主要特点归纳为以下几个方面。

一、充分体现用户至上的服务观

用户是高校图书馆知识服务的出发点和落脚点。高校图书馆知识服务活动源于用户的知识需求，同时，高校图书馆知识服务的能力、质量和效果究竟如何，最有发言权的是用户，最重要的衡量指标就是用户的满意度。因此，大数据环境下高校图书馆构建知识服务模式要考虑的一个最基本也是最重要的因素，就是知识服务的整个过程必须充分体现用户至上的服务观，始终要把用户的满意度作为衡量模式优劣最重要的指标。具体来说，就是高校图书馆在知识服务模式构建过程中，要建立友好的用户界面，要让用户能够很方便地表达自己的知识需求，同时也要让用户很容易地了解和掌握知识服务的进展和结果，要强化用户和图书馆知识服务团队之间的过程交流和沟通环节设计，建立环境友好的用户与服务团队的互动和沟通机制及平台，要建立快速的反馈机制，让用户及时表达对知识服务过程和结果的意见及建议，同时知识服务团队也可以随时了解用户的满意度。高校图书馆也要求建立一套科学合理的知识服务用户满意度评价指标体系，定期对图书馆知识服务进行评价和总结，发现不足，及时加以整改。

二、充分利用大数据等现代先进信息技术

在大数据环境下，高校图书馆知识服务模式构建的整个过程中，从用户需求提出，到知识服务团队的需求识别、知识收集、知识挖掘分析、知识存储、知识筛选和提供等环节，都必须要充分利用现代先进的互联网、大数据、数据挖掘、云计算、物联网、移动互联等信息技术，建立集成化的共享知识服务平台，优化整个知识服务过程，实现图书馆知识服务的网络化、自动化、个性化、数字化和智能化，为高校的人才培养、科学研究、社会服务、文化传承以及企事业单位的创新发展，尤其是战略决策和创新提供全方位的智慧服务。

三、突显个性化和智能化服务

大数据环境下的高校图书馆知识服务方式和方法发生了重大变化。现代互联网、大

数据、人工智能和移动互联技术在知识服务中的广泛应用，显著改变了新时代高校图书馆提供知识服务的方式和方法。个性化服务和智能化服务成为新时代高校图书馆知识服务的主流方式。因此，大数据环境下的高校图书馆知识服务模式，在服务方式上，以网络化、自动化自主服务为主；在服务内容上，由满足一般例行的用户知识需求，转变为最大限度地满足用户随机知识需求；基于知识服务平台的数字化、智能化知识服务，定制式、定题式等个性化知识推荐服务成为知识服务的主要方式。

四、建立集成化的知识服务系统

在大数据环境下，高校图书馆知识服务模式必须要体现时代性，其中一个重要标志就是要依托先进的、网络化、集成化知识服务系统开展知识服务活动。因此，建设和上线集成化的知识服务系统是高校图书馆开展知识服务、提高知识服务质量的重要保证。当下，高校图书馆要加大资金投入，高度重视集成化知识服务系统建设工作。互联网、大数据、云计算、人工智能、物联网和移动互联等现代信息技术的快速发展，为集成化、智能化的知识服务系统建设提供了强有力的技术保障。集成化的知识服务系统主要由知识服务策略及模型、知识共享与分发、知识重组与创新、知识比较与筛选等功能模块组成，具有知识创造、存储、整合和创新等功能。高校图书馆集成化知识服务系统，充分利用了大数据、人工智能、移动互联等现代先进的信息技术，具有复杂的功能结构，各大子系统相互配合、相互协同工作，最大限度地满足用户的知识需求。

五、充分利用线上线下知识资源

大数据环境下的高校图书馆知识服务模式是否科学合理的一个重要的影响因素就是图书馆拥有的知识资源的数量和质量，知识资源库是高校图书馆开展知识服务活动的源泉，因此，建立高质量的知识资源库，是大数据环境下高校图书馆构建知识服务模式最重要的内容和组成部分，也是提高现代信息技术、快速发展新时代高校图书馆知识服务能力最重要的路径之一。当前，高校图书馆的知识资源主要由线上和线下两部分组成。具体来说，线上知识资源主要包括在线各类数字资源，如国内外的各类文献数据库，国家、区域、行业和系统的联盟知识资源库，国际联机系统知识资源库等；线下知识资源主要包括图书馆传统的文献信息资源等。高校图书馆在开展知识服务活动的过程中，要广泛运用国内外的各类知识资源库，提高服务质量和效果，最大限度地满足用户的知识需求。

六、高度重视信息安全工作

信息安全、网络信息安全已经上升到国家战略高度，因此，大数据环境下高校图书馆知识服务模式构建中必须要高度重视信息安全、网络信息安全问题，包括知识内容安全、知识服务系统和服务平台安全、知识服务人员安全、知识用户安全等。高校图书馆知识服务的开展，必须要严格遵守国家的法律法规，如《中华人民共和国网络安全法》《中华人民共和国反不正当竞争法》《中华人民共和国著作权法》等，建立符合要求的信息安全等级保护制度，应用先进的网络安全技术和设备，建立健全知识服务相关规章制度，规范知识服务流程，加强教育和引导，提高知识服务团队成员的信息安全意识和素质，注重知识保护，确保信息安全。

第三节　大数据环境下高校图书馆知识服务模式的构建

国际商业机器公司全球副总裁兼大中华区软件集团总经理胡世忠认为，随着互联网、数据挖掘、云计算、物联网、移动互联等信息技术的快速发展，他们正面临着持续创新的压力、超级互联的社会、愈加苛求的用户及数据爆炸的环境四个方面的挑战。他表示，上述四大挑战迫使他们要面对前所未有的持续创新压力，迫切需要改进服务、产品和流程，并持续推动他们研究开发新产品、新内容和新服务。

由此可知，在大数据环境下，高校图书馆为企业提供知识服务的方式、方法和手段等必须要进行变革。通过前面的分析，我们应该清楚地认识到：一是大数据环境下的高校图书馆知识服务的知识资源中半结构化和非结构化数据类型占主体，数据量大、结构多样且来源复杂；二是信息检索的手段产生变化；三是知识资源的存储、挖掘和分析更加复杂；四是高校图书馆知识服务的广度和深度需要进一步拓展。显然，如果仅仅基于传统的知识服务模式、方法和流程，以及传统的文献信息源，将难以实现大数据环境下高校图书馆知识服务的目标。由此，高校图书馆必须对传统的知识服务模式进行变革，构建大数据环境下的全新的知识服务模式。

大数据环境下高校图书馆知识服务需要解决的主要问题有：①大数据的收集、存储与管理；②大数据的挖掘和知识发现；③知识服务人才队伍的素质化程度；④大数据的知识服务组织（机构）；⑤大数据知识服务平台的构建；⑥知识服务流程的合理性等。解决以上问题是构建大数据环境下高校图书馆知识服务模式的重点任务。

大数据环境下高校图书馆知识服务，就是指针对用户的实际需求，基于外联网（Extranet）、内联网（Intranet）以及互联网（Internet），充分利用各类知识资源库和大数据技术，以数据资源为核心，通过对数据进行存储管理和深入挖掘分析，为各类用户提供知识推送、检索、交流等个性化服务。

基于大数据时代特征及对知识服务的影响，结合大数据环境下高校图书馆知识服务模式的特点，才可构建大数据环境下高校图书馆知识服务模式，如图7-2所示。该模式中，首先，用户通过知识服务平台的需求输入端口将知识需求传递给图书馆知识服务机构；然后，知识服务机构利用大数据技术和知识资源库，通过数据获取、处理、存储、分析等步骤精准匹配用户的知识需求与对应的知识资源库中的知识；最后，借助知识服务平台的应用层将匹配后获取的知识提取出来，并以访问或推荐的形式获取相应的知识。

由图 7-2 可知，大数据环境下高校图书馆知识服务模式主要由平台层、主体层、数据层、应用层及渠道层五个模块组成。大数据环境下高校图书馆知识服务模式受资源、服务、技术等多方面因素影响，并贯穿于用户知识服务全过程。探索大数据环境下高校图书馆知识服务模式，对提高图书馆知识服务质量和竞争优势具有重要意义，并为优化和完善知识服务模式提供了扎实的理论基础。

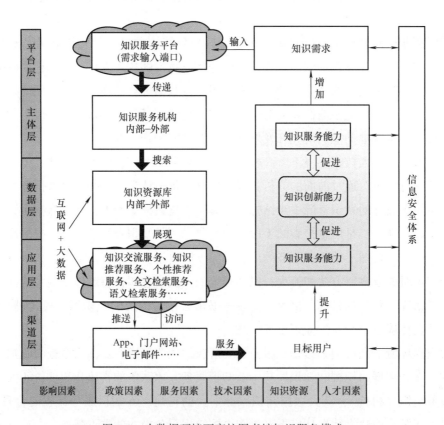

图 7-2　大数据环境下高校图书馆知识服务模式

一、平台层

平台层是供应知识资源和服务的重要载体，在为用户提供知识服务的过程中发挥了至关重要的作用。大数据和云计算等新兴信息技术的飞速发展，为高校图书馆知识服务提供了新的机会和思路。大数据能够高效处理半结构化、非结构化、异质、异构等多种复杂数据，基于现有资源、知识服务能力及大数据技术，大数据知识服务平台能够生成不同粒度、不同维度、不同类型和不同功能的大数据知识服务组合，并按需提供给用户，以便最大限度地满足用户的大数据处理需求。⊖目前提供知识服务的网络平台多种多样，例如手机知网知识服务平台拥有全国上万种期刊、法规、年鉴、工具书等多种资源，为用户提供各类专题知识定制、行业情报推送、文献阅读管理等多种功能，以满足用户的个性化知识需求。全国图书馆参考咨询联盟整合了国内 360 家公共、教育、研究类型的图书馆资源，共包含元数据总量 7.6 亿篇（册），以互联网的丰富信息资源和各种信息搜寻技术为依托，通过网上参考咨询和文献远程传递服务等方式，实现了资源共享。

　　凭借大数据技术，高校图书馆可以将互联网和云计算作为根本构建知识服务平台，如图 7-3 所示。该平台由表示层、处理层、管理层、技术层和资源层五个部分组成。平台借助资源层整合用户行为数据库、馆内资源数据库和馆外资源数据库，并立足于服务质量管理、数据组合管理和数据过程管理，利用网络、知识库、语义解析、大数据和搜索引擎等技术，对大数据进行获取、存储、处理和分析，形成以"特色服务""专业服务""智慧导航"和"新闻动态"等服务模块为表现形式的知识库。

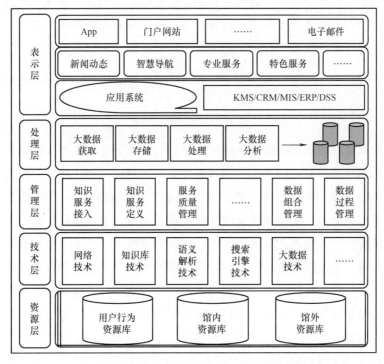

图 7-3　大数据环境下高校图书馆知识服务模式的平台层

⊖　秦晓珠，李晨晖，麦范金. 大数据知识服务的内涵、典型特征及概念模型[J]. 情报资料工作，2013，34
　　（2）：18-22.

二、主体层

高校图书馆知识服务模式的主体是高校图书馆，为给高校图书馆目标用户提供更优质的知识服务，高校图书馆不仅需要对图书馆部门进行合理优化，还需要培养和招聘高素质的馆员，从资源建设、业务流程、组织机构、管理制度等方面致力于为校内用户和校外用户提供智能化、个性化以及定制化的知识服务。

大数据环境下，高校图书馆应该加快馆内部门间信息化建设，这有利于及时捕捉目标用户的信息需求和提供具有针对性的知识服务，同时建立大数据分析部门，加强图书馆各部门间的协作交流，避免部门间出现"信息孤岛"。有别于传统高校图书馆内技术支持部门，大数据分析部门的工作不局限于仅提供辅助性的支持服务，而是对外主动感知目标用户的动态知识需求，对内构建馆藏资源网络，避免了以往主观经验决策，实现了量化指标评审，成为高校图书馆各部门决策依据和为目标用户提供知识服务的重要参考。

大数据技术是被人掌握并为人服务的，核心要素仍是调动人的主观能动性和发挥出人的潜在创造性，因而高校图书馆提供知识服务的知识馆员在高校图书馆中发挥着关键性的作用，高素质的图书馆员将会为目标用户提供高质量的知识服务。所以，大数据时代，高校图书馆知识馆员不能只关注自身业务，还需具有大数据思维与专业素养，能够把握数据的演变规律及发展特征，从纷繁复杂的数据海洋中提取所需知识，以满足目标用户的知识需求。

三、数据层

知识资源是高校图书馆提供知识服务的基础，知识服务的数据层存储着海量的知识资源，在大数据环境下高校图书馆知识服务模式中发挥着重要作用。大数据概念激发了各行各业的创新发展，高校图书馆的创新发展应立足于满足目标用户个性化的知识需求，依托海量知识资源，提供个性化的知识服务。因此，在知识资源建设中引进大数据可突出其独特优势，挖掘其内在潜力，提升知识服务效率，改善知识服务效果。

数据层凭借大数据技术将海量数据进行分析与整合，产生各种资源库，并将用户行为资源库、馆内知识库和馆外知识库整合，最终构成数据层总资源库。用户行为资源库是高校图书馆知识服务目标用户的知识需求资源库的重要样本资源。馆内知识库的资源来自于高校图书馆日常运行中积累的隐性知识及研究成果，例如科技成果库、案例集成库、数据调研库和文献数据库等。馆外知识库的资源来自高校图书馆外部各种知识服务机构，例如机构知识库、学科知识库、特色知识库和专家知识库等。结合高校图书馆知识服务目标人群的需求，通过大数据和云计算等新兴信息技术经过分析、处理、整合等步骤将不同来源的知识资源最终整合为一个大型数据库，并以知识服务云平台应用窗口的形式服务于广大的高校师生和各类科研工作者等。

四、应用层

应用层是大数据知识服务云平台的核心，是基于数据层总资源库面向目标用户进行人机交互的端口，通过各种功能模块形式为用户提供个性化、高质量和低成本的知识服务。例如上海交通大学图书馆文献资源丰富，基础设施完善，拥有馆藏纸质文献378万册，期刊7 500余种，提供电子文献、参考咨询、馆藏目录、馆际互借、新书刊报道、文献征订等服务。

通过查阅大量文献成果和调研多个门户网站，本书最终归纳出"新闻动态""智慧导航""专业服务"和"特色服务"四大功能模块是应用层的核心模块，各功能模块内包含多个子功能。"新闻动态"模块提供与高校图书馆相关的外部环境动态知识，包含"行业要闻""科研动态""政策法规""研究成果"等；"智慧导航"提供多种数据库，设有"中文数据库""外文数据库""共享数据库""OA 资源"等子模块；"专业服务"将科研院所、企业、政府作为目标用户，向其提供社会化知识服务，如科技查新、代检代查、情报检索等项目；"特色服务"将高校师生作为目标用户，向其提供个性化定制、跨校借阅、信息素养教学等特色服务。

五、渠道层

渠道层是大数据环境下高校图书馆知识服务模式取得各种知识资源的方式和途径，直接影响知识服务中知识的质量和取得知识花费的时间，如图 7-4 所示。高校图书馆将互联网、外联网、内联网作为媒介，通过计算机、笔记本电脑和手机等设备访问门户网站、App 以及发送电子邮件等多种渠道，直接或间接地获取知识资源。知识按其能否清晰地表达和有效地转移可以分为显性和隐性知识，但对知识服务机构而言，可将知识分为可以借助公众号或门户网站等渠道分享的免费知识和需要支付资金或利用社会关系才可获得的付费知识。

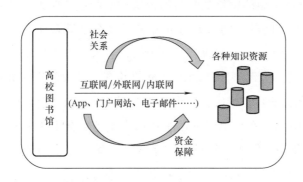

图 7-4　大数据环境下高校图书馆知识服务模式的渠道层

| 第八章 |

面向企业创新发展的高校图书馆知识服务

在大数据、人工智能、区块链、物联网、移动互联等现代信息技术快速发展的知识管理时代,创新发展是企业成长和赢得竞争优势的核心,而创新发展的根本是知识资本形成。因此,在"互联网+"时代,面对海量知识资源,现代企业实施知识服务、获得所需知识资源是其高质量创新发展的必然选择。知识服务通过作用于企业战略决策、经营管理、人力资源管理、科技创新、企业文化等来提升企业竞争优势。在企业知识服务体系中,作为高校文献信息中心的高校图书馆,不仅拥有丰富的企业创新发展所需要的知识资源,而且具有专业知识服务、知识服务平台等优势。

2005年7月8日,"中国大学图书馆馆长论坛"在武汉大学举行,来自北京大学图书馆等50多所大学图书馆的馆长受邀参加论坛。论坛主要探讨了数字化时代大学图书馆合作与信息资源共享问题,同时通过并签署了《图书馆合作与信息资源共享武汉宣言》(简称《武汉宣言》)。《武汉宣言》明确提出,大学图书馆应"最大限度地满足校内外读者的信息需求,实现最广泛的信息资源共享,是大学图书馆追求的崇高目标""大学图书馆的资源在满足本校读者需求的前提下,努力向社会开放"。

2007年11月16日,在全国图书馆企业信息服务年会上为号召全国各级各类图书馆主动面向企业提供信息服务,发布了《全国图书馆企业信息服务苏州宣言》(简称《苏州宣言》)。《苏州宣言》指出,图书馆作为企业寻求信息与知识的重要渠道,应为企业的知识发现与应用、科学决策与可持续发展提供信息与智力支撑。

《普通高等学校图书馆规程》明确指出：高等学校图书馆积极参与各种资源共建共享，发挥信息资源优势和专业服务优势，为社会服务。可见，在大数据背景下，高校图书馆开展企业知识服务，不仅是其重要任务，也是应尽的社会责任。

目前，国内针对高校图书馆面向企业开展知识（信息）服务的研究成果不少，主要以探讨高校图书馆面向企业信息服务为主，涉及高校图书馆为企业提供信息服务的内容、方式方法、问题及对策、竞争情报服务、专利信息服务、查新服务等，而开展企业知识服务的理论与实践成果并不多。本章将结合新时代企业创新发展的特点及知识需求，基于高校图书馆知识资源和专业服务优势，建立和完善以大数据、人工智能、区块链、物联网、移动互联等现代信息技术快速发展的新形势下，高校图书馆面向企业的知识服务模式，为"互联网＋"环境下，高校图书馆面向企业创新发展开展知识服务活动，提供理论指导和实践上的参考。

第一节　高校图书馆面向企业提供知识服务的优势

一、建立多类型知识资源库

随着我国高等教育进入内涵式和高质量发展阶段，高校加大了对图书馆建设的经费投入，加快了图书馆数字化、智慧化建设进程，图书馆的知识资源库建设取得明显成效，尤其是在数字化知识资源、特色知识资源库建设方面成效明显。如清华大学、北京大学等都建立了特色资源库。一些地方高校也根据学校自身的学科专业特色和优势，建立特色知识资源库。如南京工业大学图书馆建有专利信息服务平台，该平台数据涵盖中国、美国、日本、德国、英国、法国、欧洲专利局和世界专利组织等100多个国家和组织的专利文献；中国劳动关系学院图书馆充分利用图书馆资源的独特优势，建立了中国工运文库线上知识服务平台；安徽财经大学图书馆利用合作经济学科的专业优势，建立了合作经济知识资源库。

二、拥有专业技术人才队伍

近年来，高校图书馆为了提高自身知识服务能力和竞争力，积极进行知识服务专业技术人才队伍建设，通过引进、培育、稳定等措施，专业技术人才队伍建设取得较明显成效。专业、学历、年龄和职称结构等更加合理，团队合作精神、服务意识和能力、专业素养和能力、大数据等信息技术能力等都有明显改善。

三、构建网络化、集成化知识服务平台

在现代信息技术快速发展的大数据环境下，高校加大了资金投入，积极推进图书馆

数字化建设进程，重视网络化、集成化知识服务平台建设。目前高校图书馆知识服务平台建设主要包括：一是集成图书馆知识资源的图书馆管理系统；二是基于知网等国内外文献检索系统，提供一站式的知识服务平台；三是发挥图书馆特色资源优势，建立特色知识资源管理系统；四是建立区域、行业、系统内高校知识资源共享平台，如中国高等教育文献保障系统（CALIS）等；五是基于国际联机检索系统提供的知识服务平台。总的来说，"双一流"高校图书馆在集成化知识服务平台建设方面的资金投入、平台的规模和先进性等要明显高于地方高校图书馆。

四、积累较丰富的企业知识服务经验

近年来，国内已经有不少高校图书馆开展了为企业提供信息服务或者知识服务的实践，取得了明显的成效，并积累了一定的经验。如中国民航大学图书馆充分发挥民航特色馆藏建设优势，积极收集国内外航空企事业单位特色资源，建立波音资料室、空客资料室和赛峰资料室，此外还先后建立民航机务专题数据库、航空网络资源数据库等多个专业数据库，为企业提供信息服务。武汉大学图书馆立足于独特的测绘学文献资源优势和专业的测绘科技信息服务团队，开展科技查新、科技信息、论文检索等服务，充分满足了全社会、各行业对专业化信息资源的需求。

另外，高校作为国家知识创新体系的主体，在国家和区域创新体系建设过程中应充分发挥其智力源头作用，积极探索"产学研"结合的新机制。高校不仅设置了能体现国家经济政治社会发展需要，反映本校学科专业、科学研究、社会服务等特色的院系、研究机构、实验室、智库等，同时积极发挥学校的学科专业资源优势，围绕国家经济政治社会等发展问题，开展科学研究和社会服务。高校的有些机构研究的对象就是企业问题，而且通常拥有一支能显示高校自身学科专业特色和优势的科研团队和专业技术人才队伍。他们都是某一学科专业领域或方向的专家，具有较高的专业素养和能力，如财经类高校，通常就拥有一批精通会计学、金融学、企业管理、财政学、税收学、投资学、法学、信息管理学等的专家学者，有些专家的研究领域和方向就是企业管理。高校的这些机构和专家学者，为图书馆开展企业知识服务提供了坚实的支持和保障，将极大提高图书馆企业知识服务的能力和水平。

第二节　面向企业创新发展的高校图书馆知识服务模式

一、企业创新发展的知识需求

企业在创新发展的过程中，会产生各种各样的知识需求。当然，不同类型的企业，其知识需求是有差别的。如以制造型企业为例，从管理功能分，通常有战略决策的知识需求、进销存的知识需求、生产制造的知识需求、财务管理的知识需求、营销管理的知

识需求、人力资源管理的知识需求、质量管理的知识需求、客户关系管理的知识需求等。再如科技型中小企业，其主要特征是知识密集性、创新性等，它的主要知识需求包括：一是新设计、新发明、新材料、新技术等知识；二是科技文献、科学数据、科技资源等方面的知识；三是专利和标准等知识；四是经营管理所需要的知识；五是国际科技合作方面的知识；六是金融、投资和法律等知识；七是政策、法规和制度等知识。

二、高校图书馆面向企业知识服务模式

在现代信息技术快速发展的知识管理时代，我国高校充分利用现代信息技术，大力推进数字图书馆、智慧图书馆建设进程，加强知识资源库建设，优化专业技术人才队伍结构，构建先进的网络化知识服务平台，优化知识服务业务流程，设立科学合理的组织机构，进一步提高了企业知识服务能力。新形势下高校图书馆企业知识服务模式，如图8-1所示。

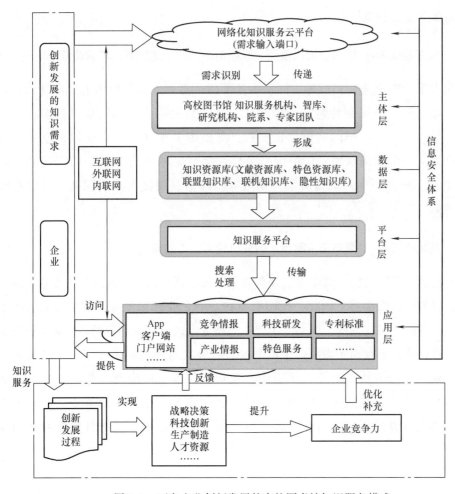

图8-1 面向企业创新发展的高校图书馆知识服务模式

由图 8-1 可知，企业用户通过网络向高校图书馆网络化知识服务云平台提供创新发展所需要的知识，高校图书馆知识服务部门（如知识服务中心等）的专业服务人员，对用户的需求进行识别，基于知识资源库（文献资源库、特色资源库、联盟知识资源库、联机知识资源库、隐性知识资源库等），利用图书馆的网络化知识服务平台，联合高校院系、研究机构、智库、科研团队、专家学者等，针对企业创新发展的知识需求，为企业提供竞争情报、专利和标准、新发明新技术新材料、竞争对手分析、金融法律知识、政策制度等方面知识以及企业问题的解决方案。一方面，高校图书馆知识服务部门可主动将知识服务结果提供给企业；另一方面，企业可通过高校图书馆知识服务客户端、网站和 App 等获得知识服务的结果。图书馆在企业知识服务过程中必须确保信息安全。高校图书馆在具体企业知识服务实践中，除了要充分利用其自身的知识资源和专业服务优势，同时还要充分发挥学校的学科专业、科研团队、院系、研究机构、智库等作用和优势，进一步提高企业知识服务能力和水平。高校图书馆主要通过"图书馆＋"模式来提高服务能力和质量。

（一）从资源视角： 图书馆知识资源＋联盟知识资源＋国际联机知识资源的模式

高校图书馆开展企业知识服务，知识服务部门一是要充分利用图书馆自身的文献信息资源、电子信息资源和特色知识资源；二是要利用购买的网络知识资源库；三是要利用区域、行业、系统的联盟知识资源，高校图书馆在开展企业知识服务过程中，也可借助高校图书馆联盟，如中国高等教育文献保障系统（CALIS）、国家科技图书文献中心（NSTL）等联合等开展知识服务；四是利用接入的国际联机检索系统的知识资源库。

（二）从机构视角： 图书馆＋院系＋研究机构＋智库的模式

高校的院系、研究机构、智库等，都具有某一领域或者某一方面的学科专业、科学研究、社会服务等方面优势，因此高校图书馆在开展企业知识服务过程中，实现图书馆＋院系、图书馆＋研究机构、图书馆＋智库的联合模式，会进一步提高企业知识服务的针对性、专业性，更有利于满足企业知识需求和得出问题的解决方案。如高校图书馆与金融学院或者研究机构合作，可以为企业提供保险、风险投资等金融知识及解决方案；与法学院或者研究机构联合可以提供法律法规、法律援助等知识及解决方案；与材料学院或者研究机构合作，就可以提供有关新技术、新材料方面的知识及解决方案。

（三）从专业人才视角：图书馆知识服务团队＋科研团队的模式

高校科研团队主要依托于研究基地、智库和重点实验室，以承担重要项目为目的，由为数不多具有相似学科知识背景，愿意为共同科研目的承担责任并分工协作，拥有互补专业知识的研究人员和专家学者组成。知识创新目标明确，职称、专业、学历和年龄结构合理，并有一定的科研成果积累。因此，高校图书馆在开展企业知识服务时，实现图书馆知识服务团队与高校科研团队的合作模式，能给企业提供更加专业的科技创新和战略决策的高层次知识服务。

（四）从属性视角：显性知识资源＋隐性知识资源的模式

高校图书馆面向企业的知识服务，不仅仅是知识的提供，而且也包含着智力服务。这就要求图书馆员充分发挥聪明才智，活化图书馆丰富的知识资源，进行创造性劳动。而高校图书馆面向企业提供智力服务，除了有图书馆显性知识资源的保障，还必须有隐性知识资源的支撑。显性知识资源主要是指高校图书馆提供的文献信息资源、网络信息资源、联盟知识资源等；而隐性知识资源是指高校图书馆提供的集成高校科研团队、专家学者等关于企业经营管理、战略决策与发展、新技术、新发明等方面的想法、认知、理念和思想等，是专家学者智慧的结晶。隐性知识资源是高校图书馆开展企业服务的一个显著特征和优势，是一般知识服务机构很难实现的，对提高企业知识服务的质量具有重要的现实意义。

第三节　高校图书馆面向企业提供知识服务的问题和优化对策

一、高校图书馆面向企业提供知识服务存在的问题

尽管目前国内不少高校图书馆已经开展了面向企业的知识服务实践，也取得了一定成效，但在肯定成绩的同时，必须清楚地认识到，我国高校图书馆与发达国家高校图书馆相比，企业知识服务的能力和水平，无论在知识资源库建设，还是在知识服务平台水平、服务广度和深度等方面都存在较大差距。即便在国内，地方高校与"双一流"高校图书馆相比，在企业知识服务的能力和水平等方面，差异也是比较大的。结合新时代企业创新发展对高校图书馆知识服务的要求，基于我国高校图书馆企业知识服务的实践，高校图书馆企业知识服务存在的突出问题主要表现在以下几个方面。

（一） 图书馆主动服务企业的意识不强

大部分高校图书馆还没有充分认识到开展社会化服务是其责任和义务，认为服务好学校师生、教学科研就可以了。因此，主动寻求为企业提供知识服务的动力不足，多数高校图书馆的企业知识服务以被动式为主。对企业来说，选择知识服务的主要机构，首选企业自己的知识服务机构，其次是科技情报研究所、专业知识服务机构、咨询公司等，真正选择高校图书馆的比较少。其主要原因有两个：一是高校图书馆知识服务的业务开展宣传不到位；二是企业对高校图书馆知识服务的能力和水平认识上还有偏差。

（二） 面向企业的知识服务内容比较单一

目前高校图书馆为企业提供知识服务的内容主要集中在科技查新、专利和标准服务等方面，为企业提供新产品、新技术、新材料、竞争性情报、金融和法律等方面知识服务还比较少。真正开展企业发展战略、创新发展方面的知识服务还很有限，能向企业提供有深度的行业、企业知识分析服务、问题解决方案的就更少。

（三） 面向企业的专题知识资源库建设不到位

目前高校图书馆开展面向企业的知识服务专题知识资源库主要是文献数据库、网络资源库、特色资源库、联盟知识库和国际联机检索知识库等。高校图书馆购买或者自建企业专题知识资源库并不多，这必然会影响高校图书馆开展企业知识服务质量和效果。

（四） 面向企业的知识服务专业技术人才缺乏

高校图书馆开展面向企业的知识服务，对专业技术服务人员的知识结构、综合素质和服务能力等提出了较高要求，专业服务人员应该熟悉和精通企业经营管理所涉及的新产品、新技术、专利标准、金融、会计、法律法规等多方面知识。但目前高校图书馆，尤其是地方高校图书馆从事知识服务人员的职称结构、学历结构、专业结构等都很难满足新时代企业知识服务的需要，制约着图书馆面向企业提供知识服务的能力和水平。

（五） 高校知识资源优势和作用没有得到充分发挥

高校图书馆知识服务，除了图书馆自身的优势外，所在高校拥有的院系、研究机构、实验室、智库、科研团队、师资队伍（高层次人才）、智慧校园基础设施等，在学科专业建设、人才培养、科学研究、社会服务和文化传承方面，不仅发挥了重要作用，而且也突显了自身的特色和优势。但是，就目前高校图书馆开展企业知识服务的实践来看，大部分图书馆仅限于自身的资源，并没有充分利用学校的优势资源，真正发挥学校院系、研究机构、智库、专家团队作用的并不多见，进行隐性资源挖掘、提供竞争性咨询服务、企业问题解决方案等较高层次知识服务开展还非常有限。

二、优化高校图书馆面向企业提供知识服务的对策

在现代信息技术快速发展的高质量发展时代，为满足企业创新发展的知识资源需求，高校图书馆一方面要充分发挥自身知识资源和智力资源的价值和优势，另一方面要充分利用所在高校的优势资源，积极主动开展面向企业的知识服务，为企业科学决策、科技创新、可持续发展、提升竞争力提供知识和智力支撑，践行高校图书馆的社会化服务责任。具体来说，要重视以下几方面工作。

（一）进一步提高面向企业的知识服务意识

高校图书馆要进一步提高对新时代开展面向企业的知识服务必要性和现实意义的认识，要清醒地认识到，面向企业开展知识服务是图书馆应尽的社会责任，是社会化服务的重要内容。因此，图书馆在保证服务学校人才培养、科学研究、社会服务和文化传承外，要充分发挥自身知识资源和专业服务、学校资源优势，进一步提高主动服务企业意识，积极为企业创新发展提供专业知识和智力服务。

（二）加大投入，提高面向企业的知识服务能力

高校要进一步加大经费投入，积极推进数字图书馆、智慧图书馆建设。图书馆要积极借鉴发达国家高校图书馆知识服务的成功经验，统筹规划，按照共建共享的理念，加大多类型知识资源库建设力度。同时要充分利用大数据、人工智能、物联网、移动互联等现代信息技术，基于企业多样化和多层次知识需求和服务，建立网络化、集成化的先进知识服务平台，有条件的高校图书馆可建立面向企业提供知识服务的专用服务平台，进一步提高面向企业的知识服务能力。

（三）建设一支结构合理的专业人才队伍

知识服务人员的素质和能力、知识服务队伍结构的合理性等是影响高校图书馆面向企业的知识服务能力和质量最重要的因素。企业知识服务要求服务人员不仅要提供知识支持，而且还要提供智力支撑。可见，这对企业服务人员的综合素质和能力要求很高。因此，高校图书馆要高度重视知识服务队伍建设和人员的选配工作，综合素质、专业能力、服务能力、外语能力、信息技术能力，年龄、学历和职称等都是在队伍建设中要重点考虑的因素。

（四） 重视企业专题知识资源库建设，拓展面向企业的知识服务内容

高校图书馆除了满足自身知识资源需求外，要根据现代企业战略决策、科技创新等方面知识需求，合理配置知识资源的结构和品种，善于挖掘和开发自己的独特知识资源优势，积极建设企业专题知识资源库，丰富面向企业的知识服务的知识资源，进一步开展面向企业的战略决策、技术创新、竞争情报等方面的知识服务，提高面向企业的知识服务的质量。

（五） 充分发挥学校院系、研究机构和专家学者的作用

高校图书馆开展面向企业的知识服务，除了自身的知识资源、知识服务平台等优势外，还有学院（系）、研究机构、智库、专家团队等资源优势。因此，高校图书馆开展面向企业的知识服务，必须要充分发挥学科专业、科研团队、院系、研究机构和智库的作用，可以为企业提供更加专业、针对性更强、内容更加丰富的知识服务。

（六） 加强对企业知识需求的调研、跟踪与分析

企业知识需求是高校图书馆开展面向企业的知识服务工作的前提和基础，因此，高校图书馆知识服务部门要定期对不同类型企业战略决策、科技创新、经营管理等方面的知识需求进行调研，并进行汇总分析和研判。这样做一是可以发现图书馆面向企业知识服务的优势和不足，做到心中有数，对可能存在的不足及时进行整改；二是可以为制订和优化企业知识服务方案提供依据；三是可以主动对接企业，说明自身的服务优势所在，争取企业用户；四是可以充分挖掘隐性知识资源，为企业提供多层次高质量知识服务和智力支撑。

| 第九章 |

大数据环境下高校图书馆知识服务能力评价

在现代信息技术快速发展的大数据环境下，各类高校图书馆资金投入、知识服务基础设施、专业技术人才队伍、知识资源库建设等存在差异性，导致图书馆知识服务能力的不同。有关知识服务能力的内涵，王日芬认为知识服务能力是知识服务机构以用户需求为导向，有机整合内部资源，完成显性知识和隐性知识的转化或转移的过程，从而产生更高价值的知识产品或者服务的能力。[一]武澎和王恒山认为知识能力是知识服务机构利用一定的技术手段和研究方法，以用户需求为导向，汇总分析相关知识资源，以帮助用户提升知识获取、问题解决和理性决策的能力。[二]

高校图书馆知识服务能力主要是指面向校内外用户的知识服务需求，通过有效组织内外部资源，充分利用现代知识服务平台，进行显性知识和隐性知识的转化或转移，为用户提供知识、决策咨询和问题解决方案等服务的能力。具体来说，高校图书馆知识服务能力，从知识服务的过程看，主要包括知识识别能力、知识收集能力、知识发现能力（挖掘和分析）、知识加工能力和知识提供能力等。从影响因素看，高校图书馆知识服务能力的影响因素涉及多个方面，不同高校图书馆知识服务能力有所差异，因此可以通过构建评价指标体系对高校图书馆的知识服务能力进行测度，以衡量各高校图书馆知识

[一] 王日芬. 面向知识服务的信息分析及应用研究：以文献数据库为来源[J]. 报理论与实践，2011，34（3）：54-57；34.

[二] 武澎，王恒山. 基于超网络的知识服务能力评价研究[J]. 情报理论与实践，2012，35（8）：93-96.

服务能力差异。这不仅可以为高校图书馆开展大数据环境下知识服务能力评价提供依据，同时也为新时代高校图书馆开展知识服务活动提供理论上的指导和实践上的参考，并有利于高校图书馆发现知识服务中存在的问题，有针对性地加以改进和优化，从而提高高校图书馆知识服务能力和水平。

从已有的研究成果看，国内学者虽然已经围绕高校图书馆知识服务能力评价相关问题展开研究，但针对大数据环境下高校图书馆知识服务能力评价问题进行研究的成果还很少。因此，本章结合大数据环境下高校图书馆知识服务的特点及关键影响因素，构建现代信息技术快速发展的新形势下高校图书馆知识服务能力评价指标体系，以期为新时代高校图书馆知识服务能力评价提供参考和依据。

第一节　高校图书馆知识服务能力评价指标体系构建原则

高校图书馆知识服务能力评价指标体系的构建，一般应该遵循以下原则。

一、目的性原则

构建高校图书馆知识服务能力评价指标体系的根本目的是衡量各高校图书馆知识服务活动的成效。因此，所构建的知识服务能力评价指标体系必须能够客观地反映各高校图书馆知识服务的本质特征，能将各高校图书馆知识服务活动发展工作标准化，进而推动其知识服务活动的高质量开展。是否满足目的性原则是衡量评价指标体系构建合理性和科学性的重要标准，是高校图书馆知识服务能力评价指标体系构建的前提。

二、科学性原则

科学性原则主要是指用于评价高校图书馆知识服务能力的评价指标体系应能够客观真实地反映高校图书馆的知识服务能力发展现状，从而有利于发现各高校图书馆知识服务能力的发展差异。因此，高校图书馆知识服务能力评价指标的选取必须要有科学依据，从客观实际出发。换言之，所选取的具体评价指标的定义、单位和计算公式必须以相关理论为依据，不可凭空捏造。

三、系统性原则

对高校图书馆知识服务能力进行综合评价是一个系统工程，在构建指标体系时应综合考虑内部环境和外部环境等多种因素的影响。因此，必须从系统的角度构建高校图书馆知识服务能力评价指标体系，应包括影响高校图书馆知识服务能力的各种关键影响因素和评价内容，能够全面、系统和准确地体现科技情报机构知识服务能力，指标层次结构要科学合理、分类准确、层级明确，确保评价结果的全面性和系统性。

四、客观性原则

由于高校图书馆知识服务能力是独立于人的主观意识之外并能被人的意识所反映的客观现实，高校图书馆知识服务能力评价值的高低不能被评价者的主观意识确定。因此，高校图书馆知识服务能力评价指标的选取应与知识服务业务过程的客观事实相符合，所选取指标应采用定量指标，涉及的数据要尽可能使用官方统计数据，避免因数据统计误差导致评价结果失真。

五、可操作性原则

可操作性即可行性，主要是指在尽可能准确反映高校图书馆知识服务现状的同时，选取各高校图书馆的共性指标，以保证数据的可操作性。在具体实施过程中应注意以下几点：一是数据的可获取性。高校图书馆知识服务能力评价指标所涉及的数据应是简洁的，便于搜集、加工、处理的。二是指标的可量化性。高校图书馆知识服务能力评价指标应尽量选择定量指标，避免选择可量化性较弱的定性指标。即使由于客观条件限制只能选取定性指标，也应当运用合适的数理统计处理模型将其转化为易于获取、加工、处理的定量指标。

六、代表性原则

在高校图书馆知识服务能力评价指标选取过程中，各评价指标往往存在着相互联系、相互影响又相互制约的关系，在对评价对象某种特性进行评价时，往往可能有多个指标可以进行反映。因此，在构建高校图书馆知识服务能力评价指标体系时，要避免选择所反映特征相同或极其相似的指标，筛选出具有较强代表性且能全面衡量高校图书馆知识服务能力的指标，从而科学评价各高校图书馆知识服务能力的发展现状。

七、发展性原则

互联网、大数据等新一代信息技术的快速发展必然给高校图书馆知识服务理念、模式等方面带来重大影响，并提出新的机遇和挑战。因此，高校图书馆知识服务能力的评价指标体系不可能是一成不变的，必须要结合时代发展对高校图书馆知识服务的影响等因素，动态调整评价指标体系，以适应新时代对高校图书馆知识服务的新要求，体现评价指标体系的发展性和时代性。

第二节　高校图书馆知识服务能力评价指标体系构建依据

大数据、人工智能、物联网等新一代信息技术对高校图书馆知识服务活动带来重要影响，并提出新的机遇与挑战。为满足新时代背景下高校师生的个性化知识需求，各高校图书馆应对自身知识服务能力进行评估，发现自身的长处与不足，为高校师生的知识创新与知识应用活动提供有力保障。因此，本书结合时代背景、高校图书馆知识服务的内容和特点、用户对高校图书馆知识服务的主要需求等，将高校图书馆知识服务能力评价指标体系的关键驱动要素归纳为以下几个方面。

一、知识服务人员

知识服务人员不仅是开展知识服务的关键要素，也是高校图书馆开展知识服务活动的直接主体。高校图书馆的知识服务过程实际上是知识服务人员与知识使用者之间的知识交流过程，是知识服务人员向用户提供知识和智力支持的过程。在用户获取知识服务的过程中，知识服务人员独特的专业知识背景和知识处理方式，可以给用户带来基于自身专业和能力背景下所难以形成的具有个人特色的知识产品。因此，知识服务人员队伍的建设水平直接影响知识服务的效率和质量。而知识服务人员队伍建设水平的高低，则取决于知识服务人员的结构和专业素养。其中，知识服务人员结构是指图书馆内所有从事知识服务工作的人员组成，包括性别结构、年龄结构、学历结构、专业结构等。知识服务人员结构是知识服务人才队伍建设的基础，合理的人员结构是高校图书馆提供高质量知识服务的前提。知识服务人员专业素养代表着高校图书馆知识服务人员的业务能力、专业能力、组织能力和沟通交流能力，是高质量知识服务开展的依托。因此，本书从人员结构和专业素养对高校图书馆知识服务人员进行表征。

二、知识服务资源

大数据背景下，高校图书馆面向用户的知识服务过程，其实就是对图书馆内外部知识资源和知识资源库进行挖掘分析，发现知识，并提供给用户的过程。丰富多样的知识服务资源是高校图书馆开展知识服务的根本，是高校师生、科研人员进行知识创新创造的源泉。可以说，高校图书馆拥有的知识资源和知识资源库存越多，其提高知识服务的能力就可能会越强，用户的满意度就可能会越高。可以看出，高校图书馆拥有知识资源和知识资源库的结构和质量是影响其知识服务能力的关键因素。其中，知识服务资源的结构体现了高校图书馆知识服务资源的类型和容量，不同的资源库可以解决不同用户的问题，为不同用户提供有针对性的、个性化的知识服务。知识服务资源的质量则体现出高校图书馆知识服务资源满足高校师生和科研人员需求的优劣程度，一般可从广度、深度、更新频率等方面进行衡量。高质量的知识资源是高校图书馆满足用户知识服务需求的根本保证。因此，本书从资源结构和资源质量表征高校图书馆知识服务资源。

三、知识服务平台

随着互联网、大数据、人工智能、物联网和移动互联等新兴信息技术的快速发展，以及高校数字图书馆、智慧图书馆建设进程的持续推进，现代高校图书馆知识服务的开展需要以计算机、数据采集器、PC 服务器、无线网设备、网络安全设备等基础信息设备为基础，以数据挖掘技术、云计算技术、人机交互技术、智能传感技术等技术为支撑，基于完备的知识服务平台，为用户提供个性化的知识服务。知识服务平台是高校图书馆开展知识服务活动的重要保障。高校图书馆要想拥有较强的知识服务能力，为用户提供更高质量的知识服务，就必须运用更加先进的硬件设备和信息技术，建立更加完善的知识服务平台。因此，高校图书馆服务平台的基础设施和支撑技术对高校图书馆知识服务能力具有重要影响。知识服务基础设施体现了高校图书馆对知识服务的投入，基础硬件设施越优越，知识服务活动开展得越顺利。知识服务平台支撑技术的先进性与安全性则直接影响高校图书馆知识服务的效率和质量。因此，可从基础设施和技术支撑两个方面反映知识服务平台准则层。

四、知识服务手段

现代互联网、移动互联等现代信息技术的快速发展以及高校积极推进数字图书馆、智慧图书馆建设，使得高校图书馆愈加注重满足特定用户的个性化信息需求，从用户角度出发，为用户提供学科化知识服务、创新创业知识服务、面向科研的知识服务等个性化知识服务模式。因此，知识服务手段为衡量大数据背景下高校图书馆知识服务能力的重要因素。具体来看，知识服务手段主要包括知识服务方式和知识服务内容。其中，知识服务方式是大数据背景下高校图书馆知识服务人员为满足用户个性化、多元化、深层次的知识需求，所采取的多样化的服务方式。高校图书馆能够提供的知识服务方式越多，覆盖的用户范围越广，对用户需求的满足程度越大，其知识服务能力越强。知识服务内容是知识服务人员充分利用高校图书馆知识服务平台和知识服务资源，进行信息资源的整合、存储与分享等操作，能为知识服务用户提供各类知识，这是知识服务活动的关键。因此，本书从知识服务方式和知识服务内容两个维度表征高校图书馆知识服务手段准则层。

五、知识服务环境

知识服务环境是高校图书馆所处的内外部环境，是高校图书馆开展知识服务活动的基础条件。为保障高校图书馆知识服务活动的高质量开展，务必要营造良好的政策环境、创新环境、行业环境，完善相关法律法规，建立能够适应用户多样性、个性化需求的知识服务机制，从根本上为大数据背景下高校图书馆知识服务能力的提升提供动力。具体来看，高校图书馆知识服务外部环境是指知识服务活动开展的政治环境、法律环境、经济环境、社会环境等，可以为图书馆内部各单位良好运作提供支撑；高校图书馆知识服务内部环境是指行业和事业发展环境，包括组织文化、学习氛围、创新文化等。良好的知识服务环境，能明显激发高校图书馆知识服务的热情和主动性，增强知识服务能力，提高知识服务效率和质量。因此，本书从政策环境和结构性环境两个维度对高校图书馆知识服务环境进行表征。

六、知识服务成效

知识服务成效主要是指高校图书馆知识服务的质量和效果，直接体现出知识服务活动的发展趋势，是高校师生对高校图书馆知识服务活动最直接的体验。因此，知识服务成效是知识服务能力评价过程中最关键的影响因素。一般来说，高校图书馆的知识服务效果与其知识服务能力成正相关，也就是说，知识服务成效越好，就说明高校图书馆的知识服务能力越强。高校图书馆知识服务成效的度量，一般包括两个方面：一方面是对高校老师和学生知识创造、知识应用活动的支撑。高校图书馆知识服务就是面向知识内容的，以满足用户需求为准则的，贯穿用户整个知识获取、组织、分析、重组过程，并为其知识应用和知识创新活动提供有力支撑的服务，[一]因此，高校图书馆知识服务的专业性、创新性、时效性、个性化程度将直接反映出高校图书馆的知识服务质量。另一方面是高校图书馆用户对知识服务活动的体验观感。高校图书馆用户是高校图书馆开展知识服务活动最直接的体验者，服务能力的强弱、服务质量的好坏、服务效率的高低均可通过用户体验进行反映，用户满意度越高，资源再利用程度越高，图书馆知识服务活动开展成效越好。因此，本书将运用知识服务质量和知识服务效果表征高校图书馆知识服务成效。

第三节　高校图书馆知识服务能力评价指标体系构建

基于知识服务能力指标体系的构建原则，借鉴相关学者的研究成果，结合高校图书

○　张晓林. 走向知识服务：寻找新世纪图书情报工作的生长点[J]. 中国图书馆学报，2000（5）：30-35.

馆知识服务能力的关键影响因素和评价内容，选取知识服务人员、知识服务资源、知识服务平台、知识服务手段、知识服务环境和知识服务成效六个维度作为准则层。在此基础上，构建了包含12个一级指标和57个二级指标的高校图书馆知识服务能力评价指标体系，如表9-1所示。

表9-1　高校图书馆知识服务能力评价指标体系

目标层	准则层	一级指标	二级指标
高校图书馆知识服务能力	知识服务人员	人员结构	年龄结构
			学历结构
			专业结构
			职称结构
		专业素养	专业资质
			业务能力
			沟通交流
			外语能力
			经历和经验
	知识服务资源	资源结构	传统文献数据库
			电子资源数据库
			特色资源数据库
			专题资源数据库
			网络资源数据库
			联盟知识资源库
			国际联机知识库
		资源质量	资源覆盖广度
			资源覆盖深度
			资源更新效率
			资源互联互通
	知识服务平台	基础设施	设备完善程度
			网站建设情况
			局域网建设水平
		技术支撑	网络集成程度
			网络安全水平
			技术先进性
			知识服务系统
			移动互联支持程度
	知识服务手段	知识服务方式	个性化服务
			网络化服务

（续）

目标层	准则层	一级指标	二级指标
高校图书馆知识服务能力	知识服务手段	知识服务方式	智能化服务
			自助式服务
			一站式服务
			主动服务
			隐性知识服务
			学科知识服务
			科研知识服务
			教学知识服务
			成长成才知识服务
			社会化知识服务
	知识服务环境	政策环境	国家方针政策
			相关法律法规
			激励扶持力度
		结构性环境	团队专业程度
			学习交流氛围
			创新文化
			业务流程科学合理性
			管理制度完备性
			组织结构扁平化程度
	知识服务成效	知识服务质量	专业性
			创新性
			时效性
			个性化
		知识服务效果	用户满意度
			资源再利用
			专家评估
			年度用户规模

（一）　知识服务人员

高校图书馆开展知识服务活动，需要建立高素质的知识服务人才队伍。依据上述指标体系构建的理论分析，知识服务人员准则层主要包括人员结构和专业素养两个一级指标与年龄结构、学历结构、专业结构、职称结构、专业资质、业务能力、沟通交流、外语能力、经历和经验九个二级指标。其中，知识服务人员的结构可以反映出高校图书知识服务人才队伍建设的基本情况，如青年人才所占比例，硕士研究生及以上高学历人才比例，从事理科、工科、医科与农科四类学科的人才分布情况，副高级职称占比等，本书用年龄结构、学历结构、专业结构和职称结构四个指标进行评估。知识服务人员专业素养是指高校图书馆知识服务工作人员的个人能力，包括工作经验、组织能力、沟通交流能力、计算机水平、外语水平等，用专业资质、业务能力、沟通交流、外语能力、经历和经验五个二级指标进行衡量。

（二） 知识服务资源

知识服务资源准则层是高校图书馆提供知识服务的基础，包括资源结构和资源质量两个一级指标及传统文献数据库、电子资源数据库、特色资源数据库、专题资源数据库、网络资源数据库、联盟知识资源库、国际联机知识库、资源覆盖广度、资源覆盖深度、资源更新效率和资源互联互通 11 个二级指标。知识服务资源结构是指高校图书馆所涵盖的所有文献或数据资源及拥有数据库的类型，包括纸质文献、电子文献、网络课程、统计数据等，采用传统文献数据库、电子资源数据库、特色资源数据库、专题资源数据库、网络资源数据库、联盟知识资源库和国际联机知识库七个指标进行衡量。知识服务资源质量不仅是指图书馆拥有的纸质及数字资源对知识信息的覆盖面和精通程度，还包括信息资源的更新频率，能否与时事互联互通，紧跟时事变化。本书采用资源覆盖广度、资源覆盖深度、资源更新效率和资源互联互通四个指标进行度量。

（三） 知识服务平台

基于硬件和软件是知识服务平台构建的要素，知识服务平台准则层主要包括基础设施和技术支持两个一级指标与设备完善程度、网站建设情况、局域网建设水平、网络集成程度、网络安全水平、技术先进性、知识服务系统和移动互联支持程度八个二级指标。其中，基础设施是指为高校图书馆用户提供知识服务的物质硬件设施，如计算机、服务器、无线网设备等，用设备完善程度、网站建设情况和局域网建设水平三个指标进行衡量。技术支撑是对知识服务平台构建所涉及技术的集成程度、先进程度、安全性能等的评估，采用网络集成程度、网络安全水平、技术先进性、知识服务系统和移动互联支持程度五个指标进行衡量。

（四） 知识服务手段

依据上文指标体系构建基础的分析，知识服务手段准则层主要包括知识服务方式和知识服务内容两个一级指标与个性化服务、网络化服务、智能化服务、自助式服务、一站式服务、主动服务、隐性知识服务、学科知识服务、科研知识服务、教学知识服务、成长成才知识服务、社会化知识服务 12 个二级指标。其中，知识服务方式是指知识服务人员针对用户需求为用户提供的个性化知识服务，用个性化服务、网络化服务、智能化服务、自助式服务、一站式服务、主动服务和隐性知识服务七个指标进行衡量。知识服务内容是指高校图书馆知识服务人员运用知识服务资源为高校学生、教师及社会所提供的知识服务，用学科知识服务、科研知识服务、教学知识服务、成长成才知识服务和社会化知识服务五个指标进行度量。

（五）知识服务环境

知识服务环境准则层主要包括政策环境和结构性环境两个一级指标与国家方针政策、相关法律法规、激励扶持力度、团队专业程度、学习交流氛围、创新文化、业务流程科学合理性、管理制度完备性和组织结构扁平化程度九个二级指标。其中，政策环境是指高校图书馆知识服务活动所处的外部环境，用国家方针政策、相关法律法规、激励扶持力度三个指标进行衡量；结构性环境是指高校图书馆知识服务开展的组织氛围，是其所处的内部环境，用团队专业程度、学习交流氛围、创新文化、业务流程科学合理性、管理制度完备性和组织结构扁平化程度六个指标进行评估。

（六）知识服务成效

依据上文指标体系构建理论分析，知识服务成效准则层主要包括知识服务质量和知识服务效果两个一级指标及专业性、创新性、时效性、个性化、用户满意度、资源再利用、专家评估和年度用户规模八个二级指标。其中，知识服务质量是指高校图书馆所提供的知识服务能否满足用户的专业、创新、及时、个性化的知识需求，用专业性、创新性、时效性和个性化四个指标进行表征。知识服务效果是指知识服务用户对高校图书馆知识服务是否达到自身心理预期的反馈。本书采用用户满意度、资源再利用、专家评估和年度用户规模四个指标对知识服务效果进行衡量。

第四节　高校图书馆知识服务能力主要评价方法

目前国内外学者普遍使用指标体系法评价知识服务能力。指标体系法是根据所选评价对象反映出的本质特征指标，通过定性或定量方法中的一项或几项，进行多方面衡量，最终设计出的评价方法。[○]评价高校图书馆知识服务能力的定性或定量方法有多种，包括层次分析法、模糊综合评价法、超网络评价法、社会网络、信息计量、专家评价、

○　侯雯悦. 高校图书馆信息服务能力评价研究［D］. 长春：吉林大学，2015.

用户评价等，孙雨生和廖盼也在《国内知识服务评价应用进展》一文中，总结了目前有关知识服务评价的主要方法，有探索性分析法、超网络评价法、专家评价法、层次分析法、模糊综合评价法、数据包络分析法、价值评价法、神经网络分析法、主成分分析法、因子分析法等。也有较多学者运用这些方法进行实证分析，如武澎和王恒山采用超网络和社会网络评价法对知识服务能力进行了评估；吕少妮等将定量与定性相结合的方法应用到联合数字参考系统的知识服务能力评价中；燕姗运用模糊综合评价法对图书馆知识服务能力进行了评价；周莹等将综合分析法引入数字图书馆知识服务能力的成熟度评价中。

　　可以看出，目前学者在探讨知识服务能力评价问题中，采用的研究方法是多种多样的。在具体知识服务能力评价过程中采用哪一种方法可以结合具体情况选用。因此，接下来本书将针对层次分析法、序关系法、群组序关系法、网络分析法四种主要的评价方法进行具体解释。

一、层次分析法

　　层次分析法是一种适用于分析多目标、多因素、多准则复杂系统的决策方法，通过结合专家的经验判断和推理将定性指标量化处理，提高决策过程的可行性、有效性和准确性，被广泛应用于系统要素分析、战略规划、方案筛选以及评价和决策过程。

（一）层次分析法的基本思路

　　首先，将一个复杂的决策系统视为整体，根据系统属性和预计实现总目标，确定决策问题的影响因素，并依据影响因素间的相互关联、相互制约和隶属关系，构建有序的层级结构，以此得到多层次的结构分析模型，将复杂的分析和决策问题简单化条理化。

　　其次，利用定量方法来反映各个影响因素相对重要性的主观判定，在此基础上构建两两比较判断矩阵对同一层次上的影响因素进行相互比较分析。通过排序向量计算方法求解特征值，得出各层次各指标相对重要性的权重系数。

　　最后，进行综合系统分析，按照由低到高的层次进行逐层计算，得出最底层层级结

○ 孙雨生，廖盼. 国内知识服务评价应用进展[J]. 情报科学，2018，36（4）：164-170.

○ 武澎，王恒山. 基于超网络的知识服务能力评价研究[J]. 情报理论与实践，2012（8）：93-96.

○ 吕少妮，吴正荆. 图书馆联合数字参考咨询知识服务能力的评价研究[J]. 图书情报工作，2014（17）：41-45.

○ 燕姗. 基于 FAHP 方法的高校图书馆知识服务能力评价研究[D]. 哈尔滨：黑龙江大学，2015.

○ 周莹，刘佳，梁文佳，等. 数字图书馆知识服务能力成熟度评价模型研究[J]. 情报科学，2016（6）：63-66；86.

构的各指标相对最顶层总目标的相对重要性权重系数和各层级权重向量的排序关系，所得到的排序关系则代表着各方案的优劣程度，从而便于决策者选择最优方案解决复杂问题。

（二）层次分析法的基本步骤

（1）建立层次分析结构模型。建立层次分析模型的首要前提是充分解析问题，将复杂问题划分为多个组成部分，在此基础上确定各组成要素的相互关系和隶属层级，构建一个由支配关系确定的相互联结的递阶层次，如图9-1所示。

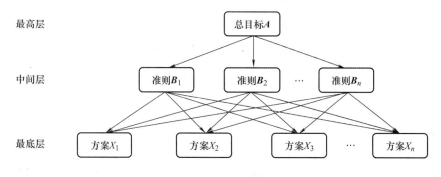

图9-1　层次分析结构模型

最高层也被称为目标层，通常只有一个要素即所需处理的问题，也就是层次分析法所要达到的预定目标或者理想结果。

中间层也被称为准则层，代表达到理想结果的中间环节，例如衡量总目标实现成效的准则和指标等。

最底层也被称为措施层，其中列举了用于解决问题可能采取的各种方案和措施。

（2）构造两两比较判断矩阵。通常情况下，措施层中的元素对准则层中各准则相对重要性一般是不同的，准则层中的各准则对总目标的相对重要性一般也是存在差异的。如果将中间层进行细分，则细分层次中的各元素对与其相联系的上一层级因素的相对重要性一般也是不同的。因此，可以依据相对重要性程度，两两比较这些因素，构建判断矩阵。判断矩阵是进行决策的依据，为了保证判断矩阵的可靠性和有效性，矩阵一般由熟悉问题的专家独立给出。

假定总目标元素为 A，再假定与总目标层相关联的准则层各元素为 B_1，B_2，B_3，$\cdots$，B_n，且总目标层和准则层存在支配关系。假设以目标元素 A 为准则，通过专家判定在准则元素 A 下 B_1，B_2，B_3，$\cdots$，B_n 之间的优劣关系构建相互比较判断矩阵，得出各层次两两比较判断矩阵结果，如表9-2所示。

表 9-2　比较判断矩阵

A	B_1	B_2	…	B_n
B_1	z_{11}	z_{12}	…	z_{1n}
B_2	z_{21}	z_{22}	…	z_{2n}
…	…	…	…	…
B_n	z_{n1}	z_{n2}	…	z_{nn}

其中：z_{ij} 表示对 A 来说，B_i 相较于 B_j 重要性程度的数值体现。而 z_{ij} 通常使用 1，2，…，9 及 1，1/2，…，1/9 作为标度，具体含义如表 9-3 所示。利用相关标度可以消除量纲不一致带来的误差，将定性指标进行定量比较。

表 9-3　分级比例标度参考表

标度	具体含义
1	两个指标相比，具有相同重要性
3	一个指标相较于另一个指标稍微重要
5	一个指标相较于另一个指标明显重要
7	一个指标相较于另一个指标强烈重要
9	一个指标相较于另一个指标极端重要
2，4，6，8	对应上述两个相邻判断的中间值
1，1/2，…，1/9	两个指标相比，后者比前者的重要程度

（3）各元素相对权重的计算。根据矩阵性质计算出判断矩阵的最大特征值和特征向量，若通过一致性检验，则特征向量为权向量。具体步骤如下：先求解出最大特征值 $\lambda_{\max}$，再利用 $BW = \lambda_{\max} W$ 求解出最大特征值对应的特征向量，然后进行归一化处理得到各元素的排序权重。

（4）判断矩阵一致性检验。为了保证层次分析法得到结论的客观性和有效性，判断矩阵的偏离程度要在一定的允许范围内，保证矩阵的精准度。一致性检验可以有效检验出判断矩阵的精确度是否可接受，因此可以利用一致性检验指标 C. I. 和 R. I. 衡量矩阵偏离一致性的程度，计算步骤如下：

首先计算判断矩阵的最大特征值：

$$\lambda_{\max} = \frac{1}{n} \sum_{i=1}^{n} \frac{(BW)_i}{W_i} \tag{9-1}$$

其次计算一致性指标：

$$C.\,I. = \frac{\lambda_{\max} - n}{n - 1} \tag{9-2}$$

最后可按照 $C.R. = \dfrac{C.I.}{R.I.} < 0.1$ 来检验整体的一致性，其中平均随机一致性指标 R.I. 的值如表9-4所示。

表9-4 平均随机一致性指标 R.I. 值

n	2	3	4	5	6	7	8	9	10	…
R.I.	0	0.5149	0.8931	1.1185	1.2494	1.3450	1.4200	1.4616	1.4874	…

（5）计算层次总排序及总体一致性检验。计算层次总排序是求解各层级指标相较于总目标的权重系数，以三个层次的系统为例，若最高层次为 A，准则层为 $B = \{B_1, B_2, B_3, \cdots, B_n\}$，措施层为 $X = \{x_1, x_2, x_3, \cdots, x_m\}$，设 B 对 A 的权重向量为 $w_A(B) = [w_A(B_1), w_A(B_2), w_A(B_3), \cdots, w_A(B_n)]^T$，$X$ 关于 B_i 的权重向量为 $w_{B_i}(X) = [w_{B_i}(x_1), w_{B_i}(x_2), w_{B_i}(x_3), \cdots, w_{B_i}(x_m)]^T$，则 x_j 在 A 中的占比为

$$w_A(x_j) = \sum_{i=1}^{n} w_A(B_i) w_{B_i}(x_j) \tag{9-3}$$

随后对组合权重一致性进行检验，计算公式和检验标准如下：

$$C.R. = \frac{\sum_{i=1}^{n} B_i(C.I.)_i}{\sum_{i=1}^{n} B_j(R.I.)_i} < 0.1 \tag{9-4}$$

二、序关系法

虽然层次分析法在评价领域得到了广泛应用，但其应用的前提是保证判断矩阵的一致性，检验其应用是否正确的唯一标准也是判断矩阵的随机一致性比率，而在实际运算中判断矩阵往往很难保证一致性，这会导致评价指标间排序关系产生不同程度的混乱。序关系法是一种根据专家专业知识对评价指标重要性进行排序的主观赋权法，不受评价指标数量的限制，且不需要进行一致性检验，方法简便、直观，便于应用。

（一）序关系法的基本原理

序关系是表示指标相对重要程度的一种方法，其基本原理是专家依据指标重要程度对各评价指标进行排序，然后对相邻指标间的重要程度进行判断并对指标间的重要程度之比进行赋值，最后依据专家的理性赋值求得各评价指标的权重系数。

（二）序关系法的基本步骤

（1）确定评价指标的序关系。对于评价指标集 $\{x_1, x_2, \cdots, x_m\}$，假设其中存在

评价指标 x_i 和 x_j （i，$j = 1$，2，$\cdots$，m），且 $i \neq j$，若 x_i 相对于总目标的重要性不小于 x_j 时，则存在 $x_i > x_j$ 的序关系。基于此，首先邀请专家在评价指标集 $\{x_1$，x_2，$\cdots$，$x_m\}$ 中挑选出其认为最重要的一个指标记为 x_1^*，然后再请专家在剩余的 $m - 1$ 个指标中选择出最重要的一个指标记为 x_2^*，重复以上操作经过 $m - 1$ 次挑选后剩下的指标记为 x_m^*，以此达到了按重要性对 m 个指标进行排序的目标，确定了按"＞"排列的唯一序关系，记为：$x_1^* > x_2^* > \cdots > x_m^*$。

（2）给出相邻指标间相对重要性程度的比较判断。假设专家对于评价指标 x_{k-1}^* 与 x_k^* 的重要程度之比 w_{k-1}/w_k 的理性赋值为

$$r_k = \frac{w_{k-1}}{w_k}, \qquad k = m, m-1, m-2, \cdots, 3, 2 \tag{9-5}$$

其中 r_k 的赋值可以参考表9-5。

表9-5　r_k 赋值参考表

r_k	具体含义
1.0	x_{k-1}^* 与 x_k^* 同等重要
1.2	x_{k-1}^* 比 x_k^* 稍微重要
1.4	x_{k-1}^* 比 x_k^* 明显重要
1.6	x_{k-1}^* 比 x_k^* 强烈重要
1.8	x_{k-1}^* 比 x_k^* 极端重要

（3）权重系数 w_k 的计算。根据专家给出的理性赋值 r_k 确定权重系数，则第 m 个指标的权重系数 w_m 为

$$w_m = \left(1 + \sum_{k=2}^{m} \prod_{i=k}^{m} r_i\right)^{-1} \tag{9-6}$$

根据上述分析推算可以得出各个评价指标的权重系数：

$$w_{k-1} = r_k \times w_k, \qquad k = m, m-1, \cdots, 3, 2 \tag{9-7}$$

三、群组序关系法

群组序关系法在序关系法的基础上进行优化，有效降低了专家人为因素的干扰，进一步提高了各评价指标权重系数的准确性。其基本原理是同时聘请 $L(L > 1)$ 位专家对同一问题进行排序比较判断，依据专家理性赋值结果综合计算出各评价指标的权重系数。在多位专家进行序关系确定时，一般可分为两种不同情况：一是 L 个序关系保持一致；二是 L 个序关系不一致。具体分析如下：

1）L 个序关系保持一致。

假设 L 位专家对评价指标集 $\{x_1, x_2, \cdots, x_m\}$ 序关系的给定是完全一致的，且 m 个评价指标唯一的序关系为 $x_1^* > x_2^* > \cdots > x_m^*$，将专家 k 对指标 x_{j-1}^* 和 x_j^* 间相对重要程度之比的理性赋值记为 r_{kj}，r_{kj} 的判别公式为

$$r_{kj} = \frac{w_{k(j-1)}}{w_{kj}} \tag{9-8}$$

$$(k = 1,2,\cdots,L; \ j = m, m-1, m-2, \cdots, 3, 2)$$

其中 r_{kj} 必须满足 $r_{k,j-1} > 1/r_{kj}$。最后综合以上信息计算出各评价指标的权重系数，具体步骤如下：

a. 根据专家 k 给出的理性赋权值 r_{kj} 计算指标 x_m^* 的权重系数，计算公式如下：

$$w_{km} = \left(1 + \sum_{k=2}^{m} \prod_{i=k}^{m} r_{ki}\right)^{-1} \tag{9-9}$$

b. 推算出各个评价指标的权重，计算公式如下：

$$w_{k,j-1} = r_{kj} \times w_{kj}, \qquad j = m, m-1, \cdots, 3, 2 \tag{9-10}$$

c. 计算综合权重系数 w_j^G，计算公式如下：

$$w_j^G = \frac{1}{L} \sum_{k=1}^{L} w_{kj} \tag{9-11}$$

$$(k = 1,2,\cdots,L; \ j = m, m-1, m-2, \cdots, 3, 2)$$

2）L 个序关系不一致。

首先，确定序关系。假设有 L_0（$1 \leqslant L_0 < L$）位专家对评价指标集 $\{x_1, x_2, \cdots, x_m\}$ 的序关系判定是一致的，依据上述步骤可计算出与 x_j^* 相对应的权重系数，分别为 $w_1^*, w_2^*, \cdots, w_m^*$。那么剩下 $L - L_0$ 位专家对于序关系的判定是不一致的，将专家 k 给出的序关系记为：$x_{k1}^* > x_{k2}^* > \cdots > x_{km}^*$，$k = 1, 2, \cdots, L - L_0$。

其次，给出指标 x_{j-1}^* 和 x_j^* 之间相对重要程度的比较判断。假设将专家 k 关于评价指标 $x_{k,j-1}$ 和 x_{kj} 之间相对重要性程度之比的赋值记为 r_{kj}（$k = 1, 2, \cdots, L; j = m, m-1, m-2, \cdots, 3, 2$），当 r_{kj} 满足 $r_{k,j-1} > 1/r_{kj}$ 时，可根据上述计算公式求出指标 x_{kj} 的权重系数 w_{kj}^{**}，将 $L - L_0$ 位专家给出的权重系数取几何平均值或算数平均值：

$$w_j^{**} = \left(\prod_{k=1}^{L-L_0} w_{kj}^{**}\right)^{1/(L-L_0)}, \qquad j = 1,2,\cdots,m \tag{9-12}$$

或

$$w_j^{**} = \frac{1}{L-L_0} \sum_{k=1}^{L-L_0} w_{kj}^{**}, \qquad j = 1,2,\cdots,m \tag{9-13}$$

最后，将 w_j^{**} 进行归一化，得到评价指标权重系数 w_j^G 为：

$$w_j^G = \alpha w_j^* + \beta w_j^{**}, \qquad j = 1, 2, \cdots, m \tag{9-14}$$

其中，$\alpha > 0$，$\beta > 0$ 且 $\alpha + \beta = 1$，可取 $\alpha = L_0/L$，$\beta = L - L_0/L$。

四、网络分析法

网络分析法是在层次分析法的基础上延伸发展起来的，并对层次分析法进行了补充和改进。层次分析法在解决多层级与多指标的结构问题时，假设同一层次各个评价指标间是相互独立不具有关联性的，这种假设虽然简化了复杂系统内部元素间的联系，但同时也限制了其在复杂系统中的应用范围。而网络层次法则充分考虑了系统内部各元素间的相依性和反馈性，能够有效解决多指标相依性问题，是一种更为有效的评价方法。

（一）网络分析法的基本思路

首先基于指标间的相互关系构建有序的层级结构；其次在充分考虑各层级间和各层级要素间相依和反馈作用的基础上，根据各个层级内指标的相对重要性程度得出各指标权重系数；最后依据所得到的排序关系选择最优方案。

（二）网络分析法的基本步骤

（1）构建网络结构图。通过分析现状确定目标和需求前提，根据指标的相关性选择重要指标，建立网络层次结构模型。

（2）问卷设计和处理。根据评价指标间的依存性和网络结构图设计调查问卷，将有关联性的指标依据重要性程度进行两两对比，被调查者采用标度法进行指标间的比较判断，指标间的标度赋值依据可以参考表 9-3。

（3）构建网络分析法的初始矩阵。假设网络结构图的控制层包含元素 p_1，p_2，$\cdots$，p_m，网络层元素组为 a_1，a_2，$\cdots$，a_n，a_i 中包含元素 a_{i1}，a_{i2}，$\cdots$，a_{in}。将 p_s（$s = 1$，2，$\cdots$，m）作为主准则，a_j 中的元素 a_{jk}（$k = 1$，2，$\cdots$，n_j）为次准则。采用算术平均法或者几何平均法将调查问卷中的数据转化为矩阵形式呈现，直观体现指标间的重要性程度。其中，网络层元素组为 $\boldsymbol{A}$，包含元素 a_{ij}，a_{ij}（$a_{ij} > 0$，i，$j = 1$，2，$\cdots$，n）是问卷调查的结果。

$$\boldsymbol{A} = (a_{ij})_{n \times n} = \begin{pmatrix} 1 & a_{12} & \cdots & a_{1n} \\ a_{21} & 1 & \cdots & a_{2n} \\ \vdots & \vdots & & \vdots \\ a_{n1} & a_{n2} & \cdots & 1 \end{pmatrix} \tag{9-15}$$

（4）一致性检验。首先根据矩阵运算法则，求解出最大特征值 $\lambda_{\max}$ 和最大特征值对应的特征向量：

$$BW = \lambda_{\max} W \qquad (9\text{-}16)$$

随后为了保证调查问卷数据的一致性，对判断矩阵的数据进行一致性检验，计算公式如下：

$$C.\,I.\,=\frac{\lambda_{\max}-n}{n-1} \qquad (9\text{-}17)$$

$$C.\,R.\,=\frac{C.\,I.}{R.\,I.}<0.1 \qquad (9\text{-}18)$$

其中，C. I. 是一致性指标，C. R. 是一致性比率，R. I. 是平均随机一致性指标，R. I. 与判断矩阵的阶数有关，是固定值，具体数值可参考表9-4。

（5）构建无权重超级矩阵。依据判断矩阵的构建方法，对 a_j 元素组中的 k 元素 a_{jk} 构建两两比较判断矩阵，得到归一化后的特征向量 $(w_{11}^{jk}，w_{12}^{jk}，w_{13}^{jk}，\cdots，w_{1n}^{jk})^{\mathrm{T}}$。依照同样的方法对 a_i 元素组中所有元素进行两两比较，计算归一化后的特征向量，然后将所有特征向量整合为一个综合向量矩阵，称为无加权超级矩阵 W_s。

记 w_{ij} 为指标集 a_i 和 a_j 包含的所有指标排序向量矩阵，能够反映出指标集 a_i 中元素 $e_1，e_2，\cdots，e_{n_i}$ 对指标集 a_j 中元素 $e_1，e_2，\cdots，e_{n_j}$ 的影响程度。

$$w_{ij}=\begin{pmatrix} w_{i1}^{(j1)} & w_{i1}^{(j2)} & \cdots & w_{i1}^{(jn_j)} \\ w_{i2}^{(j1)} & w_{i2}^{(j2)} & \cdots & w_{i2}^{(jn_j)} \\ \vdots & \vdots & & \vdots \\ w_{in_i}^{(j1)} & w_{in_i}^{(j2)} & \cdots & w_{in_i}^{(jn_j)} \end{pmatrix} \qquad (9\text{-}19)$$

选择网络层中的 n 个元素集 $a_1，a_2，\cdots，a_n$，会分别得到相对应的 w_{ij} 矩阵，然后以 w_{ij} 作为元素，构建无加权超级矩阵。

$$W_s=\begin{pmatrix} w_{11} & w_{12} & \cdots & w_{1n} \\ w_{21} & w_{22} & \cdots & w_{2n} \\ \vdots & \vdots & & \vdots \\ w_{n1} & w_{n2} & \cdots & w_{nn} \end{pmatrix} \qquad (9\text{-}20)$$

此时，无加权超级矩阵中的每一个子矩阵 w_{ij} 均为列归一化或者等于零的矩阵，无加权超级矩阵 W_s 为非负矩阵但不是列归一化矩阵。

（6）建立加权超级矩阵。将 p_s 设为主准则，a_j 中的某一元素组作为次准则，剩余元素组和这一元素组进行两两比较，构建判断矩阵 B_j，计算得到归一化后的特征向量 $\sigma_j=(b_1，b_2，\cdots，b_n)$，并将所有求得的归一化向量合并为权矩阵 B_s：

$$B_s = (\sigma_1, \sigma_2, \cdots, \sigma_n) = \begin{pmatrix} b_{11} & b_{12} & \cdots & b_{1n} \\ b_{21} & b_{22} & \cdots & b_{2n} \\ \vdots & \vdots & & \vdots \\ b_{n1} & b_{n2} & \cdots & b_{nn} \end{pmatrix} \tag{9-21}$$

将权矩阵 B_s 与无加权超级矩阵 W_s 进行相乘，算出加权超级矩阵 W_{ss}，使其每列和均为 1，又被称为列随机矩阵。

$$W_{ss} = W_s B_s \tag{9-22}$$

（7）确定指标权重。因为各指标间是相互关联的，所以各指标之间存在直接或间接的影响。假设加权超级矩阵 W_{ss} 中的元素为 w_{ij}，w_{ij} 表示 i 元素对 j 元素的第一步优势度，W_{ss}^2 的元素表示为 $\sum_{i=1}^{n} w_{ik} w_{kj}$，表示 i 元素对 j 元素的第二步优势度，以此类推可以得到：

$$W_{ss}^{\infty} = \lim_{t \to \infty} W_{ss}^t \tag{9-23}$$

那么 W_{ss}^{∞} 的第 j 列也就是在 p_s 准则下网络层中的各元素相对于 j 元素的排列向量，依次计算出每个主准则对应的极限超级矩阵，获得各个元素的权重系数。

第五节　高校图书馆知识服务能力主要评价模型

综合评价是客观公正地对评价对象进行全面考察，多指标综合评价是指通过使用适合的评价模型将多个评价指标值组合为具有整体性的综合评价值。能够用来进行组合的评价模型较多，关键在于如何依据评价标准及评价系统的自身特点来选择适合的评价模型，接下来本书针对几种常用的评价模型进行简要概述。

一、线性加权综合法

线性加权综合法是指应用线性加权模型对多指标评价系统进行综合评价，计算公式如下：

$$y = \sum_{j=1}^{n} w_j x_j \tag{9-24}$$

其中，y 是评价系统的综合评价值，w_j 是指评价指标 x_j 的权重系数（$0 \leqslant w_j \leqslant 1$（$j = 1, 2, \cdots, n$），$\sum_{j=1}^{n} w_j = 1$）。

线性加权模型具有以下特征：

（1）线性加权模型的应用前提是各评价指标间相互独立不存在信息重复现象，且各个评价指标对综合评价值的贡献程度是互不干扰的。

（2）线性加权模型会给各评价指标提供线性补偿。即若某些指标值下降可以通过另一些指标值的上升对整体评价值进行补偿，其他指标不变的情况下，任一指标值的上升都会导致整体评价值的增加，任一指标值的减少都可以通过其他指标的相应增加量来保持整体评价水平的不变。

（3）权重系数的作用在线性加权模型中更为明显，突出强调了权重系数大的指标在评价系统中的重要作用。

（4）线性加权模型相较于其他评价模型更易运算，便于推广普及。

二、非线性加权综合法

非线性加权综合法是指应用非线性模型对多指标评价系统进行综合评价，计算公式如下：

$$y = \prod_{j=1}^{n} x_j^{w_j} \tag{9-25}$$

其中，y 为评价系统的综合评价值，w_j 为评价指标 x_j 的权重系数（$0 \leq w_j \leq 1$（$j = 1, 2, \cdots, n$），$x_j \geq 1$）。

非线性模型具有以下特征：

（1）与线性加权模型不同，非线性模型适合运用于关联性较强的指标。

（2）非线性模型要求各无量纲化的指标数据大小具有一致性，突出强调了权重系数小的指标在评价系统中的重要作用。

（3）非线性模型对指标值的变动更为敏感，因此，非线性模型更能直观地反映各备选方案的特点。

（4）非线性模型对指标数据值有一定的要求，即要求无量纲化后的数据均大于或等于1。

三、TOPSIS 分析方法模型

TOPSIS 法是通过在方案中构建正理想解和负理想解，并以此作为评价标准来分析各个方案的优劣。在系统分析时，当各评价指标值均达到所有指标的最大值，那么该方案是最接近正理想解的选择，反之，则该方案最接近于负理想解。*TOPSIS* 法就是基于上述思想，通过对有限个被评价对象与正负理想解的接近程度进行比较排序，最接近正理想解远离负理想解的评价对象属性最优。

（一）方法原理

假设在综合评价问题中有 m 个被评价对象，n 个评价指标，x_{ij}（$i = 1, 2, \cdots, m$;

j＝1，2，…，n）表示第 i 个被评价对象的第 j 个评价指标值，构建初始矩阵 V：

$$V = \begin{pmatrix} x_{11} & x_{12} & \cdots & x_{1n} \\ x_{21} & x_{22} & \cdots & x_{2n} \\ \vdots & \vdots & & \vdots \\ x_{m1} & x_{m2} & \cdots & x_{mn} \end{pmatrix} \tag{9-26}$$

接着将初始矩阵进行归一化处理，极大型指标采用的标准化方法如下：

$$Z_{ij} = \frac{x_{ij}}{\sqrt{\sum_{j=1}^{n} x_{ij}}} \tag{9-27}$$

对于极小型指标，采用如下的标准化公式进行处理：

$$Z_{ij} = \frac{1}{x_{ij}} \Big/ \sqrt{\sum_{j=1}^{n} x_{ij}} \tag{9-28}$$

标准化后得到的规范化矩阵 Z 为

$$Z = \begin{pmatrix} z_{11} & z_{12} & \cdots & z_{1n} \\ z_{21} & z_{22} & \cdots & z_{2n} \\ \vdots & \vdots & & \vdots \\ z_{m1} & z_{m2} & \cdots & z_{mn} \end{pmatrix} \tag{9-29}$$

通过规范化矩阵 Z 选出各项评价指标的最优值和最劣值，并构建最优解向量和最劣解向量如下：

$$Z^{+} = (Z_1^{+}, Z_2^{+}, \cdots, Z_m^{+})^{\mathrm{T}} \tag{9-30}$$

$$Z^{-} = (Z_1^{-}, Z_2^{-}, \cdots, Z_m^{-})^{\mathrm{T}} \tag{9-31}$$

其中，$Z^{+} = \max \{z_{i1}, z_{i1}, \cdots, z_{in}\}$，$Z^{-} = \min \{z_{i1}, z_{i1}, \cdots, z_{in}\}$，$i = 1$，2，…，$m$。

再利用 D^{+} 和 D^{-} 分别代表被评价对象与最优解、最劣解的距离，那么第 j 个被评价对象的 D^{+} 和 D^{-} 值可由下式计算得出：

$$D_j^{+} = \sqrt{\sum_{i=1}^{m} (Z^{+} - z_{ij})^2} \tag{9-32}$$

$$D_j^{-} = \sqrt{\sum_{i=1}^{m} (Z^{-} - z_{ij})^2} \tag{9-33}$$

然后可以根据上述结果计算出各个评价对象与最优解的相对贴近度：

$$C_j = \frac{D_j^{-}}{(D_j^{+} + D_j^{-})} \tag{9-34}$$

（二）计算步骤

步骤 1：对初始矩阵进行标准化处理，得到规范化矩阵 Z。

步骤 2：构建最优解和最劣解向量集 Z^+ 和 Z^-。

步骤 3：计算各评价对象与理想解间的距离 D_j^+ 和 D_j^-。

步骤 4：计算各评价对象的相对贴近度 C，并依照相对贴近度对被评价对象进行排序。

第六节　高校图书馆知识创新能力评价实证分析

一、数据收集与处理

为获取真实评价数据，本书通过对多所高校图书馆知识服务情况进行网络调研和实地考察，最终选取了安徽财经大学、安徽师范大学、安徽大学这三所图书馆作为重点研究对象。首先，向安徽财经大学、安徽师范大学、安徽大学这三所高校的师生用户、科研人员及图书馆工作人员发放调查问卷。由高校图书馆知识服务人员及知识服务目标用户对图书馆知识服务的各项工作进行满意度评价打分，从而获取调查用户对安徽财经大学图书馆、安徽师范大学图书馆和安徽大学图书馆知识服务工作的总体评价情况，并对结果进行分析，以评估上述三所高校图书馆的知识服务能力。其次，获取调查对象对各自高校图书馆知识服务工作的评分情况是此次问卷设计的目的。从调查对象对三所高校图书馆知识服务时的各项指标满意度打分情况中进行随机抽样调查，从而完成评价研究工作。本次问卷调研采用匿名方式进行，根据 46 个指标有针对性地设计出包含 50 个题目的高校图书馆知识服务指标调查问卷，并且问题设计选取 Likert scale 量表（1 = 非常不满意、2 = 不满意、3 = 一般、4 = 满意、5 = 非常满意）衡量被调查者对主题的态度和意见。问卷设计好后，分别向三所高校调查对象随机发放 100 份调查问卷。其中，以安徽财经大学为例，得到回收问卷 94 份，回收率为 94%，实际有效问卷 89 份，有效回收率为 94.68%。三所高校调查问卷发放及回收情况如表 9-6 所示。随后，利用 Cronbach's α 系数进行样本数据的信度检验，得出 0.914，根据 Nummally 的标准，$\alpha > 0.7$，表明样本数据一致性良好，问卷整体信度较好。采用探索性因子法对调查问卷进行效度检验，根据 KMO 值 0.812 > 0.7，表明问卷的效度较好。

表 9-6　调查问卷发放及回收情况

所属院校	发放（份）	收回（份）	有效（份）	无效（份）	回收率（%）	有效率（%）
安徽财经大学	100	94	89	5	94	94.68
安徽师范大学	100	93	91	2	93	97.85
安徽大学	100	95	90	5	95	94.74

二、评价结果分析

基于评价方法的不同及其适用性，选择群组 G1 法进行高校图书馆知识服务能力评价指标赋权。根据群组 G1 法的基本思想和计算过程，本书从相关知识服务机构和高校图书馆中，邀请 5 位从事知识服务工作的专家，根据其知识经验和专业素养分别对表 9-1 中的 57 个评价指标进行排序和重要程度之比赋值。对专家赋值结果进行数据处理后，最终得到高校图书馆知识服务能力评价指标权重系数。同时结合问卷调查得到的用户对安徽财经大学图书馆、安徽师范大学图书馆和安徽大学图书馆知识服务的评分情况，通过加权计算从而得到三所高校图书馆知识服务能力的综合评价结果，评价结果如下。

（一）安徽财经大学图书馆知识服务能力综合评价结果分析

运用构建的高校图书馆知识服务能力综合评价指标体系，结合问卷调查法得到的目标用户对安徽财经大学图书馆知识服务能力的评分情况，通过加权计算得到安徽财经大学图书馆知识服务能力的综合评分结果，如表 9-7 所示。

表 9-7 安徽财经大学图书馆知识服务能力综合评价结果

目标层	准则层	一级指标	二级指标	权重	得分	加权得分
高校图书馆知识服务能力	知识服务人员	人员结构	年龄结构	0.010 1	4.0	0.040 7
			学历结构	0.018 8	4.3	0.080 2
			专业结构	0.034 6	3.1	0.106 2
			职称结构	0.028 4	4.2	0.120 4
		专业素养	专业资质	0.009 0	2.5	0.022 4
			业务能力	0.014 8	4.1	0.060 5
			沟通交流	0.030 2	2.5	0.076 6
			外语能力	0.002 9	4.4	0.012 8
			经历和经验	0.020 3	4.1	0.082 5
	知识服务资源	资源结构	传统文献数据库	0.023 1	2.3	0.051 9
			电子资源数据库	0.002 1	4.1	0.008 5
			特色资源数据库	0.023 9	5.0	0.118 9
			专题资源数据库	0.017 2	2.9	0.049 2
			网络资源数据库	0.032 5	2.2	0.070 8
			联盟知识资源库	0.017 3	2.5	0.043 3
			国际联机知识库	0.004 9	2.0	0.009 9
		资源质量	资源覆盖广度	0.007 9	2.3	0.018 4
			资源覆盖深度	0.027 0	3.3	0.088 9

（续）

目标层	准则层	一级指标	二级指标	权重	得分	加权得分
高校图书馆知识服务能力	知识服务资源	资源质量	资源更新效率	0.019 3	3.5	0.067 6
			资源互联互通	0.007 6	4.6	0.034 8
	知识服务平台	基础设施	设备完善程度	0.029 5	2.2	0.063 7
			网站建设情况	0.018 9	2.9	0.055 1
			局域网建设水平	0.004 9	3.3	0.016 1
		技术支撑	网络集成程度	0.020 3	4.1	0.082 7
			网络安全水平	0.011 0	2.1	0.023 2
			技术先进性	0.025 2	4.9	0.122 7
			知识服务系统	0.022 1	4.2	0.092 0
			移动互联支持程度	0.030 1	2.7	0.080 8
	知识服务手段	知识服务方式	个性化服务	0.034 2	2.7	0.093 5
			网络化服务	0.005 1	3.9	0.019 8
			智能化服务	0.011 3	2.3	0.025 7
			自助式服务	0.006 2	3.0	0.018 8
			一站式服务	0.009 3	2.2	0.020 3
			主动服务	0.003 9	3.7	0.014 4
			隐性知识服务	0.018 5	3.1	0.057 9
		知识服务内容	学科知识服务	0.010 1	4.3	0.043 4
			科研知识服务	0.032 1	4.9	0.156 1
			教学知识服务	0.022 0	2.2	0.048 7
			成长成才知识服务	0.022 0	2.7	0.059 7
			社会化知识服务	0.030 1	3.4	0.101 4
	知识服务环境	政策环境	国家方针政策	0.010 8	3.6	0.038 8
			相关法律法规	0.015 2	2.6	0.039 4
			激励扶持力度	0.028 7	4.4	0.127 1
		结构性环境	团队专业程度	0.030 5	2.9	0.087 6
			学习交流氛围	0.021 2	3.4	0.073 0
			创新文化	0.011 7	4.8	0.056 5
			业务流程科学合理性	0.022 2	3.7	0.081 2
			管理制度完备性	0.024 8	4.0	0.100 0
			组织结构扁平化程度	0.028 2	3.9	0.108 9
	知识服务成效	知识服务质量	专业性	0.007 0	3.8	0.026 7
			创新性	0.004 1	2.3	0.009 3
			时效性	0.022 4	4.4	0.099 0
			个性化	0.008 8	3.7	0.032 3

（续）

目标层	准则层	一级指标	二级指标	权重	得分	加权得分
高校图书馆知识服务能力	知识服务成效	知识服务效果	用户满意度	0.010 3	3.1	0.032 4
			资源再利用	0.007 8	2.3	0.017 9
			专家评估	0.005 5	3.6	0.019 7
			年度用户规模	0.022 4	4.4	0.097 7
综合得分						3.407 7
百分制						68.15

采用 5 分制计算，安徽财经大学图书馆的知识服务能力综合得分为 3.407 7，所占比重为 68.15%。总体来看，安徽财经大学的知识服务工作处于中等水平。从表 9-7 中的评价结果可以看出：

（1）在知识服务人员方面，安徽财经大学图书馆的综合得分是 0.602 4。人员结构方面：年龄结构 4.0 分，学历结构 4.3 分，专业结构 3.1 分，职称结构 4.2 分。安徽财经大学图书馆现有在编正式职工 67 人，临时工作人员 16 人，其中正高 2 人，副高 11 人，中级职称 24 人，具有博士学位 1 人，研究生学历 12 人。专业素养方面：专业资质 2.5 分，业务能力 4.1 分，沟通交流 2.5 分，外语能力 4.4 分，经历和经验 4.1 分。

（2）在知识服务资源方面，安徽财经大学图书馆的综合得分是 0.562 1。资源结构方面：传统文献资源数据库 2.3 分，电子资源数据库 4.1 分，特色资源数据库 5.0 分，专题资源数据库 2.9 分，网络资源数据库 2.2 分，联盟知识资源库 2.5 分，国际联机知识库 2.0 分。安徽财经大学图书馆现有纸质图书约 220.56 万册，电子图书 114.69 万册，总藏量 335.25 万册，中外文数据库 58 个，年订中外文纸质报刊 900 余种。资源质量方面：资源覆盖广度 2.3 分，资源覆盖深度 3.3 分，资源更新效率 3.5 分，资源互联互通 4.6 分。

（3）在知识服务平台方面，安徽财经大学图书馆的综合得分是 0.536 2。基础设施方面：设备完善程度 2.2 分，网站建设情况 2.9 分，局域网建设水平 3.3 分。技术支撑方面：网络集成程度 4.1 分，网络安全水平 2.1 分，技术先进性 4.9 分，知识服务系统 4.2 分，移动互联支持程度 2.7 分。安徽财经大学图书馆管理和维护 1 300 多台交换机，无线接入点（AP）2 610 余台，信息点 3 万多个，联网终端 5 万余台，服务器 80 余台，存储容量 1.6PB，现有 50 个本部门应用系统和近 30 个其他业务托管的虚拟服务器，有线网络测速领先于全国 95% 的网络用户，无线网络实现校园全覆盖。

（4）在知识服务手段方面，安徽财经大学图书馆的综合得分是 0.659 6。知识服务方式方面：个性化需求服务 2.7 分，网络化服务 3.9 分，智能化服务 2.3 分，自助式服务 3.0 分，一站式服务 2.2 分，主动服务 3.7 分，隐性知识服务 3.1 分。知识服务内容方面：学科知识服务 4.3 分，科研知识服务 4.9 分，教学知识服务 2.2 分，成长成才知识服务 2.7 分，社会化知识服务 3.4 分。

（5）在知识服务环境方面，安徽财经大学图书馆的综合得分是 0.712 5。政策环境方面：国家方针政策 3.6 分，相关法律法规 2.6 分，激励扶持力度 4.4 分。结构性环境方面：团队专业程度 2.9 分，学习交流氛围 3.4 分，创新文化 4.8 分，业务流程科学合理性 3.7 分，管理制度完备性 4.0 分，组织结构扁平化 3.9 分。

（6）在知识服务成效方面，安徽财经大学图书馆的综合评分是 0.334 9。知识服务质量方面：专业性 3.8 分，创新性 2.3 分，时效性 4.4 分，个性化 3.7 分。知识服务效果方面：用户满意度 3.1 分，资源再利用 2.3 分，专家评估 3.6 分，年度用户规模 4.4 分。

（二）安徽师范大学图书馆知识服务能力综合评价结果分析

安徽师范大学图书馆知识服务能力综合评价结果如表 9-8 所示。

表 9-8　安徽师范大学图书馆知识服务能力综合评价结果

目标层	准则层	一级指标	二级指标	权重	得分	加权得分
高校图书馆知识服务能力	知识服务人员	人员结构	年龄结构	0.010 1	3.9	0.039 1
			学历结构	0.018 8	4.4	0.082 1
			专业结构	0.034 6	3.5	0.122 7
			职称结构	0.028 4	3.6	0.101 8
		专业素养	专业资质	0.009 0	4.5	0.040 4
			业务能力	0.014 8	3.9	0.057 0
			沟通交流	0.030 2	3.3	0.101 1
			外语能力	0.002 9	3.1	0.009 1
			经历和经验	0.020 3	3.7	0.075 9
	知识服务资源	资源结构	传统文献数据库	0.023 1	3.5	0.081 7
			电子资源数据库	0.002 1	4.2	0.008 9
			特色资源数据库	0.023 9	4.1	0.098 0
			专题资源数据库	0.017 2	4.1	0.070 2
			网络资源数据库	0.032 5	4.2	0.135 8
			联盟知识资源库	0.017 3	4.3	0.073 7
			国际联机知识库	0.004 9	3.1	0.015 1
		资源质量	资源覆盖广度	0.007 9	3.3	0.026 3
			资源覆盖深度	0.027 0	3.0	0.081 8
			资源更新效率	0.019 3	4.7	0.090 5
			资源互联互通	0.007 6	3.8	0.028 7
	知识服务平台	基础设施	设备完善程度	0.029 5	3.3	0.097 7
			网站建设情况	0.018 9	3.7	0.071 0
			局域网建设水平	0.004 9	3.1	0.015 0

（续）

目标层	准则层	一级指标	二级指标	权重	得分	加权得分
高校图书馆知识服务能力	知识服务平台	技术支撑	网络集成程度	0.020 3	3.0	0.061 0
			网络安全水平	0.011 0	4.3	0.047 5
			技术先进性	0.025 2	3.1	0.077 1
			知识服务系统	0.022 1	3.2	0.071 0
			移动互联支持程度	0.030 1	3.1	0.092 2
	知识服务手段	知识服务方式	个性化服务	0.034 2	3.3	0.112 7
			网络化服务	0.005 1	3.3	0.017 1
			智能化服务	0.011 3	4.7	0.053 0
			自助式服务	0.006 2	3.6	0.022 5
			一站式服务	0.009 3	3.3	0.030 6
			主动服务	0.003 9	3.6	0.013 9
			隐性知识服务	0.018 5	3.1	0.057 3
		知识服务内容	学科知识服务	0.010 1	4.4	0.044 3
			科研知识服务	0.032 1	3.9	0.125 3
			教学知识服务	0.022 0	3.0	0.066 0
			成长成才知识服务	0.022 0	3.8	0.083 1
			社会化知识服务	0.030 1	3.3	0.100 0
	知识服务环境	政策环境	国家方针政策	0.010 8	3.1	0.033 3
			相关法律法规	0.015 2	3.5	0.053 6
			激励扶持力度	0.028 7	3.1	0.088 7
		结构性环境	团队专业程度	0.030 5	4.4	0.132 7
			学习交流氛围	0.021 2	4.4	0.093 3
			创新文化	0.011 7	4.5	0.052 6
			业务流程科学合理性	0.022 2	4.6	0.102 8
			管理制度完备性	0.024 8	3.2	0.079 1
			组织结构扁平化程度	0.028 2	4.9	0.137 8
	知识服务成效	知识服务质量	专业性	0.007 0	3.2	0.022 8
			创新性	0.004 1	3.2	0.012 9
			时效性	0.022 4	4.5	0.100 3
			个性化	0.008 8	4.9	0.042 8
		知识服务效果	用户满意度	0.010 3	4.2	0.043 0
			资源再利用	0.007 8	3.4	0.026 1
			专家评估	0.005 5	4.4	0.024 3
			年度用户规模	0.022 4	3.7	0.083 7
综合得分						3.727 5
百分制						74.55

采用 5 分制计算,安徽师范大学图书馆的知识服务能力综合得分为 3.727 5,所占比重为 74.55%。总体来看,安徽师范大学的知识服务工作处于中等偏上水平。从表 9-8 中的评价结果可以看出:

(1) 在知识服务人员方面,安徽师范大学图书馆的综合得分是 0.629 3。人员结构方面:年龄结构 3.9 分,学历结构 4.4 分,专业结构 3.5 分,职称结构 3.6 分。安徽师范大学现有在岗职工 104 人,其中中级以上职称 67 人,其中正高职称 9 人,副高职称 17 人;本科以上学历 59 人,其中博士 3 人,硕士 28 人。专业素养方面:专业资质 4.5 分,业务能力 3.9 分,沟通交流 3.3 分,外语能力 3.1 分,经历和经验 3.7 分。

(2) 在知识服务资源方面,安徽师范大学图书馆的综合得分是 0.710 6。资源结构方面:传统文献资源数据库 3.5 分,电子资源数据库 4.2 分,特色资源数据库 4.1 分,专题资源数据库 4.1 分,网络资源数据库 4.2 分,联盟知识资源库 4.3 分,国际联机知识库 3.1 分。安徽师范大学现有馆藏文献总量 301.11 万余册,涵盖所有学科,中外文期刊保持在 1 600 余种,电子图书 212.1 万余种,数据库 104 种。资源质量方面:资源覆盖广度 3.3 分,资源覆盖深度 3.0 分,资源更新效率 4.7 分,资源互联互通 3.8 分。

(3) 在知识服务平台方面,安徽师范大学图书馆的综合得分是 0.532 3。基础设施方面:设备完善程度 3.3 分,网站建设情况 3.7 分,局域网建设水平 3.1 分。技术支撑方面:网络集成程度 3.0 分,网络安全水平 4.3 分,技术先进性 3.1 分,知识服务系统 3.2 分,移动互联支持程度 3.1 分。

(4) 在知识服务手段方面,安徽师范大学图书馆的综合得分是 0.725 6。知识服务方式方面:个性化服务 3.3 分,网络化服务 3.3 分,智能化服务 4.7 分,自助式服务 3.6 分,一站式服务 3.3 分,主动服务 3.6 分,隐性知识服务 3.1 分。知识服务内容方面:学科知识服务 4.4 分,科研知识服务 3.9 分,教学知识服务 3.0 分,成长成才知识服务 3.8 分,社会化知识服务 3.3 分。安徽师范大学图书馆秉持"以人为本,创新服务"的理念,为读者提供多元化服务。如引进 RFID 智能图书管理系统,实现图书自助借还;引进座位预约管理系统和学习空间预约管理系统,实现空间资源自助服务。

(5) 在知识服务环境方面,安徽师范大学图书馆的综合得分是 0.773 8。政策环境方面:国家方针政策 3.1 分,相关法律法规 3.5 分,激励扶持力度 3.1 分。结构性环境方面:团队专业程度 4.4 分,学习交流氛围 4.4 分,创新文化 4.5 分,业务流程科学合理性 4.6 分,管理制度完备性 3.2 分,组织结构扁平化程度 4.9 分。

(6) 在知识服务成效方面,安徽师范大学图书馆的综合评分是 0.355 8。知识服务质量方面:专业性 3.2 分,创新性 3.2 分,时效性 4.5 分,个性化 4.9 分。知识服务效果方面:用户满意度 4.2 分,资源再利用 3.4 分,专家评估 4.4 分,年度用户规模 3.7 分。

（三） 安徽大学图书馆知识服务能力综合评价结果分析

安徽大学图书馆知识服务能力综合评价结果如表9-9所示。

表9-9 安徽大学图书馆知识服务能力综合评价结果

目标层	准则层	一级指标	二级指标	权重	得分	加权得分
高校图书馆知识服务能力	知识服务人员	人员结构	年龄结构	0.010 1	3.7	0.037 1
			学历结构	0.018 8	3.7	0.068 9
			专业结构	0.034 6	3.9	0.136 4
			职称结构	0.028 4	4.6	0.130 5
		专业素养	专业资质	0.009 0	3.1	0.028 0
			业务能力	0.014 8	2.5	0.037 4
			沟通交流	0.030 2	3.3	0.099 6
			外语能力	0.002 9	4.5	0.013 1
			经历和经验	0.020 3	3.2	0.064 3
	知识服务资源	资源结构	传统文献数据库	0.023 1	4.2	0.097 7
			电子资源数据库	0.002 1	3.4	0.007 2
			特色资源数据库	0.023 9	2.5	0.060 4
			专题资源数据库	0.017 2	3.1	0.052 9
			网络资源数据库	0.032 5	2.8	0.090 3
			联盟知识资源库	0.017 3	3.1	0.054 1
			国际联机知识库	0.004 9	3.3	0.016 0
		资源质量	资源覆盖广度	0.007 9	3.0	0.023 9
			资源覆盖深度	0.027 0	4.4	0.117 9
			资源更新效率	0.019 3	3.3	0.063 3
			资源互联互通	0.007 6	3.8	0.028 8
	知识服务平台	基础设施	设备完善程度	0.029 5	3.8	0.111 8
			网站建设情况	0.018 9	3.3	0.063 4
			局域网建设水平	0.004 9	4.9	0.024 1
		技术支撑	网络集成程度	0.020 3	3.3	0.067 4
			网络安全水平	0.011 0	4.5	0.049 4
			技术先进性	0.025 2	4.2	0.105 7
			知识服务系统	0.022 1	4.5	0.099 7
			移动互联支持程度	0.030 1	4.4	0.131 5
	知识服务手段	知识服务方式	个性化服务	0.034 2	3.9	0.132 3
			网络化服务	0.005 1	3.1	0.015 7
			智能化服务	0.011 3	3.1	0.034 8

（续）

目标层	准则层	一级指标	二级指标	权重	得分	加权得分
高校图书馆知识服务能力	知识服务手段	知识服务方式	自助式服务	0.006 2	3.7	0.023 1
			一站式服务	0.009 3	3.3	0.030 9
			主动服务	0.003 9	3.6	0.014 3
			隐性知识服务	0.018 5	3.6	0.065 6
		知识服务内容	学科知识服务	0.010 1	4.0	0.040 3
			科研知识服务	0.032 1	3.4	0.108 3
			教学知识服务	0.022 0	3.8	0.084 8
			成长成才知识服务	0.022 0	4.8	0.105 0
			社会化知识服务	0.030 1	4.7	0.142 0
	知识服务环境	政策环境	国家方针政策	0.010 8	4.5	0.048 2
			相关法律法规	0.015 2	3.8	0.058 2
			激励扶持力度	0.028 7	3.8	0.109 3
		结构性环境	团队专业程度	0.030 5	4.5	0.145 3
			学习交流氛围	0.021 2	3.3	0.070 4
			创新文化	0.011 7	4.0	0.047 4
			业务流程科学合理性	0.022 2	5.0	0.110 9
			管理制度完备性	0.024 8	3.2	0.080 5
			组织结构扁平化程度	0.028 2	3.5	0.098 4
	知识服务成效	知识服务质量	专业性	0.007 0	3.8	0.027 0
			创新性	0.004 1	3.2	0.013 1
			时效性	0.022 4	4.4	0.098 3
			个性化	0.008 8	4.2	0.037 1
		知识服务效果	用户满意度	0.010 3	3.8	0.039 0
			资源再利用	0.007 8	4.7	0.036 6
			专家评估	0.005 5	3.8	0.020 6
			年度用户规模	0.022 4	4.3	0.096 0
综合得分						3.814 0
百分制						76.28

采用 5 分制计算，安徽大学图书馆的知识服务能力综合得分为 3.814 0，所占比重为 76.28%。总体来看，安徽大学的知识服务工作处于中等偏上的水平。从表 9-9 中的评价结果可以看出：

（1）在知识服务人员方面，安徽大学图书馆的综合得分是 0.615 3。人员结构方面：年龄结构 3.7 分，学历结构 3.7 分，专业结构 3.9 分，职称结构 4.6 分。专业素养方面：专业资质 3.1 分，业务能力 2.5 分，沟通交流 3.3 分，外语能力 4.5 分，经历和经验 3.2 分。

（2）在知识服务资源方面，安徽大学图书馆的综合得分是 0.612 4。资源结构方面：传统文献资源数据库 4.2 分，电子资源数据库 3.4 分，特色资源数据库 2.5 分，专题资源数据库 3.1 分，网络资源数据库 2.8 分，联盟知识资源库 3.1 分，国际联机知识库 3.3 分。安徽大学图书馆馆藏纸质文献总量约 250 万册，其中，中外文纸质图书约 217 万册，中外文报刊合订本 22.1737 万册，古籍图书约 11.30 万册，订购的可供利用的各类电子文献数据库 115 个（以子库数量计），中外文全文电子图书 230.74 万册，中文电子期刊约 1.61 万种，外文电子期刊约 2.29 万种。资源质量方面：资源覆盖广度 3.0 分，资源覆盖深度 4.4 分，资源更新效率 3.3 分，资源互联互通 3.8 分。

（3）在知识服务平台方面，安徽大学图书馆的综合得分是 0.653 0。基础设施方面：设备完善程度 3.8 分，网站建设情况 3.3 分，局域网建设水平 4.9 分。技术支撑方面：网络集成程度 3.3 分，网络安全水平 4.5 分，技术先进性 4.2 分，知识服务系统 4.5 分，移动互联支持程度 4.4 分。

（4）在知识服务手段方面，安徽大学图书馆的综合得分是 0.796 9。知识服务方式方面：个性化服务 3.9 分，网络化服务 3.1 分，智能化服务 3.1 分，自助式服务 3.7 分，一站式服务 3.3 分，主动服务 3.6 分，隐性知识服务 3.6 分。知识服务内容方面：学科知识服务 4.0 分，科研知识服务 3.4 分，教学知识服务 3.8 分，成长成才知识服务 4.8 分，社会化知识服务 4.7 分。

（5）在知识服务环境方面，安徽大学图书馆的综合得分是 0.768 7。政策环境方面：国家方针政策 4.5 分，相关法律法规 3.8 分，激励扶持力度 3.8 分。结构性环境方面：团队专业程度 4.8 分，学习交流氛围 3.3 分，创新文化 4.0 分，业务流程科学合理性 5.0 分，管理制度完备性 3.2 分，组织结构扁平化程度 3.5 分。

（6）在知识服务成效方面，安徽大学图书馆的综合评分是 0.367 6。知识服务质量方面：专业性 3.8 分，创新性 3.2 分，时效性 4.4 分，个性化 4.2 分。知识服务效果方面：用户满意度 3.8 分，资源再利用 4.7 分，专家评估 3.8 分，年度用户规模 4.3 分。

第十章

大数据环境下优化高校图书馆知识服务的对策和措施

第一节　优化知识服务资源

知识服务资源建设是高校图书馆知识服务能力提升的基础保障，是高校图书馆知识服务活动开展的源泉。知识服务是高校图书馆建设的目标，知识服务资源建设则是高校图书馆维持其核心竞争力的前提。

一、完备高校图书馆知识资源储备

大数据、信息化的快速发展，使得高校图书馆用户对知识服务的需求更加多样化，这就需要高校图书馆拥有更加丰富多样的数据、信息和知识资源储备。因此，高校图书馆应建立合理的知识资源存储体系，完善高校图书馆知识资源储备。

（一）建立合理的知识资源存储体系

图书馆知识资源的存储主要包括传统资源和数字资源两种形式，而在信息技术快速发展的时代，由于电子文献具有较大存储量，且更新频率较高，获取方式更加便捷，使得用户阅读偏好逐渐由纸质文献转向电子文献，对传统资源的需求量逐步下降。但与电子文献相比，传统文献仍具有强大的生命力，图书馆馆藏纸质文献是其多年累积的成果，可以展现出高校图书馆独特的发展历程和学科背景，具有不可替代性。因此，高校图书馆应兼顾传统资源和数字资源，合理规划知识资源分配比例，使其在数量与结构上能够良好搭配，从而建立科学的知识资源存储体系。为此，高校图书馆一方面可以针对使用频次较低或较难保存的纸质文献资源，采取分布式合作存储模式，将其进行扫描转化为电子文献从而节省馆藏空间，降低成本，也方便知识资源的存储和调用；另一方面，针对各类学科专业的知识资源进行收集，增加图书馆馆藏文献数量和知识资源库的拥有量，丰富高校图书馆知识资源储备。

（二）　加强高校图书馆特色知识资源库建设

各高校图书馆知识资源的存量不尽相同，为提高自身影响力和核心竞争力，各高校图书馆需加强特色知识资源库建设，打造各高校图书馆自身特有的学术与文化优势。一方面，部分文献资源在特定的研究领域中具有重要的导向作用和参考价值，高校图书馆在满足知识服务需求的同时，可以根据高校自身性质、研究方向与发展目标，加大对潜力高、权威性强、具有代表和动态性的纸质资源及国内外优秀数据库的采购力度，提高馆藏资源质量；另一方面，高校图书馆可以借助网络技术、知识挖掘技术等先进的科学技术与方法，将本校师生、科研人员的学术成果与科研成果进行收集、存储与处理，建立本校特色知识资源库。

（三）　加快高校图书馆知识资源更新速度

信息激增时代，高校图书馆用户的知识需求量逐渐增多，知识需求面愈加广泛，为满足其日益增长的需求，高校图书馆需强化数字资源库建设，加快知识资源的更新速度，通过线上线下多个渠道获取各类知识资源，满足用户个性化、多样化的知识需求。此外，高校图书馆知识服务人员在保证知识资源数量充足的同时，也需要对海量信息进行甄别，以筛选出符合图书馆需求的高质量资源，促进高校图书馆知识服务能力提升。

二、挖掘高校图书馆知识资源深层利用价值

传统检索方法只能获取高校图书馆内部馆藏知识资源中的显性知识，而图书馆馆藏知识资源不仅包括显性知识，还蕴藏着丰富的隐性知识。因此，高校图书馆可以采用新兴信息技术，深入挖掘其潜在的隐性知识中蕴含的深层利用价值，为高校图书馆知识服务用户提供深层知识服务。

（一） 深入挖掘高校图书馆知识服务资源的价值

面对信息资源数量庞大、覆盖范围广阔的互联网资源，高校图书馆应实施解析组织手段，加大资源投入力度，发挥数据挖掘、数据处理等新兴信息技术在知识发现与识别过程中的优势，对互联网信息及高校图书馆馆藏知识资源进行采集与处理，对数据挖掘、智能分析产生的信息进行二次处理，从而挖掘具有深层利用价值的知识资源。针对结构化、半结构化的显性知识，高校图书馆可以对其进行分析、组织和集成化处理，挖掘出能满足用户需求的知识单元；针对非结构化类型的信息数据，运用可视化技术将其整理建设为视频知识资源库，以方便用户的检索和提取，提高知识服务资源利用效率。

（二） 建设高校图书馆知识网络体系

知识网络是基于知识参与者之间的社会网络，能够实现知识在用户、组织内与组织间的流通和传递，知识用户可以通过使用知识网络进行信息沟通与合作，从而实现知识创造和知识应用。高校图书馆可以利用引用链接技术和知识元链接技术等，根据文献资源间的印证关系、知识概念等关联进行引文链接，再结合主题链接、行为关系链接、聚类关系链接及属性链接等关联途径，将高校图书馆内中文文献数据库、各知识资源库进行整合，建立高校图书馆知识网络体系，实现数据之间、信息之间及知识单元之间的内容关联，从而挖掘其潜在的隐性知识资源。

（三） 实现高校图书馆知识服务资源共建共享

新型信息环境背景下，用户对知识服务的需求不再满足于单一图书馆馆藏知识资源，高校图书馆知识服务资源共建共享成为新的发展趋势。因此，高校图书馆在知识服务资源建设过程中，应以资源共建共享为理念，发挥自身学科背景优势或地区优势，积极开展知识服务合作，将各高校图书馆知识服务资源库、知识服务平台、知识服务专家组等组织起来，建立系统化或地区化高校图书馆知识服务联盟合作机制。以互联网为媒介，构建知识服务资源共享平台，开展合作、联合服务，以实现知识服务资源共享、知识服务团队共建的目标，提升知识资源的利用价值，进而促进高校图书馆知识服务能力的提升。

三、提高高校图书馆知识整合水平

知识整合是指以知识管理方法为手段，通过对知识资源库进行数据整合和信息整合，将其内部知识资源进行重新整理、凝聚，形成多维多层且相互关联的知识体系的一种知识处理方式。高校图书馆知识整合的目标是按照一定的原则，利用信息技术手段，对高校图书馆内现存的大量处于无序状态的数据、信息及知识资源进行整理和优化，使其处于有序化状态，从而便于知识的获取、存储、利用和传递。通过对知识资源进行整合，实现知识的创新与再生，已逐渐成为大数据背景下高校图书馆知识服务资源建设的重要发展趋势。

高校图书馆在对知识资源进行整合与处理时，可以利用各类信息技术，以知识单元为基础，利用不同内容知识单元间的印证关系，将图书馆内部各数据、信息、知识或文献紧密联系起来，便于知识服务用户的获取和应用。对于现有文献资源信息较为密集、复杂，缺乏结构性与系统性的某些领域，高校图书馆知识服务人员可以利用各类信息技术，进行知识挖掘、关联与回溯，探索隐性知识结构，对现有文献进行一定的整理加工、分类归纳，然后根据用户需求在原有文献基础上形成二次文献、三次文献，帮助用户实现数据信息资源的有效处理，为用户提供一站式服务，满足其学术研究需求，并提供决策参考。

对于一些交叉性学科或专业，高校图书馆知识服务人员可以对原有学科及交叉后形成的新学科在某一时期内的相关学术成果、科研成果、会议文献等信息或知识分别进行整合与重组，得到这一交叉学科目前所处发展状态及其在这段时期内的发展特征等信息，帮助高校师生、科研人员等识别影响该交叉学科发展的关键影响因素，预测该交叉学科在未来一段时期内的发展趋势，从而充分发挥各学科、专业知识单元的混合优势，有利于各学科、各专业的交叉融合。

第二节　建设知识服务团队

知识服务团队是指所有参与高校图书馆知识服务活动开展的图书馆工作人员，是知识服务过程中与用户直接交流沟通、获悉用户具体知识需求的主体，也是连接高校图书馆与图书馆知识需求用户的桥梁。高校图书馆知识服务团队的人才队伍建设情况直接影响其知识服务能力的强弱。因此，高校图书馆必须重视其知识服务团队建设的人员规模、人员结构及专业素质等。

一、建立高校图书馆知识服务人才稳定机制

习近平总书记在党的十九大报告中指出："人才是实现民族振兴，赢得国际竞争主动的战略资源。"因此，高校图书馆应基于"人才强校"背景，以"人才是第一资源"为原则，加大对高层次人才的引进和培养力度。

（一）加大高校图书馆知识服务人才引进力度

高校图书馆应以加快图书馆个性化、面向用户需求、面向科研需求等知识服务建设

为目标，积极引进高层次人才，提升高校图书馆人才层次水平，增强图书馆核心竞争力。图书馆在人才引进过程中，要兼具全局观念和大局意识，立足于自身岗位需求和发展现状，长远规划人才招聘计划，同时要考查应聘者综合素养，不仅要重视人才的学历水平、能力素养和专业素养，考察其是否具有教师应有的师德师风、是否热爱高等教育事业等，还要按照实事求是的原则，根据职务需求选聘人才，通过专业知识与职业技能测试，挑选符合图书馆需要的技术与管理人才。

（二） 完善高校图书馆知识服务人才激励机制

当前高校图书馆高层次人才引进后，其用人、留人工作不够到位，未能实施有效的人才激励保障政策，导致人才大量流失问题突出。因此，高校图书馆应完善高层次人才激励制度，实施有效的人才激励措施。通过对人事制度进行改革，完善以绩效为导向的薪酬激励体系，实行高效率、高绩效、高薪酬奖励模式，将政治性奖励和经济性奖励有机结合，从而进一步激发人才工作积极性和人才活力。此外，高校图书馆可以灵活设定奖励机制，如科学制定一次性重大奖励制度，对工作表现突出、成就突出的优秀人才进行荣誉表彰和经济奖励等。

（三） 优化高校图书馆知识服务人员结构配置

高素质人力资源是高校图书馆知识服务能力提升的战略资源，而合理的人力资源结构则是将人力资源的作用最大限度地发挥的基础。因此，高校图书馆应基于自身发展现状和发展需求，合理配置知识服务人员结构，做到人尽其才，才尽其用，人事相宜。因此，高校图书馆人员结构优化应遵循以下原则：其一，能力匹配原则。高校图书馆应充分了解自身岗位需求，遵循能力匹配原则，使员工自身能力与其所在岗位相匹配。其二，优势对应原则。图书馆员工在选择岗位时，应根据自身优势和岗位要求，选择最有利于发挥自身优势的岗位。其三，动态调节原则。高校图书馆应根据员工能力的变化和工作岗位的变动，及时动态地对人员配备进行调整。

二、强化高校图书馆知识服务人员专业能力

在科学技术进步速度不断加快，知识更新周期不断缩短的背景下，图书馆知识服务人员所掌握的知识和技能正在逐步老化。为了保持高校图书馆知识服务能力，持续为高校图书馆用户带来良好的知识服务体验，高校图书馆需要强化其知识服务人员的专业技能，对知识服务人员进行专业培训。

（一） 定期开展高校图书馆知识服务培训

大数据背景下，为适应云计算、数据挖掘、人工智能等新兴技术的快速发展，满足

高校图书馆用户个性化需求，高校图书馆知识服务人员应持续学习，不断提升自身能力。为此，高校图书馆可以定期开展专业技能培训，邀请图书情报领域、计算机领域、管理学领域有关专家开展讲座，或采取内部学习和组织团队外出学习等方式，开展系统化的培训工作，提升馆员各方面的知识与技能及文化素养。让图书馆人员获取最新的图书情报领域行业信息，及时补充和更新自己的专业知识，了解图书馆各部门的发展动态，指导馆员工作方向。

（二）　提高图书馆知识服务人员沟通交流能力

高校图书馆知识服务活动的开展，重在知识服务人员与用户的沟通交流，知识服务人员只有与用户进行沟通，充分了解用户需求，才能为其个性化需求提供针对性知识服务。因此，高校图书馆可以从以下三个方面提高其知识服务人员的沟通交流能力：其一，协调馆员与用户的关系，提高馆员的理解能力与表达能力，明确用户需求，提供精确信息，建立优质服务。其二，协调图书馆内部团队成员关系，促进信息交流，提高团队工作效率。其三，通过培养馆员的人际沟通能力，优化宣传工作，一定程度上促进图书馆知识服务营销，提高图书馆核心竞争力。

（三）　注重高校图书馆知识服务复合型人才培养

高校图书馆可以在提高所有馆员知识服务专业能力的基础上，根据人事考核的结果以及知识服务需求，选拔优秀人才和表现突出人才，将其培养为知识服务复合型人才：其一，培养馆员熟练掌握相关网络工具及软件，提升馆员的数据挖掘、分析与整理等方面的能力。其二，培养馆员学术研究能力，学科馆员要对自身学科领域有深层次的研究，能够分析与评价学科发展态势，解答专业性问题，为图书馆学科资源建设提供发展建议。其三，培养馆员系统开发能力，维护图书馆的资源库与网络安全建设。其四，培养馆员的教育与管理能力，提升管理素质，面向用户开展培训课程，普及相关法律与产权知识，净化图书馆网络平台环境。

第三节　完善知识服务环境

高校图书馆知识服务能力的提升是一项复杂的系统工程，不仅受高校图书馆自身内部环境影响，同时也受外部环境影响。良好的知识服务环境，将能明显激发高校图书馆知识服务的热情和主动性，增强知识服务能力，提高知识服务效率和质量。因此，高校图书馆应大力营造开放、共享的知识服务环境。

一、营造良好的政策环境

大数据环境下，高校图书馆服务模式面临重大转型，为进一步提升图书馆知识服务的多元化和智能化水平，国家和政府应出台相应政策法规和标准规范，完善图书馆数据建设的相关服务协议。高校图书馆要根据国家、政府的有关政策，制定适合自身的管理和发展规范，推动图书馆知识服务活动顺利进行，提升知识服务效率。

（一） 强化知识产权保护力度

知识产权是指权利人对其智力劳动所创作的成果和经营活动中的标记、信誉所依法享有的专有权利。网络资源的兴起，方便了资源的获取、存储与传播，带来便利的同时也加剧了侵权问题，阻碍了创作者的积极性。为营造良好的创新环境，国家应从宏观角度强化知识产权保护力度，授予创作者专有权利以内化创新成果的外部性，并严惩侵权行为。同时，高校图书馆和专家学者也应要严格遵循知识产权有关规定，协调彼此产权关系，为高校图书馆知识服务营造良好的发展环境。

（二） 落实供给侧结构性改革

为深入贯彻全面发展理念，高校图书馆应将自身发展战略与政府宏观调控相协调，深入推进知识服务供给侧结构性改革。为此，高校应从投资、制度、人才、创新等要素出发，综合提升知识服务的供给质量。首先，高校图书馆可以采取激励政策，改进资金投入准则，充分调动图书馆知识服务建设的积极性，优化知识服务产权结构、要素结构，促进资源整合。其次，图书馆要加强服务团队建设，坚持职业素养和文化素养并重的原则，建立健全素质培训与绩效考核机制。最后，升级知识开发技术、知识共享技术、知识应用技术和知识创新技术，打造智能化服务，为用户提供创新型知识服务链，满足用户获取多样化知识的需求。

二、开展知识服务协作机制

大数据时代背景下，随着传统高校图书馆服务转变为精细化知识服务，在满足用户个性化需求和自身数字化建设方面，高校图书馆的发展环境已经发生了深刻变化：图书馆馆藏资源形式由单一纸质资源转为纸质、数据、音频多种形式资源共存；图书馆提供的服务由被动提供转变为主动智能、个性化推送；图书馆服务时间维度由按时转变为按需即时等。个性化服务和泛在服务虽然在一定层次上实现了即时、个性化、主动提供知识服务，但大数据时代背景下单凭某一高校图书馆馆藏资源和服务已不能满足用户多元、多样、深层次的个性化需求。在此背景下，通过与其他高校图书馆或资源供应商等信息机构协议合作以组建知识服务联盟就显得尤为迫切。高校图书馆可以根据自身的优势与不足，以共商、共建为原则，同其他高校、地方图书馆或区域内相关的科研机构开展合作，实现合理分工、知识融合、资源共享、优势互补。由于合作主体之间存在资源和能力的差异，合作之前应签署相关协议，明确彼此责任，保证各方利益的合理性。

（一）　与其他高校图书馆组建图书馆知识服务联盟

传统图书馆联盟是指图书馆之间为降低馆藏成本、共享信息资源和利益互利互惠而协议建立起的一种联合体。我国图书馆之间进行合作组建图书馆联盟可追溯到20世纪90年代，但由于未形成有效管理机制、联盟经费受限和联盟价值未得到广泛认可，图书馆知识服务的共建共享一直还在理论探索阶段。而随着信息技术的迅猛发展，高校图书馆之间可以组建不再仅限于馆藏资源的共建共享服务机制，还应开展协作知识服务的图书馆知识服务联盟。如武汉地区的七所"211"高校为开展联合办学而组建了图书馆知识服务联盟，学生可选择七所高校所开放的任意一个专业进行辅修以获得双学位，而学生一般都会选择其他学校的优势领域专业进行辅修，这就要求学生所在高校图书馆全面掌握其他学校优势领域的学科专业特色以制订相应的知识服务方案。这七所高校图书馆所组建的图书馆知识服务联盟就在传统的图书馆联盟馆藏资源互借和数据资源传递等服务的基础上，借助联盟成员各自的信息技术优势、学科领域优势与其他组内成员协作开展知识服务，较好地满足了联合办学产生的复杂化、多元化、精细化的用户需求，实现了高校图书馆知识服务真正意义上的共建共享，为高校图书馆知识服务提供了开放的外部环境。

（二）　与资源供应商等其他信息机构组建知识服务联盟

如何对数量繁多且分布散乱的互联网信息资源进行分类、挖掘以及纳入自身知识服务体系，并将知识转化成果面向社会推广是高校图书馆知识服务过程中不容忽视的问题。首先，高校图书馆应高度重视企业的知识需求，实现馆企合作。打造中介式的知识服务协同中心，搭建高校图书馆和企业沟通渠道，紧密两者间的合作关系，为高校图书馆创造了解社会需求的路径和窗口，同时也为企业提供知识资源和技术合作的机会。其次，高校图书馆在组建知识服务联盟的过程中，应充分整合知识资源和服务主体，为图书馆员提供适合自己专业的合作机会，同时将具有应用价值的知识转化成果供给于社会创新创业。

第四节　构建知识服务平台

大数据环境下，数据资源的多样性和来源的复杂性，为高校图书馆的信息检索、知识发现、智能采集等知识服务流程造成阻碍，在一定程度上限制了高校图书馆知识服务能力的提升。因此，建设具有数据获取、存储、组织、分析及知识共享、协作与创新的智慧平台成为高校图书馆知识服务的关键要素之一，利用知识服务平台强大的数字处理功能对高校图书馆馆藏资源进行充分挖掘和深入分析，为用户提供全方位一站式综合知识服务成为高校图书馆追求的目标。

一、完善高校图书馆信息基础设施建设

信息数据已经成为数字经济时代的生产要素，驱动着国家、社会和知识密集型机构的数字化转型，能够围绕数据资源进行深度整合计算、识别和提取的信息基础设施是高校图书馆传统 IT 基础设施面向数字化、智能化演变的必然结果。加速高校图书馆信息基础设施建设、构建完善高效的信息技术体系成为高校图书馆知识服务平台建设的基础内容。首先，针对高校图书馆建设现状，考虑到未来高校图书馆发展规划，树立大数据思维，智慧布局、统筹规划高校图书馆升级改造。如加大高容量数据存储、服务器等硬件设施部署力度，实现有线无线网络全覆盖建设，加快信息管理系统有机组合，提升信息基础设施支撑力，构建物联网应用及移动互联平台，完成高校图书馆基础设施互联互通。其次，高校图书馆为提供全方位、多层次、宽领域的知识服务，需要联结图书馆所有互动要素，如馆藏文献资源、数字化网络资源、数据库、知识馆员及高校师生用户等构成一体，统一嵌入智能网格，从而深入统计分析、挖掘、整合互动要素产生的海量数据，为高校图书馆知识服务朝着多样化、智能化、个性化的方向发展以及数据管理、智慧服务提供精准支撑。最后，高校图书馆信息基础设施完善升级是一个长期规划，因此，高校图书馆应结合自身实际，融合校内多部门和校外社会各界的力量，综合研判、审慎研究，借鉴智慧图书馆发展经验，结合高校实际情况和定位目标，在高校各级主管部门的指导下，制定科学、合理的高校图书馆信息基础设施建设规划，系统推进高校图书馆数字化转型升级。

二、构建高校图书馆智能化机构知识库

机构知识库是指利用网络信息技术依附于某一特定组织机构而建立的信息化学术数据库，它将组织内部和相关社区成员的学术产出进行收集、整理并长期保存，这

些数据经过分类、规范和标引设置后，允许机构社区内外部成员按照规范的开放标准和交互协议通过互联网免费获取和使用。智能化机构知识库的构建是提升高校学术影响力和成果展示度的核心环节。高校图书馆构建的智能化机构知识库可作为开放获取的模式之一，全面客观地为机构人员提供科研学术数据支撑，进一步增强学术交流和学术氛围，促进高校学术研究的发展。随着大数据时代的到来，高校图书馆在各方面投入骤增。目前国外高校图书馆和科研机构已普遍关注并开展了智能化机构知识库建设，同时国内大多数高校图书馆技术能力和馆员素质已足够构建智能化机构知识库，但由于尚未形成完善的机构知识库理论基础和管理机制，缺少相应的架构规范。因此，高校图书馆亟须将大数据背景下先进的信息技术与学科理念有效集成以加强图书馆和学校科研管理部门的联结，建立起完善的智能化机构知识库机制和规范。在院系机构知识服务库的基础上，通过学科馆员和图书馆用户的沟通合作，共同促进高校图书馆智能化机构知识库的构建，以此建立的高校图书馆智能化机构知识库，在产出成果的汇集上可以得到教辅人员的认可和支持，确保各类产出成果的收全率；在成果利用和科研实践中可以使既有产出成果真正成为他们接续研究的延伸基础，确保学科知识服务的深入和拓展。

三、打造高校图书馆知识共享空间

在信息网络化、图书馆数字化的泛在知识环境下，高校图书馆的服务正逐渐由以图书馆为核心转变为以用户为核心，高校图书馆用户信息行为由单一形式获取固定载体的信息资源转变为利用多种方式获取泛在各种信息载体上的各类型信息资源模式。高校图书馆必须与用户有效结合构建知识共享空间，实现用户在任何时间、地点通过个人倾向的多种路径无缝获取所需的信息资源。泛在知识环境下借助大数据信息技术和各类智能化信息服务工具构建一个由高校图书馆员和用户共建的学科知识交流和共享空间，将信息资源获取和知识创新相结合，为用户提供持续高质量的个性化、专业化知识服务，实现知识发布方式和交流模式由单向、线性的传统知识链转变成密网型知识共享信息网络。在知识共享空间中，用户不再单纯是知识需求和利用者，对于高校图书馆的反馈也不再仅仅是提出改进建议，而是利用自身专业知识和实践能力使高校图书馆资源建设更加合理的参与者。同时，高校图书馆员也可以在与用户的交流互动中，一方面辅助用户高效利用图书馆数据资源，另一方面不断填充自身学科知识漏洞，持续提高知识服务能力。

泛在知识环境下构建知识共享空间有多种形式，高校图书馆可以根据自身的技术条件和知识服务状况选择不同的形式或集成多种方式构建知识共享空间。

（一）　基于维基共撰学科专业百科以构建知识共享空间

维基（Wikipedia）是多人协作、共同撰写开放内容的写作工具系统。一般而言，维基站点由多人共同维护，即多人相互协作，每个人都能发布自己的观点，也可以与他人探讨拥有共同兴趣的内容。泛在知识环境下，一方面图书馆员可以在教师或学者提供的信息资源的基础上，提取高学术价值的信息，将其分门别类地组织成百科全书为用户提供高质量的知识服务内容；另一方面，由于其具有对用户完全开放的特性，教师、学者可以对信息质量进行筛选继而由图书馆员对信息结构进行组织分类。

（二）　基于播客共创学科视频以构建知识共享空间

大数据信息时代，传统的文字和图片信息资源已无法满足用户的需求，高校图书馆可以通过播客（Podcast）技术发布音频和视频资料以开展学科知识服务。这主要体现在两个方面：第一，高校图书馆员可以联合技术部门制作相关学科的音频和视频资料，同时鼓励学者和学生积极自制并共享学术价值的视频资源；第二，图书馆可以制作学科检索方法和课件视频资源为用户建立网上教辅平台，以供用户在方便的时间、地点进行自主学习。

（三）　基于微博、微信共建学科社区以构建知识共享空间

大数据时代下微博、微信的出现，使知识共享空间的构建有了更加便捷的路径。高校图书馆微博、微信可以提供资源推荐、开闭馆时间调整通知、培训、讲座活动预告以及最重要的高校图书馆意见箱等功能。同时，微博、微信具有实时交互、精准锁定等特点，可为用户提供更有针对性的知识服务。在这个过程中，用户不仅仅是信息的被动接受者，也是信息的主动传播者和制造者。

第五节　创新知识服务模式

大数据、云计算和人工智能等新一代信息技术的快速发展伴随着图书馆用户知识需求的碎片化和精细化，对图书馆资源的知识管理、开发与应用提出了更高的要求。很显然，传统的被动服务和例行知识服务很难满足新时代高校图书馆用户的知识需求。因此，必须要依托现代信息技术创新高校图书馆发展模式，将以被动服务为主转变为以主动服务为主，由满足一般例行的知识需求，转变为以个性化的知识服务为主，最大限度地满足用户的随机需求。

一、完善高校图书馆嵌入式学科服务体系

知识服务是信息和数字化时代高校图书馆服务的核心要务，在高校图书馆发展过程中有着至关重要的作用。因此，在信息爆炸的大数据时代，高校图书馆需要创新发展模式来满足以校内用户为主的专业化知识需求。

（一）重视嵌入式学科馆员的发展

高校图书馆嵌入式学科馆员应更加重视用户需求，为用户提供更加精准和个性化的服务。这就要求学科馆员能够积极联系教师学者并深入参与其研究项目中，与用户保持密切合作，既要作为一线科研人员深入到研究中，为用户提供图书检索技巧、资源应用、科学研究方法等服务，还应主动参与高校图书馆知识资源建设，推动高校图书馆电子资源库的建设。因此，嵌入式学科馆员应不断学习互联网、人工智能、大数据、云计算、物联网和移动互联等技术，丰富自身知识储备。此外，嵌入式学科馆员还需要加强团队协作促进资源共享，持续推进多馆协同合作，实现资源优化配置，提升信息资源共建共享水平，为用户提供系统、全面、深层次的学科服务。

（二）创新嵌入式学科服务的发展模式

学科服务虽然在高校图书馆已经发展了十几年，但其仍然存在使用效率低下、服务深度和影响力不足、未能成为高校图书馆知识服务主流选择等现实问题。随着新一代信息技术的快速发展，以满足用户多元知识需求为目标的嵌入式学科服务随之产生。因此，高校图书馆应充分利用现代信息技术，将大数据分析和数据挖掘技术融入学科服务建设过程中，创新嵌入式学科服务发展模式。高校图书馆可以基于自身网络资源平台优势为用户提供专业的信息服务，并使用多种搜索引擎和插件为用户快速读取所需资源，或通过移动终端展开教学活动，实时传递图书馆的学科服务信息和知识资源，实现信息技术与嵌入式学科服务的深入融合。

二、构建高校智慧图书馆知识服务生态系统

智慧图书馆是在现代信息技术与用户需求共同作用下的图书馆发展趋势，是对现有资源、服务和空间的重新组合与服务模式的创新。通过将大数据、云计算、人工智能、移动互联网等新一代信息技术与图书馆知识服务场景深度融合，为用户提供智能化服务和体验。

（一）聚焦用户行为数据，完善数据资源的使用与管理

用户的行为数据是高校图书馆实现知识服务的重要基础，也是智慧图书馆分析用户特征，创建用户画像，预测用户行为的参考依据。因此，在大数据时代背景下，高校图书馆应聚焦用户的行为数据，在获得用户许可的前提下，依托智慧图书馆资源，深度融合人工智能、数据挖掘、物联网和生物识别、智能感知等技术，采集用户的行为数据和其他个人信息（如年龄、性别、学历等），使图书馆数据库能够实时连接用户的智能设备，为用户提供实时准确的咨询和决策服务。同时，智慧图书馆在知识服务过程中还应立足数据制度的建设，不断完善数据资源管理体系，运用一套科学的管理制度来规范智慧图书馆的数据获得与使用，完善读者管理与空间服务，保障网络服务与版权等，为智慧图书馆知识服务奠定坚实基础。

（二）基于智能搜索引擎，打造问答分享服务社区

高校图书馆应改变以图书馆为唯一主导的传统发展模式，不断结合新一代信息技术的发展成果，增强图书馆知识服务的交互性。因此，高校智慧图书馆应加快构建具有信息交互联动效应的问答分享服务平台，促进用户间咨询信息和知识的快速自由流动。这就要求高校智慧图书馆应搭建促进用户间即时信息实时共享和扩散的智能搜索引擎，将用户的回答结果以搜索内容的形式直接展示给其他用户，有效地将不同领域用户的隐性知识转化为显性知识进行共享。其次是依托用户和搜索引擎的相互作用，打造问答分享服务社区，进而形成集聚现有图书资源和用户智慧的联合交互知识服务网络。

（三）建设一站式集成知识服务平台

问答社交模式的实质是推动用户个性化问答信息实现实时交互的智能化知识服务。基于这一前提，高校智慧图书馆应以用户互动质量、功能质量和可用性质量为标准，积极建设一站式集成知识服务平台，推动定制化服务的进一步发展。例如，中国国家数字图书馆将虚拟参照咨询、知识导航和智能搜索引擎等服务的比较优势转化为集成优势，极大地提升了用户对信息和知识的利用效率，同时综合使用了集成检索、大数据搜索引擎、简易信息聚合等技术紧密跟踪用户的知识需求，推动用户实时知识共享资源、馆员知识储备以及馆藏知识库间的有效协同，优化了用户知识获取流程。

三、推动实现高校图书馆个性化知识服务

为提升大数据时代高校图书馆知识服务能力，图书馆应基于精准化知识服务策略，

立足于用户特征，把握用户需求，细分用户标签，构建用户网络，完善后期服务，实现知识服务内容的多样化和个性化。

（一）基于数据挖掘技术，构建用户画像

2020 年以来，用户画像技术被广泛运用于图书馆的信息推送和个性化服务研究中。因此，高校图书馆可以通过对用户行为进行深度的数据分析和数据挖掘，实现各类信息资源的关联和聚类，以此构建用户画像，进一步提高知识服务的靶向性。首先，高校图书馆需要将采集到的用户行为数据（如观看记录、检索习惯、浏览痕迹等）进行深入分析与挖掘。其次，与管理系统中的用户静态数据（如学院、性别、专业等）进行比对分析，依托用户画像技术，从多角度建立群体用户画像，分析挖掘出各类用户的行为习惯，如同一学院的用户、同一专业的用户、不同性别的用户行为特征。最后，基于清晰的用户画像，建立不同类型用户的标签体系，实现推荐信息和知识能够与用户动态信息需求间情景化适配，从而准确地向用户提供符合其需求的目标资源。

（二）关注用户知识需求，建立新型知识服务模式

在泛在知识环境下，图书馆用户具有多元化的知识需求，如特定情形下的交互式知识问答需求，基于游戏式设计的数据资源检索需求和以知识图谱、动态图表、虚拟现实技术为依托的知识可视化需求。而以上用户需求的实现需要充分利用图书馆的知识交换与存储技术以及知识表示与知识组织技术。在"互联网＋"融合发展的时代背景下，高校图书馆应推动知识服务优化升级，利用丰富多样的多媒体、增强现实（AR）、混合现实（MR）、虚拟现实（VR）等智能展示设备，依据用户的视觉、听觉和触觉等营造适宜的知识服务多维感知环境，形成个性化、体验式的知识服务模式。同时，高校图书馆不仅要重视校内用户的知识需求，也要明晰社会公众的知识需求，充分整合高校和社会不同层次用户的知识需求，缓解馆藏资源有限和用户需求日益增长之间的供需矛盾，实现协调供应。

（三）拓展后期服务

高校图书馆应依据数据挖掘和分析结果以及用户的知识需求，拓展个性化信息推送服务的深度和广度。一方面，高校图书馆应积极利用智慧知识服务平台为新用户提供专业的向导服务，进一步提高用户体验；另一方面，高校图书馆要充分利用用户的行为信息，提高信息和知识推送服务的精准性，增加用户的黏性。与此同时，高校图书馆还应不断拓展思路，加大对大数据、人工智能及其服务的开发与应用，不能仅仅停留在购买既有产品阶段，还应不断更新知识服务配套产品。

四、拓展高校图书馆知识服务职能

在当今信息爆炸但知识相对匮乏的时代背景下，越来越多的人对知识服务提出了更高的要求。而高校图书馆拥有大量的社会信息，应该在满足校内用户知识需求的前提下为社会用户提供知识服务，以此满足人们日益增长的个性化和专业化的知识需求。

（一） 为校内教学科研提供知识服务

在大数据背景下，高校图书馆存在的价值不仅仅是简单的读者获取信息和知识的一个渠道，高校图书馆拥有海量、类型多样的知识资源，校内用户知识需求明显增加，对知识服务质量也有了更高的要求。高校图书馆应充分利用其知识资源，深入到校内用户的教学科研活动中去，综合运用各类技术工具和资源，解决用户的实际问题，发掘用户的知识需求。同时，高校图书馆可以实时追踪、主动联系用户，为其提供有针对性的学术前沿信息，并分析其研究成果的有效性和实用性，充分发挥高校图书馆知识服务职能。

（二） 支持学生成长成才

学生的知识需求一般分为专业知识、科学研究、社会实践、文体活动等学习生活方面以及工作方面的知识需求。因此，高校图书馆应当为学生用户提供有针对性的知识资源和有关图书馆数据库资源检索的培训讲座等，提高学生的专业素养，开阔眼界。此外，高校图书馆还可以提供知识服务平台，通过小组学习、讨论和演示等方式，让学生进行自主合作学习，锻炼其自主学习能力，提高团队协作意识。

（三） 提供社会化的知识服务

高校图书馆馆藏资源丰富，在优先服务校内师生的前提下，可以为社会提供相应的服务。首先，高校图书馆可以为社会读者提供纸质资源的借阅服务，通过办理借阅证、明确借阅权限、数量和期限，规范借阅行为，同时校外用户还可以通过远程访问系统或远程访问账号获得图书馆的电子资源。其次，高校图书馆还可以为社会用户提供信息咨询服务，其中不仅包括基础性的信息服务，还应该包括高层次专业化的知识服务。最后，高校图书馆应大力推进"校地共建"，与地方政府及其主导的其他公共文化机构间（如地方公共图书馆、科技馆、博物馆、文化馆等）进行资源共建共享，更大程度上满足社会公众日益专业化和个性化的知识需求，提高服务的准确性和用户的满意度。如四川省都江堰成立的都江堰市图书馆联盟，将四川工商职业技术学院图书馆等5所高校图书馆与市图书馆免费向社会用户开放，推进了高校图书馆的社会化服务进程。

参考文献

［1］ SUNDBO J. Customer-based innovation of e-knowledge services［J］. The ASEAT Conference on Innovation in Services，2006（1）：78-81.

［2］ MILES I，KASTRINOS N. Knowledge-intensive business services：users，carriers and sources of innovation［J］. Second National Knowledge Infrastructure，1998，44（4）：100-128.

［3］ 孙悦. 基于知识管理的高校图书馆知识服务研究［D］. 哈尔滨：黑龙江大学，2015.

［4］ CLAIR G. Knowledge services：Your company's key to performance excellence［J］. Information Outlook，2001，5（66）：6-12.

［5］ 戴光强. 医学从技术服务扩大到知识服务：医学发展的新纪元［J］. 中国健康教育，1994（1）：4-6.

［6］ 任俊为. 知识经济与图书馆的知识服务［J］. 图书情报知识，1999，2（1）：27-29.

［7］ 张晓林. 走向知识服务：寻找新世纪图书情报工作的生长点［J］. 中国图书馆学报，2000（5）：30-35.

［8］ MILES I，KASTRINOS N，BILDERBEEK R，et al. Knowledge-intensive business services：their role as users，carriers and sources of innovation ［R］. Luxembourg：Report to the ECDG XIII Sprint EIMS Programme，1995.

［9］ EBERSBERGER B. The use and appreciation of knowledge-intensive service activities in traditional industries ［R］. Helsinki：VTT Technology Studies，2004：8.

［10］ KUUSISTO J，VILJAMAA A. Knowledge-intensive business services and coproduction of knowledge：the role of public sector［J］. Frontiers of E-business Research，2004（1）：282-298.

［11］ KIVISAARI S，SARANUMMI N，VYRYNEN E. Knowledge-intensive service activities in health care innovation：case pirkanmaa［J］. VTT Tiedotteita-Valtion Teknillinen Tutkimuskeskus，2004（2267）：3-104.

［12］ SIMARD A. Understanding knowledge services at natural resource［EB/OL］.（2007-03-18）［2021-05-04］. https：//cfs. nrcan. gc. ca/publications？id＝27338.

［13］ YAMAMOTO S. Knowledge collaboration through enterprise information services［J］. Computer Science，2013（22）：1038-1044.

［14］ 尤如春. 论网络环境下的知识服务策略［J］. 图书馆，2004（6）：85-87.

［15］ 孙成江，吴正荆. 知识、知识管理与网络信息知识服务［J］. 情报资料工作，2002（4）：10-12.

［16］ 金雪军. 中国知识服务业发展问题探析［J］，软科学，2002，16（3）：12-16.

［17］ 田红梅. 试论图书馆从信息服务走向知识服务［J］. 情报理论与实践，2003，26（4）：312-314.

［18］ 李霞，樊治平，冯博. 知识服务的概念、特征与模式［J］. 情报科学，2007，25（10）：1584-1587.

［19］ 徐孝婷，程刚. 国内外企业知识服务研究现状与趋势［J］. 情报科学，2016，34（6）：163-169.

［20］ 宋春智. 高校图书馆知识服务保障体系研究［D］. 哈尔滨：黑龙江大学，2008.

［21］ 陈钟彬. 论高校图书馆知识保障体系的构建［J］. 图书馆，2010（1）：102-103.

［22］ 唐金秀. 面向 MOOC 的高校图书馆知识服务保障体系构建研究［J］. 科技资讯，2016，14（2）：135-136；160.

［23］ 黄长伟，陶颖，孙明. 高校图书馆参与智库信息服务保障体系建设研究［J］. 图书馆工作与研究，2018（7）：11-14.

［24］ 姚梅芳，宁宇. 复杂网络视角下的高校创新创业知识保障体系研究［J］. 情报理论与实践，2019，42（8）：54-58.

［25］ 刘巧英. 高校图书馆面向创新创业的知识服务保障体系构建研究［J］. 情报探索，2021（4）：8-13.

［26］ 黄思玉. 泛在知识环境下高校图书馆学科化服务体系构建［J］. 图书馆学刊，2013，35（10）：59-61；64.

［27］ 袁红军. 郑州都市区高校图书馆网上知识咨询服务体系构建［J］. 农业网络信息，2014（9）：65-68.

［28］李艳，余鹏，李珑．"大数据＋微服务"模式下的高校图书馆知识服务体系研究［J］．图书馆理论与实践，2017（3）：99-103.

［29］沈洋，李春鸣，覃晓龙．融入"双一流"战略的高校图书馆学科服务体系建构研究［J］．现代情报，2018，38（10）：121-125.

［30］任萍萍．"双一流"驱动下高校图书馆学科知识服务能力体系建设研究［J］．情报科学，2019，37（12）：93-97.

［31］顾佐佐，陈虹，李晓玥，等．智慧图书馆动态知识服务体系构建与平台设计［J］．情报科学，2020，38（10）：119-124.

［32］翟莹昕．高校图书馆知识管理影响因素辨析［J］．长春理工大学学报（社会科学版），2011，24（12）：141-142；194.

［33］武海东．基于信息系统成功模型的数字资源统一检索系统评价［J］．情报杂志，2013（4）：177-182.

［34］赵静．高校图书馆知识服务核心能力研究［J］．图书馆学刊，2014（4）：87-90.

［35］夏丽君．高校图书馆微服务效果影响因素研究［D］．南京：南京农业大学，2018.

［36］康英．双创环境下高校图书馆精准知识服务的影响因素及作用路径研究［J］．情报科学，2019，37（9）：54-61.

［37］薛飞．论大数据背景下高校图书馆的知识服务质量影响因素［J］．甘肃科技，2020，36（19）：99-101.

［38］尹达，杨海平．知识服务理念下高校图书馆教学科研支持体系研究［J］．教育理论与实践，2020，40（18）：13-15.

［39］王日芬，吴婷婷，张蓓蓓．图书情报机构知识服务的战略管理与影响因素研究［J］．情报理论与实践，2009，32（12）：1-6.

［40］闫奕文，张海涛，王丹，等．信息生态视角下政务微信信息传播的关键影响因素识别研究［J］．情报科学，2017，35（10）：109-115；124.

［41］王萍，张韫麒，朱立香，等．政务微信公众号知识服务质量影响因素研究［J］．图书情报工作，2018，62（23）：43-50.

［42］宋雪雁，管丹丹，张祥青，等．基于服务接触的电子政务门户网站知识服务质量影响因素研究［J］．图书情报工作，2018，62（23）：22-31.

［43］张雨婷，胡昌平．数字图书馆社区知识交流与交互服务用户满意评价［J］．图书馆论坛，2014（12）：89-93.

［44］申峰．高校图书馆知识服务模式比较研究［J］．河南医学高等专科学校学报，2018（2）：211-214.

［45］姜董勇．面向创新创业的中美高校图书馆服务实践与比较研究［J］．图书馆学刊，

2019，41（1）：138-142.

［46］唐银，蒋雅竹. 国内高校图书馆服务创新创业现状及对广西地区的启示［J］. 教育现代化，2019，6（A2）：285-286.

［47］汪青，赵惠婷. 地方高校图书馆开展学科知识服务的实践与思考：以三峡大学图书馆为例［J］. 内蒙古科技与经济，2020（9）：101-104.

［48］贾米勤. 发达国家高校图书馆参与社会服务的比较研究：以英国、美国、日本为例［J］. 农业图书情报学刊，2014，26（6）：175-180.

［49］封洁. 英国高校图书馆政府信息服务调查分析［J］. 新世纪图书馆，2016（10）：88-91.

［50］刘水. 美国高校图书馆社会化服务实践及其启示［J］. 河北工程大学学报（社会科学版），2017，34（4）：21-23；36.

［51］李巨龙. 美国高校图书馆社区服务实践研究及启示［J］. 晋图学刊，2019（3）：44-49.

［52］廖璠，蒋芳芳. 美国高校图书馆校友服务调查及启示［J］. 图书情报工作，2019，63（9）：135-143.

［53］刘倩雯，束漫. 英国高校图书馆面向中小学服务的调查及启示［J］. 大学图书馆学报，2020，38（3）：80-88.

［54］CORRAL S，KENNAN M A，AFZAL W. Bibliometrics and research data management services：emerging trends in library support for research［J］. Library Trends，2013（3）：636-674.

［55］TENOPIR C，SANDUSKY R J，ALLARD S，et al. Academic librarians and research data services：preparation and attitudes［J］. IFLA Journal，2013，39（1）：70-78.

［56］张莎莎，黄国彬，邸弘阳. 美国高校图书馆科研数据管理服务研究［J］. 图书馆杂志，2016，35（7）：59-66.

［57］钱国富. 英国高校图书馆数字人文服务探析：以兰卡斯特大学为例［J］. 大学图书馆学报，2017，35（4）：30-34.

［58］王岚霞. 面向科研成果转化的高校图书馆服务探析：基于美国高校图书馆科研成果转化服务的启示［J］. 图书馆建设，2018（7）：60-64；71.

［59］毛玉容，李庭波. 国外高校图书馆科学数据管理政策研究：以英国剑桥大学图书馆为例［J］. 山东图书馆学刊，2020（2）：76-81.

［60］杜琪，高波. 英国高校图书馆科研数据管理现状及启示［J］. 图书馆工作与研究，2019（11）：58-65.

［61］利君，吴淑芬，杨友清. 英国"常春藤联盟"高校图书馆科研数据管理服务实践

与启示[J]. 图书馆学研究，2019(16)：89-95.

[62] 陈廉芳，常志卫. 美国一流高校图书馆科研支持服务调查与启示[J]. 现代情报，
　　　 2019，39(4)：108-114.

[63] 成舒云. 美国高校图书馆推动科研数据管理实践的有效途径研究[J]. 图书馆研究
　　　 与工作，2020(8)：80-84.

[64] 苏敏. 美国高校图书馆开展数字人文服务的路径与启示[J]. 情报理论与实践，
　　　 2020，43(7)：194-201.

[65] 金秋萍. 美国高校图书馆科研支持服务启示：基于美国 30 所高校图书馆的调研
　　　 分析[J]. 四川图书馆学报，2021(2)：73-77.

[66] 张毓晗，LIZ W，VANYA G，等. 英国高校图书馆学科服务现状调查和分析[J].
　　　 图书情报工作，2017，61(11)：63-70.

[67] 章望英. 日本教学研究型高校图书馆学科服务发展态势及启示[J]. 图书馆工作与
　　　 研究，2018(12)：21-27.

[68] 黄娜，谭亮. 美国高校图书馆开展学科服务的特色和启示[J]. 图书馆研究，
　　　 2018，48(4)：96-103.

[69] 张诗博. 美国高校图书馆大学生学习支持服务的特征及其启示[J]. 图书馆理论与
　　　 实践，2018(1)：83-88.

[70] 侯茹. 美国高校图书馆创业服务研究及启示[J]. 图书馆学刊，2018，40(4)：
　　　 138-142.

[71] 鄂丽君，马兰. 美国高校图书馆的本科生研究支持服务[J]. 图书馆论坛，2020，
　　　 40(2)：159-164.

[72] 刘倩雯，谈大军. 英国高校图书馆支持学生健康的服务调查与分析[J]. 大学图书
　　　 馆学报，2021，39(2)：107-114；12.

[73] 李琛. 基于能动学习的图书馆学习支持服务研究：以美国常春藤联盟和国内 C9
　　　 联盟高校图书馆为例[J]. 图书馆工作与研究，2021(2)：50-55.

[74] 曹琴仙，沈昊. 日本高校图书馆信息资源共建共享概况及启示[J]. 河北大学学报
　　　 (哲学社会科学版)，2015，40(4)：153-154.

[75] 赵婷. 日本一流高校图书馆文化遗产特色馆藏建设与服务研究[J]. 新世纪图书
　　　 馆，2021(1)：81-87.

[76] 周晓燕，尹亚丽. 国外高校图书馆科研数据服务人员知识结构分析：以 IASSIST
　　　 网站中 2015 年的招聘信息为例[J]. 图书情报工作，2016，60(3)：76-82.

[77] 鄂丽君，王启云. 美国高校图书馆专业馆员职业能力调查与分析：高校图书馆招
　　　 聘视角[J]. 图书馆论坛，2018，38(1)：128-134.

［78］ 刘翠青. 美国高校图书馆招聘学科馆员能力需求研究及启示［J］. 高校图书馆工作，2019，39（6）：3-47.

［79］ 张毓晗. 基于招聘视角的英国高校图书馆人才需求分析与启示［J］. 四川图书馆学报，2020（1）：78-83.

［80］ 张凤梅，吕斌. 美国高校图书馆数字人文馆员知识结构分析：基于招聘信息的内容分析［J］. 高校图书馆工作，2020，40（6）：33-36.

［81］ 张兴旺，麦范金，秦晓珠，等. 挑战与创新：重新审视云图书馆构建的技术走向［J］. 情报资料工作，2012（4）：37-41.

［82］ 李晨晖，崔建明，陈超泉. 大数据知识服务平台构建关键技术研究［J］. 情报资料工作，2013（2）：29-34.

［83］ 赵帅. 基于大数据的知识服务平台构建关键技术研究［J］. 自动化与仪器仪表，2018（12）：44-46.

［84］ 常金玲，胡艳芳. 基于微信公众平台的高校图书馆个性化知识服务建设研究［J］. 图书馆学研究，2016（20）：22-28.

［85］ 程卫萍，王衍，潘杏梅. 基于科技云平台的跨系统图书馆联盟协同知识服务模式研究：以浙江科技创新云服务平台为例［J］. 图书馆理论与实践，2016（6）：70-74.

［86］ 罗铿. 网络问答社区对高校图书馆知识服务的影响研究［J］. 大学图书情报学刊，2017，35（6）：7-10.

［87］ 刘惠，胡素敏. 2013～2017 年我国图书馆知识服务领域研究概况分析［J］. 情报探索，2018（7）：128-134.

［88］ 胡小丽. 国内图书馆基于 Lib Guides 学科知识服务平台的应用调查与对策研究［J］. 图书馆学研究，2013（6）：81-86.

［89］ 徐军玲，徐荣华. 高校图书馆的开放知识服务架构设计［J］. 图书馆杂志，2014，33（8）：70-73.

［90］ 靳红，罗彩冬，袁立强，等. 高校图书馆知识服务模式的比较研究［J］. 中国图书馆学报，2004（6）：60-62.

［91］ 覃凤兰. 基于知识管理的高校图书馆知识服务模式研究［J］. 情报杂志，2007（5）：118-120.

［92］ 李玉梅. 面向用户的图书馆知识服务模式探析［J］. 图书馆工作与研究，2009（5）：7-10.

［93］ CAI X, HU Z. The model of personalized intelligent information service in library［C］. California：2009 WRI World Congress on Computer Science and Information Engineering，

2009.

［94］ BENNETT T A. Is anyone else out there？ working as a new professional in an isolated library service［C］. Perth：ALIA 5th New Librarians Symposium，2011.

［95］ 刘雪飞，张芳宁. 图书馆知识服务模式及发展趋势分析［J］. 图书馆理论与实践，2012(10)：110-112.

［96］ 罗博. 图书馆知识服务中的微博应用模式探究［J］. 高校图书馆工作，2013，33(4)：19-23.

［97］ 石艳霞，刘丹丹. 图书馆知识服务价值共创的实现模式研究［J］. 图书馆理论与实践，2014(5)：51-53.

［98］ 魏思廷. 结合替代计量学的数字图书馆知识服务新模式［J］. 图书情报知识，2015(2)：87-92.

［99］ 程刚，郁文景. 面向科技型中小企业创新发展的高校图书馆知识服务模式研究［J］. 图书馆学研究，2016(1)：56-59.

［100］ 程刚，吴娣妹. 科技型中小企业知识创新的知识服务模式研究［J］. 情报理论与实践，2017，41(4)：38-43.

［101］ 于永丽. 面向科研的高校图书馆微信知识服务模式研究［J］. 图书馆学刊，2017(8)：74-80.

［102］ 吴娣妹. 面向高校智库的知识服务模式研究［D］. 蚌埠：安徽财经大学，2018.

［103］ 安肖肖. 高校图书馆跨学科知识服务模式研究［D］. 长春：东北师范大学，2018.

［104］ LIAN L. Research on the innovative development strategy of medical library knowledge service from the perspective of professional certification［J］. China Higher Medical Educa-tion，2019.

［105］ 孙安. 高校图书馆面向区域企业开展信息服务的策略研究［J］. 图书馆建设，2013(2)：51-55.

［106］ 张秀华，曹平. 高校图书馆为科技型中小企业发展服务的探讨与实践：以天津外国语大学图书馆提供信息援助服务为例［J］. 农业图书情报学刊，2014(11)：189-191.

［107］ 王明，程超，傅多，等. 高校图书馆为滨海新区企业提供信息服务的SWOT分析［J］. 图书馆学刊，2015(7)：66-69.

［108］ 周宇，廖思琴. 高校图书馆面向企业技术创新的信息服务研究［J］. 现代情报，2015(2)：110-113.

［109］ 冯璐，宋居静. "985工程"高校图书馆企业信息服务的调查分析［J］. 管理观察，2016(20)：114-116；119.

[110] 赵德美. 财经高校图书馆面向地方企业服务的实践与探索：以云南财经大学图书馆为例[J]. 兰台世界，2017(10)：66-68.

[111] 皇甫晶. 国外高校图书馆服务企业实践分析及启示[J]. 四川图书馆学报，2017(5)：91-93.

[112] 耿哲，杨眉. 面向企业科技创新的高校图书馆竞争情报服务策略[J]. 图书馆学刊，2019，41(11)：96-100.

[113] 朱振宁. 高校图书馆面向创新型小微企业协同供给服务研究[J]. 图书馆工作与研究，2019(12)：10-16.

[114] 邢飞，彭国超，贾怡晨. 基于科技型中小企业信息需求的高校图书馆精准化信息服务研究[J]. 图书馆学研究，2020(17)：77-86.

[115] 王婉，曾艳，刘汝建. 基于企业创新发展需求的高校图书馆专利信息服务研究[J]. 大学图书情报学刊，2020，38(5)：104-109.

[116] 院蕾. 基于查新站的高校图书馆服务中小企业科技创新的模式探索：以河南省为例[J]. 河南图书馆学刊，2020，40(7)：135-137.

[117] 张善杰，燕翔，刘晓琴，等. 用户参与的高校图书馆知识产权信息服务能力建设[J]. 图书情报工作，2020，64(8)：41-48.

[118] 尚博. 高校图书馆面向企业提供信息服务的模式探讨[J]. 山东社会科学，2013(S2)：315-316.

[119] 王晓丽. 高校图书馆知识推送服务与企业创新的思考[J]. 晋图学刊，2015(5)：25-28.

[120] 杨春静. 高校图书馆为科技型中小企业提供知识服务的SWOT分析[J]. 农业图书情报学刊，2017，29(3)：186-189.

[121] 黄宇. 基于知识服务的高校图书馆企业信息服务平台构建[J]. 农业图书情报学刊. 2018，30(12)：104-107.

[122] 冉小波. 高校图书馆知识服务模式评价研究[J]. 情报科学，2009，27(8)：1169-1172.

[123] 宋鸽. 数字档案馆知识服务模式研究[D]. 太原：山西大学，2011.

[124] 丁晓燕. 基于层次分析法的高校图书馆学科服务评价模式：以某市理工大学图书馆为例[J]. 西部素质教育，2017，3(2)：21.

[125] 徐军华. 知识管理环境下图书馆信息服务质量评价模式[J]. 图书馆理论与实践，2006(5)：47-49.

[126] 周佳骏. 基于Web2.0的高校图书馆知识服务体系评价模式[J]. 中华医学图书情报杂志，2013，22(5)：38-44.

[127] 刘洪，曾莉，李文林．高校图书馆学科知识服务系统的构建与评价：以南京中医药大学为例[J]．高校图书馆工作，2014，34(1)：24-27.

[128] 宋雪雁，张祥青．基于微信公众号的大学图书馆知识服务质量评价研究[J]．现代情报，2020，40(2)：103-113；152.

[129] 孙小鸥．高校图书馆知识服务绩效评价研究[D]．济南：山东大学，2014.

[130] 邱裕．高校图书馆知识共享体系绩效评价研究[D]．广州：华南理工大学，2015.

[131] AMIRHOSEIN M，SAGHI N. The relationship between knowledge management and innovation performance[J]. The Journal of High Technology Management Research，2018(29)：12-26.

[132] 唐毅，高燕．基于知识网格的高校图书馆知识服务绩效评价[J]．图书馆学刊，2019，41(11)：40-45.

[133] 张展．图书馆员知识服务能力评价体系构建[J]．江西图书馆学刊，2011，41(3)：119-122.

[134] 王宗水，刘宇，张健．基于灰关联的制造业集群企业知识服务能力研究[J]．软科学，2012，26(12)：18-21.

[135] 武澎，王恒山．基于超网络的知识服务能力评价研究[J]．情报理论与实践，2012，35(8)：93-96.

[136] 刘洋．面向企业的知识服务研究[D]．西安：西安电子科技大学，2013.

[137] 吕光远．关于信息与知识服务评价监督及评价体系的研究[J]．职业技术，2013(3)：85.

[138] 白娟．探索性分析在图书馆知识服务能力评价中的应用[J]．情报理论与实践，2015，38(10)：100-103；109.

[139] 燕珊．基于 FAHP 方法的高校图书馆知识服务能力评价研究[D]．哈尔滨：黑龙江大学，2015.

[140] 郁文景．高校知识服务绩效评价研究：以 211 高校为例[D]．蚌埠：安徽财经大学，2016.

[141] 周莹，刘佳，梁文佳，等．数字图书馆知识服务能力成熟度评价模型研究[J]．情报科学，2016，34(6)：63-66；86.

[142] 付永华．基于 FAHP 方法的高校图书馆知识服务能力评价研究[J]．创新科技，2016(8)：50-53.

[143] 杨春静．科技情报机构知识服务能力研究[D]．蚌埠：安徽财经大学，2017.

[144] 齐晓丹．数字图书馆知识服务能力评价研究[J]．江苏科技信息，2018，35(21)：17-19.

[145] 孙雨生，廖盼．国内知识服务评价应用进展[J]．情报科学，2018，36(4)：164-170.

[146] 宋雪雁，管丹丹，张祥青，等．用户满意视角下政务微信知识服务能力评价研究[J]．情报理论与实践．2019，42(3)：120-126.

[147] 任福兵，李玉环．供应链视角下媒体智库知识服务能力评价体系研究[J]．情报理论与实践，2020，43(9)：32-38；31.

[148] 孙波，杨茗惠，刘丁，等．基于微信公众号的高校图书馆应急信息服务研究[J]．图书馆，2020(9)：98-103.

[149] 李尚民．图书馆信息服务与知识服务比较研究[J]．现代情报，2007(12)：33-37.

[150] WIMMER M A. Knowledge management in electronic government[C]. Krems：5th IFIP International Working Conference on Knowledge Management in Electronic Government，2004.

[151] FIOCCA R, GIANOLA A. Network analysis of knowledge-intensive services[C]. Lugana：19th IMP Conference ，2003.

[152] 靳红，程宏．图书馆知识服务研究综述[J]．情报杂志，2004，23(8)：8-10.

[153] 刘宇清，徐宝祥．知识经济环境下图书馆的知识管理与知识服务研究[J]．情报科学，2010，24(12)：1796-1800.

[154] 秦晓珠，李晨晖，麦范金．大数据知识服务的内涵、典型特征及概念模型[J]．情报资料工作，2013(2)：18-22.

[155] 董玮，詹庆东．图书馆知识服务模式辨析[J]．图书馆学研究，2016(3)：72-79.

[156] 李积君，王凤姣，龚蛟腾．知识生态视角下图书馆服务转型研究[J]．图书馆，2020(7)：73-78.

[157] 刘红芝，刘春梅，张冬梅．面向科研过程的高校图书馆知识服务策略研究：以徐州医科大学图书馆为例[J]．科技与创新，2020(19)：57-58；61.

[158] 沈玲玲．高校图书馆智库知识服务的研究与实践：以南京工业大学图书馆为例[J]．江苏科技信息，2020，37(26)：11-14.

[159] 张伶，祝忠明，寇蕾蕾，等．国内科研机构和高校机构知识库建设现状调研与对比分析[J]．知识管理论坛，2020，5(2)：122-134.

[160] 田瀚琳，尚晓倩．数字学术视角下13所"双一流"行业特色型高校图书馆科研支持服务优化策略研究[J]．图书馆研究与工作，2020(12)：40-46.

[161] 武汉大学图书馆．综合类开放课程[EB/OL]．(2014-11-23)[2021-05-04]．http：//www. lib. whu. edu. cn/web/index. asp？obj_id=641.

［162］贾佳，陈晶晶，郭思琦，等．论高校图书馆空间建设在学生培养中的作用［J］．
参考文献175　中国中医药图书情报杂志，2019，43（5）：46-48.

［163］刘涵．基于高校图书馆的学生创新创业能力培养探索：创新创业能力启蒙教育
基地［J］．办公室业务，2019（18）：57-58.

［164］张凌超．吉林省高校图书馆社会化服务调查研究［J］．图书馆学研究，2019
（20）：65-71.

［165］王立杰，谢正侠，唐烽钧．供给侧改革背景下青岛地区高校图书馆社会化服务
研究［J］．山东图书馆学刊，2020（5）：84-90；108.

［166］张毓晗，LIZ W，VANYA G．英国高校图书馆学科服务现状调查和分析［J］．图
书情报工作，2017，61（11）：63-70.

［167］孟祥保．英国高校图书馆科研服务现状调研及启示［J］．图书情报工作，2017，
61（13）：53-61.

［168］鄂丽君，马兰．美国高校图书馆的本科生研究支持服务［J］．图书馆论坛，2020，
40（2）：159-164.

［169］程士安．大数据时代商业信息传播与管理的创新［J］．广告大观（综合版），
2013（1）：15.

［170］王日芬．面向知识服务的信息分析及应用研究：以文献数据库为来源［J］．情报
理论与实践，2011，34（3）：54-57.

［171］侯雯悦．高校图书馆信息服务能力评价研究［D］．长春：吉林大学，2015.

［172］吕少妮，吴正荆．图书馆联合数字参考咨询知识服务能力的评价研究［J］．图书
情报工作，2014（17）：41-45.

［173］李琛．基于能动学习的图书馆学习支持服务研究：以美国常春藤联盟和国内C9
联盟高校图书馆为例［J］．图书馆工作与研究，2021（2）：50-55.

［174］吴玲玲．高校图书馆学生社团的指导实践与思考：以上海对外经贸大学图书馆
为例［J］．图书馆界，2020（6）：91-94.

营销教材译丛系列

课程名称	书号	书名、作者及出版时间	定价
网络营销	即将出版	网络营销：战略、实施与实践（第4版）（查菲）（2014年）	65
销售管理	978-7-111-32794-3	现代销售学：创造客户价值（第11版）（曼宁）（2011年）	45
市场调研与预测	978-7-111-36422-1	当代市场调研（第8版）（麦克丹尼尔）（2011年）	78
国际市场营销学	978-7-111-38840-1	国际市场营销学（第15版）（凯特奥拉）（2012年）	69
国际市场营销学	978-7-111-29888-5	国际市场营销学（第3版）（拉斯库）（2010年）	45
服务营销学	978-7-111-44625-5	服务营销（第7版）（洛夫洛克）（2013年）	79

推荐阅读

书号	课程名称	版别	定价
978-7-111-61959-8	服务营销管理：聚焦服务价值	本版	55.00
978-7-111-60721-2	消费者行为学 第4版	本版	49.00
978-7-111-59631-8	客户关系管理：理念、技术与策略（第3版）	本版	49.00
978-7-111-58622-7	广告策划：实务与案例（第3版）	本版	45.00
978-7-111-58304-2	新媒体营销	本版	55.00
978-7-111-57977-9	品牌管理	本版	45.00
978-7-111-56140-8	创业营销	本版	45.00
978-7-111-55575-9	网络营销 第2版	本版	45.00
978-7-111-54889-8	市场调查与预测	本版	39.00
978-7-111-54818-8	销售管理	本版	39.00
978-7-111-54277-3	市场营销管理：需求的创造与传递（第4版）	本版	40.00
978-7-111-54220-9	营销策划：方法、技巧与文案 第3版	本版	45.00
978-7-111-53271-2	服务营销学 第2版	本版	39.00
978-7-111-50576-1	国际市场营销学 第3版	本版	39.00
978-7-111-50550-1	消费者行为学：基于消费者洞察的营销策略	本版	39.00
978-7-111-49899-5	市场营销：超越竞争，为顾客创造价值 第2版	本版	39.00
978-7-111-44080-2	网络营销：理论、策略与实战	本版	30.00